Cartes sur table

René Richterich
Université de Berne
Institut de Linguistique
Département de Linguistique
appliquée

Brigitte Suter
Eurocentre de Lausanne

2

avec la collaboration de
Dominique Champ-Renaud
et de
Francesca Waser

HACHETTE
français langue étrangère

Cartes sur table 2 comprend :
- un livre
- deux cassettes pour la classe
- deux cassettes pour les exercices personnels
- un guide d'utilisation

	pages
Introduction	5
Unité 1	10
Unité 2	20
Unité 3	30
Unité 4	42
Unité 5	52
Unité 6	66
Unité 7	76
Unité 8	84
Unité 9	94
Unité 10	102
Unité 11	112
Unité 12	120
Grammaire	128
Enregistrements	155
Exercices personnels	166
Réponses pour les Unités 1, 4, 8	190
Lexique	191

Nous remercions la Fondation Centres Européens Langues et Civilisations (Eurocentres).
Nos remerciements vont aussi à Benoît Sattiva pour l'aide qu'il nous a apportée au cours de l'élaboration de « Cartes sur table 2 ».

Introduction

Quelques règles du jeu pour l'utilisation de Cartes sur table 2

Cartes sur table 2 n'est pas simplement la suite de *Cartes sur table pour débutants*. Ce matériel pédagogique a été conçu pour des adultes et de grands adolescents **ayant déjà des connaissances en français,** que celles-ci aient été acquises avec *Cartes sur table pour débutants* ou avec une autre méthode. Conformément au titre « Cartes sur table », l'apprenant trouve dans ce seul volume tout ce qu'il lui faut pour réviser, étendre et diversifier ses connaissances en français ainsi que pour apprendre à organiser son apprentissage en fonction de ses possibilités, désirs et besoins.

Répartition dans le temps

Les contenus et activités pédagogiques de *Cartes sur table 2* sont répartis en **12 unités** de dimension variable et peuvent représenter, selon l'utilisation qu'on en fait, de 80 à 100 heures d'enseignement ou même plus, si l'on exploite au maximum la diversité des sujets et activités proposés.
Cartes sur table 2 est un matériel ouvert et multiple qui peut convenir à tout public non débutant aussi bien dans des cours extensifs de quelques heures hebdomadaires que dans des cours intensifs de 15 à 20 heures hebdomadaires.

LE LIVRE

A. Les unités
Les activités pédagogiques

Chaque unité est constituée d'un certain nombre d'activités organisées autour d'un thème, d'une aptitude, d'un événement, d'un problème, d'un projet à réaliser, etc. Leur ordre ne suit pas un déroulement nécessaire et imposé et leur durée peut varier selon le mode de leur exploitation. C'est pourquoi toutes ces activités doivent être considérées comme des propositions qu'enseignant et apprenant peuvent choisir, interpréter, organiser et réaliser, en commun, en petits groupes ou individuellement, selon leurs possibilités, leurs goûts et leurs intérêts.

Elles ont pour but d'amener l'apprenant à :

— **pratiquer les quatre aptitudes** dans leurs combinaisons communicatives : compréhension et production orales, compréhension orale et production écrite, compréhension écrite et production orale, compréhension et production écrites, etc. ;

— **exploiter ses connaissances** par rapport à toutes sortes de situations et de documents pour les assurer, les étendre, les diversifier et les approfondir ;

— **découvrir divers aspects du fonctionnement multiple de la communication** et par là développer une attitude ouverte et critique vis-à-vis de la langue française ;

— **prendre conscience** des problèmes de son propre apprentissage et essayer diverses solutions pour les résoudre ;

— **organiser son apprentissage** de façon responsable et autonome en fonction de ses possibilités, désirs et besoins en accord avec ceux des autres membres du groupe.

Les unités-évaluation

Elles proposent à l'enseignant et à l'apprenant toute une série de moyens de faire le point et d'évaluer, à un moment donné, les connaissances acquises et les progrès réalisés. Certains de ces moyens peuvent être utilisés par l'apprenant seul, d'autres reproduisent des types d'épreuves communément employés dans des examens ou tests de français langue étrangère et nécessitent, par conséquent, une correction collective sous la direction du professeur. Ces unités-évaluation ne sont pas seulement l'occasion de tester des savoirs et des savoir-faire, elles sont aussi des moments de prise de conscience, de réflexion sur les attitudes de chacun vis-à-vis de la langue française et sur les problèmes qu'il rencontre dans son apprentissage.

Certaines rubriques apparaissent régulièrement dans chaque unité.

Vers l'autonomie
(Exemple p. 19)

Les activités proposées sous ce titre ont pour but de mettre l'apprenant en situation de choisir et de décider ce qu'il va faire et de l'habituer peu à peu à **prendre en charge son apprentissage** en toute responsabilité et connaissance de cause, en tenant compte des contraintes que créent les institutions et les relations entre personnes.

Conseils pour apprendre...
(Exemple p. 11)

Il ne s'agit pas ici de donner des recettes toutes faites qui réussissent à tout prix. Ces conseils veulent plus modestement aider l'apprenant à **réfléchir sur les difficultés** qu'il rencontre lorsqu'il écoute, lit, parle ou écrit le français et lui **suggérer quelques moyens** possibles de les surmonter. Cette page de conseils est un moment de réflexion et de discussion où chacun, dans le cadre de la classe, cherche à découvrir comment il peut le mieux apprendre le français.

Les ruptures
(Exemple p. 14)

Un moment est prévu dans chaque unité, dont la fonction est simplement de faire quelque chose d'autre, de **rompre** le déroulement des activités pédagogiques, pour regarder une image, écouter un document sonore, jouer, se reposer... C'est à l'enseignant et au groupe de choisir ce moment de rupture et, éventuellement, d'en proposer d'autres. Notons qu'ils sont importants surtout dans les cours intensifs.

Repères pour communiquer
(Exemple p. 10)

Les **« repères pour communiquer »** soit présentent, sous différentes formes, l'une ou l'autre caractéristique de la communication langagière, soit rappellent, en raccourci, les moyens linguistiques nécessaires à la maîtrise de tel ou tel aspect de cette communication. Ils n'ont pas la prétention d'être complets et remplissent une fonction de **rappel** pour la pratique du français. A leur image, enseignant et apprenants peuvent en constituer de semblables pour d'autres problèmes qui surgiraient en cours d'apprentissage.

Les renvois
(Exemple p. 10)

A différents endroits de chaque unité, un ensemble de numéros souligné par un trait renvoie à tel ou tel **paragraphe de la grammaire** et/ou à des **exercices personnels,** qui se trouvent à la fin du volume. C'est un signal pour réserver un moment à la répétition ou à la découverte d'un problème grammatical ou de communication apparu dans un texte ou en rapport avec une activité, en consultant et en comprenant les tableaux de la grammaire correspondants. On peut faire l'un ou l'autre exercice en classe. Mais le temps étant un facteur fondamental dans la réussite ou l'échec de tout apprentissage, il est préférable que l'apprenant fasse ces exercices personnels seul afin d'augmenter et de régulariser son temps de pratique du français.

B. La grammaire
pages 128 à 154

La grammaire reprend les tableaux de *Cartes sur table pour débutants* avec quelques compléments. C'est dire que l'apprentissage de la grammaire avec *Cartes sur table* ne consiste pas à acquérir de nombreuses formes nouvelles et difficiles et d'un usage limité, mais plutôt à fixer, étendre et diversifier l'emploi des formes de base. C'est une **grammaire de référence** qu'enseignant et apprenants peuvent consulter en tout temps individuellement et collectivement. C'est par une utilisation très fréquente, chaque occasion, de tel ou tel tableau récapitulatif correspondant à tel problème apparu au cours d'une activité ou d'un exercice que les formes grammaticales correctes s'intégreront peu à peu à l'utilisation du français comme moyen de communication.

C. Les exercices personnels
pages 166 à 190

130 exercices oraux et écrits, suivant l'ordre des unités, complètent les activités. Les exercices oraux, signalés par ✇, sont enregistrés sur deux cassettes.
Ces pages reproduisent le texte complet des exercices écrits ou oraux — et de leur corrigé.

Ces exercices portent sur la pratique soit d'un point de grammaire soit d'une aptitude. Ils permettent à l'apprenant, en rapport avec les activités qu'il réalise en classe, de systématiser et de renforcer son apprentissage des structures fondamentales de la langue française.

D. Le lexique
pages 191 à 194

Environ 750 mots courants et utiles ont été retenus en complément de ceux de *Cartes sur table pour débutants*. Il est évident que de nombreux autres mots nouveaux apparaissent dans *Cartes sur table 2*, et il est toujours difficile de déterminer lesquels sont les plus utiles et courants. Cela dépend des situations dans lesquelles on communique en français. Sur ce point, la même règle convient aussi bien à *Cartes sur table pour débutants* qu'à *Cartes sur table 2* : ne pas vouloir connaître toujours le sens exact de tous les mots d'un texte. Apprendre à deviner, à associer, à déduire. Accepter l'approximation si le sens global est compris.

E. Les enregistrements
pages 155 à 165

Tous les textes enregistrés liés aux activités et dont la reproduction écrite n'apparaît pas dans les unités figurent dans le livre. La transcription de ces textes peut servir de contrôle après l'écoute des textes correspondants.

LES CASSETTES

— **Deux cassettes « Pour la classe. Activités collectives »** contiennent tous les enregistrements indispensables à la réalisation des activités qui se réfèrent à un texte oral.
— **Deux cassettes « Pour l'étudiant. Exercices personnels »** contiennent tous les enregistrements de ces derniers.

Règles du jeu pour l'enseignant

1 Donnez un sens à chaque activité pédagogique et faites-le comprendre aux apprenants.
2 Choisissez, en accord avec les apprenants, les activités qui correspondent le mieux à vos possibilités, désirs, besoins.
3 Multipliez les occasions de faire écouter et lire toutes sortes de textes sans exiger une compréhension précise et détaillée.
4 Aider les apprenants à communiquer en français en fonction de leurs moyens et sans trop tenir compte de la correction ou de la perfection des phrases utilisées.
5 Rappelez et présentez rapidement, mais très souvent, les problèmes grammaticaux sans attendre des apprenants qu'ils comprennent et retiennent tout d'un seul coup.
6 Offrez l'éventail le plus large possible des différents moyens d'apprendre.
7 Donnez à l'apprenant de plus en plus d'occasions d'organiser lui-même son apprentissage en accord avec vous et les autres apprenants. Aidez-le à proposer, choisir, décider, prendre des risques.
Enseignez « cartes sur table ».

Règles du jeu pour l'apprenant

1 Essayez de comprendre pourquoi vous faites chaque activité ou chaque exercice personnel.
2 Choisissez, en accord avec votre enseignant, les activités et exercices qui correspondent le mieux à vos possibilités, désirs, besoins.
3 Ecoutez et lisez le plus de textes différents sans vouloir toujours tout comprendre en détail. Habituez-vous à deviner.
4 Essayez toujours de vous débrouiller avec ce que vous savez déjà sans craindre les fautes.
5 Découvrez vous-même, par l'observation, la comparaison, l'association, la déduction, comment fonctionne la langue française.
6 Essayez tous les moyens d'apprendre qu'on vous propose sans les juger trop rapidement.
7 Prenez de plus en plus la responsabilité de votre apprentissage. Il vous appartient. En accord avec votre enseignant et vos collègues, proposez, choisissez, décidez ce que vous voulez faire.
Apprenez « cartes sur table ».

JEU DE L'OIE

JOUEZ À 3 OU 4. TROUVEZ UN DÉ
OU UN SYSTÈME POUR MARQUER
UN CHIFFRE DE 1 À 6 ET AVANCEZ
AVEC UN OBJET QUELCONQUE.

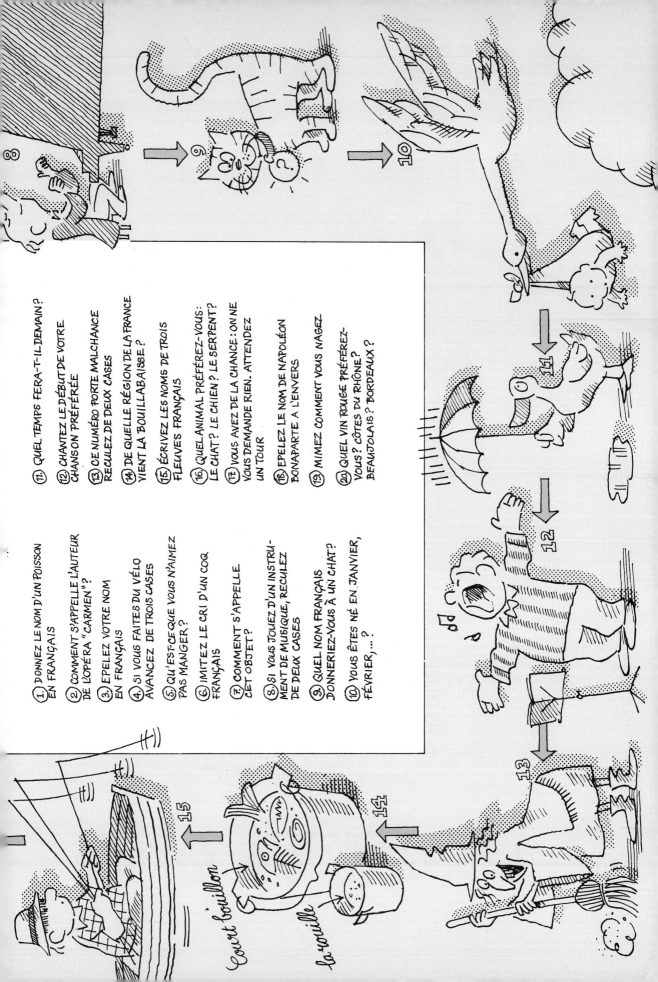

1. DONNEZ LE NOM D'UN POISSON EN FRANÇAIS

2. COMMENT S'APPELLE L'AUTEUR DE L'OPÉRA "CARMEN"?

3. EPELEZ VOTRE NOM EN FRANÇAIS

4. SI VOUS FAITES DU VÉLO AVANCEZ DE TROIS CASES

5. QU'EST-CE QUE VOUS N'AIMEZ PAS MANGER?

6. IMITEZ LE CRI D'UN COQ FRANÇAIS

7. COMMENT S'APPELLE CET OBJET?

8. SI VOUS JOUEZ D'UN INSTRUMENT DE MUSIQUE, RECULEZ DE DEUX CASES

9. QUEL NOM FRANÇAIS DONNERIEZ-VOUS À UN CHAT?

10. VOUS ÊTES NÉ EN JANVIER, FÉVRIER,...?

11. QUEL TEMPS FERA-T-IL DEMAIN?

12. CHANTEZ LE DÉBUT DE VOTRE CHANSON PRÉFÉRÉE

13. CE NUMÉRO PORTE MALCHANCE RECULEZ DE DEUX CASES

14. DE QUELLE RÉGION DE LA FRANCE VIENT LA BOUILLABAISSE?

15. ÉCRIVEZ LES NOMS DE TROIS FLEUVES FRANÇAIS

16. QUEL ANIMAL PRÉFÉREZ-VOUS: LE CHAT? LE CHIEN? LE SERPENT?

17. VOUS AVEZ DE LA CHANCE: ON NE VOUS DEMANDE RIEN. ATTENDEZ UN TOUR

18. EPELEZ LE NOM DE NAPOLÉON BONAPARTE À L'ENVERS

19. MIMEZ COMMENT VOUS NAGEZ

20. QUEL VIN ROUGE PRÉFÉREZ-VOUS? CÔTES DU RHÔNE? BEAUJOLAIS? BORDEAUX?

1

⊕ **1** Ecoutez.

ET VOUS ?

Où est-ce que vous avez appris le français ?

QUAND ?

Combien de temps ?

COMMENT ?

Avec quel matériel ?

POURQUOI ?

...

repères pour communiquer

Vous savez le français ?		Oui
Le français, vous le savez ?		Non
Est-ce que vous savez le français ?		Un peu
Savez-vous le français ?		...

Où vous avez appris le français ?		
Vous avez appris le français où ?		A l'école
Le français, vous l'avez appris où ?		En France
Où est-ce que vous avez appris le français ?		Dans la rue
Où avez-vous appris le français ?		...

Quand vous l'avez appris ?		En 1979
Quand est-ce que vous l'avez appris ?		Pendant les vacances
Quand l'avez-vous appris ?		...

Pourquoi vous avez appris le français ?		
Le français, vous l'avez appris pourquoi ?		Parce que...
Pourquoi est-ce que vous avez appris le français ?		Pour...
Pourquoi avez-vous appris le français ?		

interrogation 19
exercices 1 à 3, 6 à 9

Si vous ne comprenez pas une conversation enregistrée, cherchez pourquoi.

à écouter

Que faire ?...

Ecouter plusieurs fois

Demander au professeur de répéter lentement les mots ou phrases inconnus

Chercher à deviner le sens des mots inconnus en les associant aux mots compris
...

1

a

b

c

2 Répondez.

1 Mettez une croix sur la photo que vous préférez.

a   b   c

3 Si vous étiez commerçant quel article aimeriez-vous vendre ?

5 Quel objet est-ce que vous emporteriez sur une île déserte ?

a   b   c

6 Regardez la page 141. Est-ce qu'il est utile de la savoir par coeur
 a oui ◯   b non ◯   c je ne sais pas ◯

7 Regardez les pages du lexique à la fin du livre. Est-ce qu'il est ut
d'apprendre ces mots par coeur ?
 a oui ◯   b non ◯   c je ne sais pas ◯

8 Regardez le schéma <u>Conseils pour apprendre</u> de la page 11.
Est-ce que vous le comprenez ?
 a oui ◯   b non ◯   c pas bien ◯

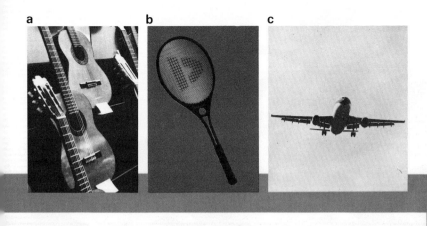

2 Avec quel objet aimeriez-vous gagner votre vie ?

4 Comment aimeriez-vous passer vos vacances ?

9 Regardez les pages 14, 24, 32. Laquelle préférez-vous ?

a   page... ◯   b   page... ◯   c   page... ◯

Faites ensemble le total des réponses de la classe.

1	a	b	c	
2	a	b	c	
3	a	b	c	
4	a	b	c	
5	a	b	c	
6	a	b	c	
7	a	b	c	
8	a	b	c	
9	a	b	c	

M. C. Escher, *L'air et l'eau*, 1938. © SPAD

3 Evaluez vos connaissances en français.

1. Ecoutez. Pour chaque phrase, mettez une croix dans la bonne case.

Exemples :
  Vous comprenez ?
  N'oublie pas de téléphoner !

	Affirmation	Question	Ordre
		✗	
			✗
a			
b			
c			
d			
e			
f			
g			
h			

1 point par réponse juste   /8

2. Ecoutez. Mettez une croix pour chaque réponse juste.

a. Les interlocuteurs parlent du temps.
   1 Il fait beau temps.
   2 Il fait mauvais temps.
   3 Il fait nuit.

b. 1 Godard a un garage.
   2 Godard a eu un garage.
   3 Godard a un magasin de pneus.

c. 1 Il gagne beaucoup d'argent.
   2 Il a gagné beaucoup d'argent.
   3 Il a perdu de l'argent.

d. Les personnes qui parlent
   1 se connaissent bien.
   2 se voient pour la première fois.
   3 parlent de leur patron.

1 point par réponse juste   /4

3. Ecoutez. Est-ce que la dernière phrase correspond au dialogue ?

Exemple :
   A. Bonjour.
   B. Bonjour.
   A. J'ai terriblement mal à la tête.
      Qu'est-ce que vous me conseillez ?
   B. La plage est déserte.

	oui		non
	oui	✗	non
a	oui		non
b	oui		non
c	oui		non

1 point par réponse juste   /3

4. Ecoutez et écrivez.

Marcel est . . . du Pérou après avoir passé une . . . à parcourir le . . .
et à . . . la littérature péruvienne. Depuis son retour, il . . . mal dans
sa peau. La vie . . . France lui paraît tellement artificielle et fausse
par rapport à ce qu'il a . . . et vécu . . . Pérou. Il se demande sans cesse . . . sont les . . . problèmes à résoudre, ce que . . . les gens dans
. . . course folle pour l'argent, le succès, le bonheur. Il a envie de
tout lâcher.

1 point par réponse juste   /12

5. Ecoutez et à chaque signal, faites ce qu'on vous demande.

1 point par réponse juste   /6

TOTAL des points pour la compréhension orale   /33

6. Lisez et mettez une croix pour chaque réponse juste.

Pour être sûre que personne ne l'a suivie, Adèle Tambourin a changé plusieurs fois de rues, de trottoirs, elle est revenue sur ses pas et est entrée dans un immeuble simplement pour monter au dernier étage en ascenseur et redescendre à pied par l'escalier. Avant de poursuivre son chemin, elle regarde attentivement autour d'elle et, ne constatant rien d'anormal, elle se sent rassurée. Elle sait qu'elle est surveillée mais aujourd'hui, par cette belle journée de printemps, elle a tout à coup l'impression qu'elle est complètement libre et qu'elle est une jeune femme comme toutes les autres qui se promènent ou qui font des courses et qu'elle envie. Et pourtant, elle ne s'appelle pas Adèle Tambourin. C'est son nom de mission. Elle doit en effet photocopier ou voler les plans secrets de la nouvelle machine à tricoter que l'entreprise Filco va lancer prochainement sur le marché. Comme elle n'a rendez-vous qu'à six heures avec l'ingénieur en chef de la Filco, qui semble être tombé amoureux d'elle, ce qui était prévu dans son plan de mission, elle s'accorde quelques instants d'insouciance et s'assied à la terrasse d'un café. Mais, à peine installée, elle voit entrer dans le supermarché d'en face la dame très maquillée et aux cheveux gris qu'elle a déjà rencontrée deux fois aujourd'hui. Adieu l'insouciance ! Quand on fait son travail, on ne peut jamais prendre de bon temps.

1 Adèle Tambourin est son nom de jeune fille
   son nom de mariage
   c'est un faux nom

2 Adèle Tambourin fait des courses
   va au cinéma
   attend l'heure d'un rendez-vous

3 Elle est en vacances.
   Elle est en mission.
   Elle s'est perdue dans la ville.

4 Elle fait un travail spécial.
   Elle est ingénieur.
   Elle est ménagère.

5 Elle est surveillée.
   Elle est libre.
   Elle est tranquille.

1 point par réponse juste /5

7. Lisez et répondez
aux questions.

Paris, le 21. 9. 83

Monsieur,

J'ai lu votre annonce parue dans le
Figaro du 16 courant et ai l'honneur de
vous informer que le poste de représentant
que vous offrez m'intéresse. Comme vous
pourrez le constater à la lecture de mon
curriculum vitae ci-joint, j'ai acquis
une grande expérience dans la vente et
la représentation d'articles les plus
divers et suis persuadé que mes services
vous donneraient entière satisfaction.
En espérant que mon offre saura
retenir votre attention et en attendant
votre réponse, je vous prie de croire,
Monsieur, à l'expression de mes sentiments
dévoués.

S. Manval

a. Manval s'adresse à quelqu'un
   ○ 1 qu'il connaît bien ?
   ○ 2 qu'il connaît un peu ?
   ○ 3 qu'il ne connaît pas ?

b. Il s'adresse à quelqu'un
   qui lui est socialement
   ○ 1 supérieur ?
   ○ 2 égal ?
   ○ 3 inférieur ?

c. Cette lettre est
   ○ 1 une demande
      de renseignements ?
   ○ 2 une offre de services ?
   ○ 3 une réclamation ?

1 point par réponse juste /3

TOTAL des points pour la compréhension écrite /8

8. Complétez ce texte.

Le chômage touche désormais . . . les pays occidentaux. Quelles . . . les
conséquences pour l' . . . ? Personne ne peut prévoir . . . que cette situation réserve . . . différents peuples. Mais une . . . est certaine :
le futur . . . est pas réjouissant. Faut- . . . s'étonner de voir . . .
jeunes de plus en . . . désorientés, inquiets et tentés . . . la drogue
alors que . . . parents ne sont préoccupés . . . par l'argent qui . . .
le seul but de . . . vie ? Quand une société . . . perdu tout sens des
. . . morales, que peut-elle . . . à ses jeunes ? Quand . . . politique
est aux mains . . . seuls hommes et femmes . . . veulent avoir le pouvoir
. . . leur satisfaction personnelle et . . . pour le bien commun,
. . . est-ce qu'on . . . faire ? sinon oublier !

1 point par réponse juste /25

Faites le total de vos points.

Ecouter	/33
Lire	/ 8
Compléter	/25
TOTAL	/66

Allez discuter individuellement votre résultat avec votre professeur.

Formez des groupes de quatre et comparez vos résultats.

Faites ensuite une liste de tout ce que vous avez à votre disposition, en classe et en dehors de la classe, pour apprendre le français.

Découvrez ensemble, avec l'aide de votre professeur, comment vous pouvez utiliser, individuellement, la grammaire à la fin du livre et faire les exercices personnels.

Faites ensemble les exercices 4, 5, 10, 11, et 12.

 **1** Ecoutez et mettez une croix dans la colonne "d'accord" ou "pas d'accord".

	D'ACCORD ?	PAS D'ACCORD ?
1		
2		
3		
4		
5		
6		
7		
8		

Comparez et discutez vos résultats

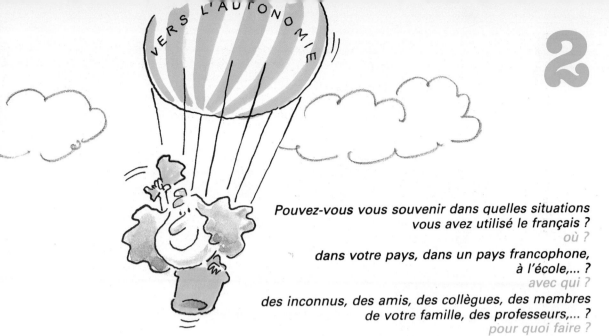

*Pouvez-vous vous souvenir dans quelles situations
vous avez utilisé le français ?*

où ?

*dans votre pays, dans un pays francophone,
à l'école,... ?*

avec qui ?

*des inconnus, des amis, des collègues, des membres
de votre famille, des professeurs,... ?*

pour quoi faire ?

*discuter, se débrouiller en vacances, apprendre le français, répondre à des clients, lire des
textes français,... ?*

quand ?

il y a longtemps, la semaine dernière, il y a peu de temps,... ?

*Pouvez-vous prévoir dans quelles situations, en dehors de l'école, vous devrez, dans le futur,
utiliser le français ?*

où ? ...
avec qui ? ...
pour quoi faire ? ...
quand ? ...

N'oubliez pas : le passé composé/l'imparfait, *grammaire n°s 44, 45/ 42, 43*
le futur, *grammaire, n°s 50, 51*
le lieu, *grammaire n° 22*
l'expression du temps, *grammaire n° 27.*

Choisissez dans la liste suivante les exercices personnels qui répondent
à vos besoins. Demandez peut-être conseil à votre professeur.

passé composé/imparfait *exercices 13, 19/ 14 à 16*
futur *exercices 21, 22*
lieu *exercice 13*
temps *exercices 17, 18*

2 Ecoutez.
Dites où se passent les trois situations.

Situation 1 : Situation 2 : Situation 3 :

3 Ecoutez attentivement et, par groupes de deux, essayez de reconstituer
l'histoire.
Qui sont les deux personnages ?

Si vous avez eu des difficultés pour raconter ce qui s'est passé, avant de
continuer, revoyez : *grammaire n°s 27 et 28.*

4 Regardez.

Pouvez-vous imaginer une histoire ?

5 Regardez les dessins.

Pour chaque situation, dites : qui parle ? où ? pourquoi ?

6 Ecoutez. Complétez le tableau.

situation		1	2	3
qui parle ?				
à qui ?				
les personnes se connaissent-elles ?	oui			
	non			

Ecoutez encore une fois et comparez vos réponses.

négation 20
exercices 14, 24, 26

Ensemble, essayez de définir une personne que vous connaissez tous très bien...

Si c'était ...

un animal   *Ce serait ...* *un lion/un chat/un âne*

un dessert

une fleur

une fête

un moyen de transport

un film

un sport

un instrument de musique

un pays

une boisson

un arbre

un livre

une mer

un bijou

un métier

une capitale

un vêtement

une habitation

un événement historique

communiquer

On ne parle pas de la même façon à son professeur, à un enfant, à un ami ou une amie.
à une personnalité socialement importante,
On utilise également la langue différemment lorsqu'on parle à quelqu'un directement
ou au téléphone.
Quand la personne n'est pas présente,
on est alors obligé de faire plus de répétitions
pour se faire comprendre.

exercice 20

7 Ecoutez. Ensemble, complétez le tableau.

SITUATION	CANAL		COMMUNICATION			
	face à face	téléphone	normale	gênée	interrompue	refusée
1						
2						
3						
4						
5						
6						
7						
8						

Si vous ne comprenez pas une conversation enregistrée, cherchez pourquoi.

à écouter

Que faire ?...

Ecouter plusieurs fois sans s'occuper des mots inconnus

Repérer les éléments caractéristiques de la situation :
intonation, voix, bruits...
...

8 Lisez.

Cherchez pourquoi chaque texte a été écrit.
Exemple : texte 3 = *s'excuser*

2

JUIN
L M M J V S D
6 7 1 2 3 4 5
13 14 8 9 10 11 12
20 21 15 16 17 18 19
27 28 22 23 24 25 26
29 30

1983
JUIN
22
MERCREDI

JUILLET
L M M J V S D
1 2 3
4 5 6 7 8 9 10
11 12 13 14 15 16 17
18 19 20 21 22 23 24
25 26 27 28 29 30 31

173-192
Sem. 25
SOL. l. 3 h 49, c. 19 h 56
LUNE pl. le 25, d. q. le 3
St Alban

*Pense à téléphoner
au médecin
pour ton
rendez-vous*

1

ILE DE POROUEROLLES (Var)
"La Perle des Îles d'Or"
Vue aérienne - Port et plage
du Petit Langoustier

1,60 RÉPUBLIQUE FRANÇAISE
HYDRAVION LATE 300 CROIX DU SUD

FÉDÉRATION FRANÇAISE
DE SPÉLÉOLOGIE
XVᵉ CONGRÈS NATIONAL
HYÈRES. 21.22.23 MAI 83

HYERES ppal

*Lundi 18 juin
Pensons à vous
Soleil éclatant !
Mer délicieuse !
Bouffes fabuleuses !
A bientôt,
Cordialement.
Michèle*

*Annie du Feran
82, Rue des Belles
Feuilles
75116 PARIS*

Combier Imprimeur Mâcon — Repr. Interdite

3.97.71.8136   83.069

3

Ceci explique mon retard à vous faire parvenir
les documents que vous m'avez réclamés et je vous
demande de bien vouloir m'en excuser.

En vous remerciant de votre compréhension,
je vous prie d'agréer, Monsieur le Directeur,
l'expression de mes sentiments distingués.

4

TOUS LES TRAVAILLEURS SONT
INVITÉS À CESSER LE TRAVAIL
À 16ʰ00,
EN SIGNE DE SOLIDARITÉ AVEC
LES CAMARADES DE
L'ATELIER IVB,
SUITE AUX ÉVÉNEMENTS QUI
SE SONT PRODUITS RÉCEMMENT.

2

Nous avons reçu votre appareil 2376.9.
Vous pouvez le reprendre au magasin
dès réception de cette carte.

5

Je vous serais reconnaissante de me
faire parvenir votre catalogue concernant
les cours de reste que vous organisez
pendant la période du mois de juillet.

6

7

Chers Amis,

Alain se joint
à moi pour vous
remercier du
merveilleux séjour
que nous avons fait
à Fournot dans votre

8

Docteur Eric DEVAUCHET
14, RUE DE SÈVRES   75006 PARIS
329-11-24
sur rendez-vous

Cher confrère,

Je t'adresse
madame Collignon
pour un examen
complet.
La patiente présente
les troubles suivants:

douleurs violentes
à la tête dans la

exercices 23, 25, 27, 28

9 Lisez et écoutez. Chaque conversation est enregistrée deux fois. Trouvez chaque fois comment la conversation a commencé et comment elle peut se terminer.

1   ...
- Alors, dans ce cas, vous pourriez peut-être m'accorder un rendez-vous le matin ? Je ... j'essaierai de m'arranger avec mon employeur ...
- Bon, d'accord, mais ... pas avant la semaine du ... attendez, je pourrais vous voir le 15 ? Ça irait ?
- ...

2   ...
- Est-ce que je pourrais vous rencontrer ... disons ... la semaine prochaine ?
- Impossible.
- ...

3   ...
- Il y aurait une autre solution : nous voir dans le courant du mois prochain. Tu es libre le 16 ?
- Le 16 ? Attends ... non, ça va pas, mais après, je suis libre.
- ...

communiquer

Avec les mêmes mots, les mêmes expressions, mais en changeant l'intonation, on peut exprimer des idées, des sentiments différents, par exemple la colère, le reproche, l'admiration.
Ecoutez.

1 Pouvez-vous dire comment et pourquoi vous utiliserez le français?

A

PENSEZ-VOUS UTILISER LE FRANÇAIS ?

1 SOUVENT

2 PARFOIS

3 RAREMENT

4 JAMAIS

5 JE NE SAIS PAS

B

OÙ UTILISEREZ-VOUS LE FRANÇAIS ?

1 DANS MON PAYS

2 EN FRANCE

3 DANS UN PAYS FRANCOPHONE

4 DANS UN PAYS NON FRANCOPHONE

5 JE NE SAIS PAS

C

VOUS UTILISEREZ LE FRANÇAIS POUR LA OU LES RAISONS SUIVANTES :

1 POUR POURSUIVRE MES ÉTUDES

2 POUR MON TRAVAIL

3 EN TANT QUE TOURISTE

4 PARCE QUE JE VAIS HABITER UN PAYS FRANCOPHONE

5 POUR APPRENDRE À CONNAÎTRE LA MANIÈRE DE VIVRE DES FRANÇAIS ET DES FRANCOPHONES

6 SIMPLEMENT POUR LE PLAISIR

D Vous désirez parler français pour :

		TRÈS IMPORTANT	IMPORTANT	
1	VOUS DÉBROUILLER DANS LES SITUATIONS DE LA VIE COURANTE	■		
2	PARLER DE VOUS		■	
3	DONNER DES INFORMATIONS SUR VOTRE PAYS		■	
4	DEMANDER À QUELQU'UN DES INFORMATIONS SUR SON PAYS		■	
5	EXPRIMER VOS IDÉES, VOS OPINIONS, VOS SENTIMENTS	■		
6	COMPRENDRE LES NOUVELLES À LA RADIO, À LA TÉLÉVISION	■		
7	COMPRENDRE UN EXPOSÉ, UNE CONFÉRENCE		■	
8	SUIVRE UN FILM EN FRANÇAIS		■	
9	TÉLÉPHONER		■	
10	LIRE LES JOURNAUX	■		
11	LIRE DES ROMANS	■		
12	LIRE DES OUVRAGES TECHNIQUES	■		
13	PRENDRE DES NOTES	■		
14	RÉDIGER UN RAPPORT	■		
15	ÉCRIRE DES LETTRES PRIVÉES	■		
16	ÉCRIRE DES LETTRES COMMERCIALES	■		

Vous avez décidé de suivre un cours de français.

1 Vous désirez vous perfectionner dans le domaine :

de la grammaire	du lexique	de la phonétique

2 Avez-vous l'impression que, dans ce cours, vous apprenez le français différemment ?   oui [ ]   non [ ]

Ensemble, comparez et discutez vos réponses.

Comment avez-vous organisé votre apprentissage du français jusqu'à maintenant ?
Qui vous a aidé ?

> *Seulement votre professeur ?*
> *D'autres personnes ?*

Combien d'heures consacrez-vous chaque semaine au français ?

> *En classe*
> *A la maison*

Quel matériel avez-vous utilisé ?

> *Seulement Cartes sur table 2 ?*
> *D'autres matériels ?*

Aimeriez-vous changer quelque chose à votre apprentissage ?

> *Quoi ?*

Par groupes de trois, faites une liste de tout ce qui ne peut pas être changé dans l'institution où vous apprenez le français :

> *Le bâtiment*
> *Le plancher de la classe*
> *L'horaire (?)*
> *Le professeur (?)*
> *etc.*

Faites ensuite une liste de tout ce qui pourrait être changé :

> *L'horaire (?)*
> *Le professeur (?)*
> *La place des chaises*
> *Le matériel (?)*
> *etc.*

Discutez ensemble ces deux listes et les changements que vous voudriez éventuellement proposer.

Écoutez.

2 Formez des groupes de trois.

Un membre du groupe raconte le début du dernier film qu'il a vu.
Les autres proposent une suite à l'histoire.

Exemple :

A La semaine dernière, j'ai vu "Seule contre 10". C'est l'histoire d'une
   femme qui travaille dans un hôpital en Asie...

B Elle a beaucoup d'aventures. A la fin, elle épouse le chirurgien de
   l'hôpital.

A Pas du tout, ça ne se passe pas du tout comme ça.

C C'est elle qui est médecin ; elle dirige dix hommes qui ne veulent pas
   être commandés par une femme, à la fin, ils la tuent...

A C'est presque ça, mais la fin n'est pas juste...

p. composé/plus-que-p. 44 à 47
exercices 29, 31, 32
p. composé/imparfait 42 à 45
exercice 30

pronoms démonstratifs 11
exercice 35

communiquer

Quand quelqu'un exprime une opinion,

« Moi, je trouve que le titre de Madame, de Ruth, est le meilleur. »

« A mon avis, c'est le titre de... qui est le meilleur. »

« Le meilleur, c'est celui de... »

Je suis d'accord avec vous.

vous pouvez réagir de différentes façons.
Vous pouvez :

Ah, non ! je suis pas d'accord. Le meilleur, c'est celui de...

      approuver cette opinion

      désapprouver

      exprimer une autre opinion

Moi, je trouve qu'aucun des titres n'est bon.

      demander à la personne
      de justifier son opinion

Pourquoi ?

Qu'est-ce qui vous fait dire ça ?

3

Michel SIMON et Freddy BUACHE à Genève

droits réservés CSL

Freddy Buache, directeur de la Cinémathèque suisse, parle
. de la création de la Cinémathèque,
. de l'évolution du cinéma suisse romand,
. du rôle de la Cinémathèque aujourd'hui.

Formez des groupes de quatre. Comparez vos notes. Complétez vos notes personnelles avec celles des autres.
Un membre du groupe présente à la classe toutes les informations recueillies.
Si quelqu'un n'est pas d'accord, il l'exprime.

Ensemble, discutez.
En écoutant ce texte, est-ce que vous avez eu des difficulté à comprendre à cause :
. de la grammaire ?
. du vocabulaire ?
. de la prononciation ?

Est-ce que vous avez eu plus de difficultés au début, au milieu, ou à la fin de l'enregistrement ?

exercice 34

Si vous ne comprenez pas un texte enregistré, cherchez pourquoi.

à écouter

Que faire ?...

Ecouter sans vouloir tout comprendre, uniquement pour vous habituer à l'accent

Essayer de repérer quelques caractéristiques de l'accent et de les comparer à d'autres accents

Demander au professeur ou à d'autres personnes des informations sur le thème

Pour deviner le sens d'un mot inconnu qui revient, repérer les différents contextes où ce mot est utilisé

...

3

MARIGNAN PATHÉ - PAGODE
PANTHÉON - ATHÉNA
CINÉ BEAUBOURG
P.L.M. SAINT-JACQUES.
SAINT-LAZARE PASQUIER
GAUMONT OUEST BOULOGNE
TRICYCLE ASNIÈRES - LUX BAGNEUX

4 Regardez et lisez.
Formez des petits groupes.
Recherchez ce que le
publicitaire a voulu
mettre en valeur
. le titre du film ?
. les acteurs
le réalisateur ?
. le prix obtenu par
le film ?
. l'auteur du roman d'où
le film est tiré ?

COMPAREZ VOS RÉPONSES ET DISCUTEZ

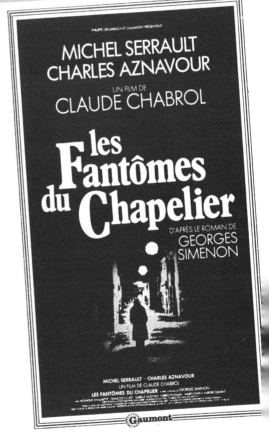

Zachmann/Rush

Par groupes de trois.

our chaque affiche, trouvez un titre
e film.
crivez le titre (choisissez le caractère),
lacez-le sur l'affiche
choisissez l'emplacement).

Chaque groupe présente sa proposition à la
classe.
Choisissez la meilleure. Justifiez votre choix.

D. Lointier

1

© Dargaud

3

3

Si vous ne pouvez pas vous exprimer, cherchez pourquoi.

conseils pour apprendre **à parler**

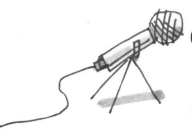

> JE NE CONNAIS PAS LES MOTS POUR DIRE CE QUE JE VEUX DIRE.

Que faire ?...

Faire des gestes qui remplacent le mot

Dire le mot dans sa langue maternelle

Expliquer le mot par d'autres mots
...

6 Ecoutez et imaginez.

Où se passe cette scène ? Essayez de décrire le lieu.
Comment les deux personnages se sont-ils rencontrés ?
Comment les voyez-vous ? Jeunes ? ...

Elle : ses cheveux ?   *Lui* : ses cheveux ?
        longs ? courts ? frisés ? ...   ses yeux ?
        ses yeux ?   Il a une barbe ?
        noirs ? verts ?   une moustache ?
Comment sont-ils habillés ?

                                Que va-t-il se passer ensuite ?

adjectif qualificatif 9
exercices 33, 40

7 Regardez cette photo.
Enumérez tout ce qui, pour vous, est inconnu, différent de votre manière
de vivre :
le lieu
les événements
les objets.

A. Camus

3

8 Qu'est-ce que vous aimeriez demander à votre acteur, actrice préféré(e) ?
Eux, ils ont demandé :

Leo Rosten a catalogué quelques-unes des demandes et offres fétichistes, adressées à deux stars d'Hollywood en janvier 1939 :

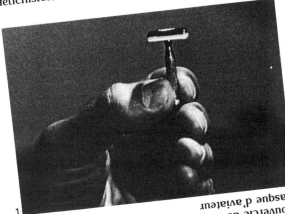

1

Une partie de votre queue de cheval ou boucle de cheveux
Un ordre d'achat en blanc de trois pages pour un grand magasin
Offre de dire des prières
Mégots
Photographies de la star
11 pages de « I love you » écrit 825 fois
Un bouton de manteau
« Attendez-moi »
Une puce apprivoisée du nom de la star
1 million de dollars en billets de cinéma
Une paire de caleçons avec autographe
Bouton de col
Offre de prendre la place du chien de la star

4

Casque d'aviateur
Couvercle de boîte d'allumettes
Télégrammes à un cousin pour un anniversaire
Offre d'hypothéquer sa vie ou ses services contre de l'argent
Mouchoirs
Robe, chaussure et chapeau
Perles
Bracelet-montre
Chaussure ou bas
Épingles à cheveux
3 cheveux
Bicyclette
Un morceau de chewing-gum que vous avez mâché
Poivrière et salière
Cuiller
Banjo
Papier à essuyer le rouge à lèvres
Morceau de fourrure
Savonnette

2

3

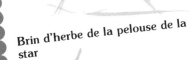

1 Le rasoir de Eva Marie Saint (2) dans « La Mort aux trousses » de Hitchcock (collection Cahiers du Cinéma).
3 La robe de Leslie Caron dans « Gigi » de Minelli (© Cinémathèque française).
4 Le briquet de Farley Granger dans « L'inconnu du Nord-Express » de Hitchcock (collection Cahiers du Cinéma).

Brin d'herbe de la pelouse de la star

E. Morin, *Les Stars*, Seuil, 1972.

3

ONT AMBASSADE • FRANÇAIS PATHE • MONTPARNASSE PATHE
HY PATHE • GAUMONT LES HALLES • NATION • SAINT MICHEL

ÉTAIT UNE FOIS DES GENS HEUREUX

ES PLOUFFE

"Les Plouffe est une sorte d'"Autant en emporte le vent" du Quebec... Des gens heureux ce sont aussi les spectateurs."

LE PARISIEN - Eric Leguèbe

"Amusant ou émouvant... Film qui mérite le succès... Film attachant..."

FRANCE SOIR - Robert Chazal

"Les Plouffe échappe à tous les artifices, et il y a fort à parier qu'il touchera les spectateurs..."

LE MATIN DE PARIS - Michel Perez

"... Une intelligence, une finesse, une générosité qui vont droit au cœur du spectateur le plus blasé. Une grande bouffée d'air pur."

LES ÉCHOS - Annie Coppermann

"On aime bien... On rit, on a la larme à l'œil."

LE NOUVEL OBSERVATEUR - B.V.

"Les scènes comiques succèdent aux petits drames... Le charme opère..."

L'EXPRESS - François Forestier

"Une adaptation intelligente et pleine d'humour..." **LES NOUVELLES LITTÉRAIRES** - A.P.

DISTRIBUÉ PAR CINEMA INTERNATIONAL CORPORATION

9 Lisez.

Avec ces éléments, individuellement, rédigez une critique du film "Les Plouffe".
Vous pouvez changer l'ordre des phrases et ajouter des mots qui manquent.

exercices 36 à 39

10 Ecoutez. Notez les expressions utilisées pour exprimer l'opinion.

Individuellement ou en petits groupes.
Si vous êtes dans un pays francophone :
Relevez des titres de films que vous trouverez sur des affiches, à l'entrée des salles de cinéma, dans la presse. Avec les mots de tous les titres relevés, inventez de nouveaux titres de films.

Si vous êtes dans un pays non francophone :
Relevez également des titres de films et essayez de les traduire en français.

4

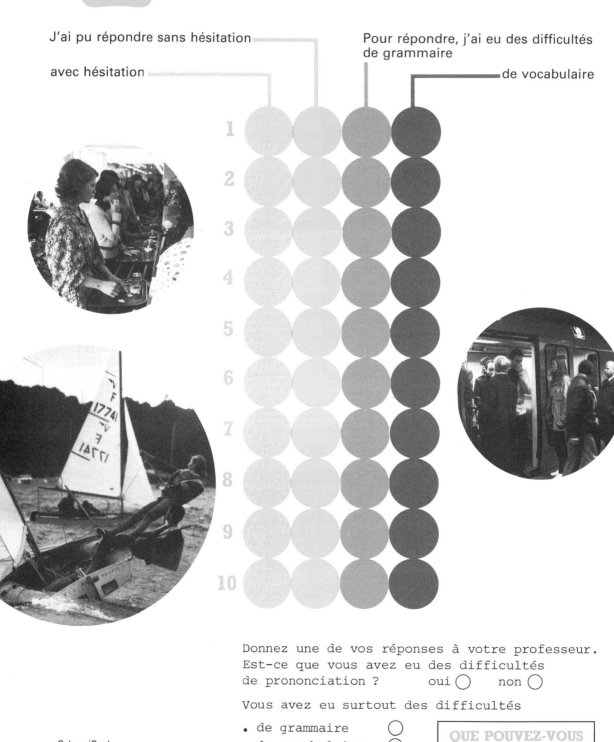

1 Ecoutez chaque phrase et imaginez·ce que vous pourriez répondre.

J'ai pu répondre sans hésitation

avec hésitation

Pour répondre, j'ai eu des difficultés de grammaire

de vocabulaire

1
2
3
4
5
6
7
8
9
10

Donnez une de vos réponses à votre professeur. Est-ce que vous avez eu des difficultés de prononciation ?   oui ◯   non ◯

Vous avez eu surtout des difficultés

- de grammaire ◯
- de vocabulaire ◯
- de prononciation ◯

QUE POUVEZ-VOUS FAIRE ?

Schurr/Rush
D. Lointier
S. Sibert/Rush

2 Imaginez les questions.

VOUS DEMANDEZ
À UNE
PERSONNE

QUE VOUS NE CONNAISSEZ PAS DU TOUT

1

d'où elle vient

QUE VOUS NE CONNAISSEZ PAS TRÈS BIEN

5

si elle peut
vous emmener
à la gare

QUE VOUS NE CONNAISSEZ PAS TRÈS BIEN

2

ce qu'elle
fait
actuellement

QUE VOUS CONNAISSEZ TRÈS BIEN

6

ce qu'elle
a fait
la veille

QUE VOUS CONNAISSEZ TRÈS BIEN

3

son nouveau
numéro de
téléphone

QUE VOUS CONNAISSEZ DEPUIS PEU

7

ce qu'elle fera
où elle
ira en vacances

QUE VOUS NE CONNAISSEZ PAS TRÈS BIEN

4

si elle est mariée
si elle a
des enfants

QUE VOUS NE CONNAISSEZ PAS TRÈS BIEN

8

quelle(s)
langue(s)
elle parle

Donnez une de vos questions à
votre professeur.

Estimez-vous que votre question
correspond à la situation ?

	1	2	3	4	5	6	7	8
oui								
non								

interrogation 19
exercices 41 à 43, 45, 46, 56

4

3 Comme dans l'exemple, donnez par écrit le plus de réponses à la forme négative.

Exemple :
Philippe est arrivé ? ⟶ *Non.*
Je ne sais pas.
Non, enfin, je ne crois pas.
Je ne l'ai pas vu.
Je n'en sais rien.

pour refuser
- Tu viens avec nous ce soir ? ⟶ ...
- Tu veux encore du vin ? ⟶ ...

pour dire que vous ne savez pas
- Quelle heure est-il ? ⟶ ...
- Tu sais qui a gagné le match ?
  L'Italie ou la France ? ⟶ ...

pour désapprouver
- J'adore le dessin de la page 20. ⟶ ...
- C'est quand même un homme intelligent. ⟶ ...

négation 20
exercices 43, 44, 46 à 48

Corrigez ensemble. Faites l'inventaire de toutes les réponses trouvées.

4 Essayez de reconstituer ensemble votre première heure de cours.
A tour de rôle, chacun donne une ou plusieurs informations, ses impressions, son opinion.

Votre professeur estime que vous devriez revoir :

oui   non

la conjugaison des temps du passé

l'expression du temps

comment exprimer une opinion

5 Toutes les phrases suivantes expriment une opinion, sauf une.
Trouvez-la.

1 A mon avis, ce qu'il faut faire, c'est prendre des mesures pour que ça change.
2 J'aimerais vous demander la permission de me retirer plus tôt.
3 J'aimerais dire à Monsieur Duval que, contrairement à ce qu'il pense, il n'y a pas de solution miracle.
4 Je suis persuadé que le langage des jeunes va encore s'appauvrir.
5 Je le dis et je le répète, quand un patron oblige ses employés à s'habiller d'une certaine manière, c'est une atteinte à leur liberté.
6 Je suis convaincu que, s'il n'y a pas un effort de tous les pays francophones, il est inutile de songer que le français restera une langue internationale.

Corrigez ensemble.

	familier	standard	élevé
1			
2			
3			
4			
5			
6			
7			
8			
9			
10			

6 Ecoutez les phrases.
Pour chaque phrase, indiquez si le niveau est :
. familier
. standard
. soutenu / élevé.

Corrigez ensemble.

communiquer

Exprimer une opinion

Et vous, qu'est-ce que vous en pensez ?

A mon avis, moi, je trouve que...
je crois que...
je pense que...

Votre opinion ?

Je suis surpris.
Pour moi, ce qu'il y a d'excellent, c'est...
Vous voyez, moi, ce qui me gêne, c'est...

Paul Lamaison, votre avis ?

C'est formidable.
Mon avis ? C'est pas mal.
Je ne suis pas d'accord.
Dans une certaine mesure, je serais assez d'accord avec vous.

Chacun écrit dans les pétales
de la marguerite les mots,
les expressions qui, pour lui,
définissent la classe.

A tour de rôle,
indiquez à votre professeur
ce que vous avez écrit.

7 Ecoutez.

Après chaque dialogue, répondez aux questions.

Qui sont les personnes qui parlent ?
Où se passe la situation ?
De quoi les personnes parlent-elles ?

8 Lisez.

a) Vous lisez cet article pour vous informer sur ce que pensent les jeunes Allemands de la France. Estimez-vous avoir compris sufisamment d'informations ?

oui ☐   non ☐

b) Vous lisez cet article dans le but d'apprendre de nouveaux mots. Savez-vous comment faire pour comprendre le sens des mots inconnus ?

oui ☐   non ☐

c) Après avoir lu cet article, vous voulez le résumer oralement à quelqu'un.
En seriez-vous capable ?

oui ☐   non ☐

d) Pourriez-vous résumer cet article à quelqu'un dans une lettre ?

oui ☐   non ☐

LA FRANCE VUE PAR LES JEUNES ALLEMANDS

« Que pensez-vous de la France ? » Une quinzaine de milliers d'élèves ouest-allemands ont planché sur ce sujet pour une enquête de l'Office franco-allemand de la Jeunesse. En voici les principaux résultats.
(...)

Il ressort (de cette enquête) que les jeunes Allemands d'aujourd'hui ne s'en laissent pas trop conter. Certains véhiculent encore les préjugés les plus traditionnels, transmis par leurs parents. Mais un grand nombre d'entre eux témoignent d'une image de la France très nouvelle et souvent beaucoup plus réaliste.
Voici quelques exemples de ce que nous révèlent les petits Allemands sur nous-mêmes : nous avons le sens de la famille ; nous aimons nos enfants, nous les supportons mieux que les parents allemands ; nous sommes accueillants, gentils, ouverts aux étrangers – voilà qui en surprendra plus d'un.
Et puis notre rapport à la voiture intrigue : il paraît qu'en France la plupart des voitures sont cabossées mais que les Français s'en moquent. Or, pour les jeunes Allemands, c'est là une qualité qui témoigne d'une philosophie du monde et d'un savoir-vivre supérieurs.
(...)
On relève aussi que les Français n'aiment pas le travail. Ici, le préjugé domine, mais il aboutit néanmoins à des conclusions qui traduisent une étonnante évolution de la mentalité allemande au moins chez les jeunes. « J'admire les Français, écrit un élève westphalien. Je crois que cette nation nous est supérieure dans beaucoup de domaines. (...) On y travaille pour vivre et on n'y vit pas pour travailler. » (...)
Il en reste, bien sûr, qui n'ont pas trop de complexes, tel ce jeune Hessois qui trouve qu'en France c'est aussi sale qu'en Turquie, et que c'est seulement grâce aux Allemands que les Français ont appris à connaître l'ordre et la discipline.
(...)
Ils trouvent l'enseignement en France particulièrement autoritaire, soumis à une discipline sévère, avec un régime d'étude exagéré, des maîtres très durs, etc. Les jeunes Français n'osent pas ouvertement critiquer les professeurs et acceptent de vivre dans le stress permanent, avec des devoirs le soir. Les C.E.S.*, vus d'Allemagne, sont de « vraies casernes ». Mais tout cela ne rend pas les Français beaucoup plus intelligents, tenez-vous-le pour dit, surtout dans l'apprentissage des langues étrangères.
(...)
Les jeunes Allemands, qui ont pour la plupart beaucoup voyagé, se sont aperçus que la France, autrefois présentée sous les aspects d'un paradis rural arriéré et paisible, était devenue un pays industriel.
(...)
(on relève) Un désir général d'en savoir plus et d'avoir plus de contacts au-delà du simple voyage touristique. (...)

* C.E.S. : Collège d'enseignement secondaire

F. Schlosser, dans Le Nouvel Observateur, 21 janvier 1983.

9 Ecoutez.

a. **Vous** avez écouté cette émission pour avoir des informations sur des manifestations francophones.
Avez-vous compris l'essentiel de ces informations ?

oui ▢   ▢ non

b. Vous avez écouté cette émission pour apprendre la langue (des mots, des expressions).
Pensez-vous avoir appris quelque chose ?

oui ▢   ▢ non

c. Vous voulez donner oralement ces informations à quelqu'un.
En seriez-vous capable ?

oui ▢   ▢ non

d. Vous voulez donner ces informations par écrit.
En seriez-vous capable ?

oui ▢   ▢ non

VERS L'AUTONOMIE

Avez-vous pu reconnaître vos difficultés

de grammaire

de vocabulaire

de prononciation

de compréhension $\Big\langle$ *orale*
écrite

d'expression $\Big\langle$ *orale*
écrite

Regroupez-vous selon vos difficultés et organisez-vous.
Cherchez qui vous pouvez aider, qui peut vous aider.

Si apprendre vous paraît difficile, cherchez pourquoi.

à apprendre

Tout apprentissage demande du temps.
Alors ?

4

10 A Lisez les règles suivantes et faites les exercices d'application.

1 Les pronoms possessifs

Les noms précédés d'un déterminant possessif peuvent être représentés par un pronom possessif.
Les pronoms possessifs suivent les mêmes règles d'accord que les déterminants possessifs :

C'est **ton stylo?** — Oui, c'est **le mien.**
Ce sont **tes chaussures?** — Oui, ce sont **les miennes.**

			Substantif au sing.		Substantif au pluriel	
			Masculin	Féminin	Masculin	Féminin
Rapport avec une seule personne	1re pers.		le mien	la mienne	les miens	les miennes
	2e pers.		le tien	la tienne	les tiens	les tiennes
	3e pers.		le sien	la sienne	les siens	les siennes
Rapport avec plusieurs personnes	1re pers.		le nôtre	la nôtre	les nôtres	
	2e pers.		le vôtre	la vôtre	les vôtres	
	3e pers.		le leur	la leur	les leurs	

R. Loiseau, *Grammaire française*, Hachette.

Exercice : Répondez affirmativement en employant un pronom possessif.

1 Monsieur Duval, c'est votre chien ?   - ...
2 Ce sont vos enfants ?   - ...
      - ...
3 Ce sont vos skis, Monsieur Dupont ?   - ...
4 C'est ta montre ?   - ...
5 Ce sont les livres de Nicole ?   - ...

2 Pour exprimer une idée de but que l'on désire atteindre, on emploie :

a/ **pour** + l'infinitif ou un substantif
afin de + l'infinitif

b/ **pour que** + le subjonctif
afin que

Exemples :

Je pars quelques jours **pour** me reposer.
J'apprends le français **pour** mon plaisir.

Pour pouvoir employer l'infinitif, il faut que celui-ci ait le même sujet que que le verbe de la phrase.

Exemple :

Il emmène sa fille en vacances **pour qu'**elle se repose.

Si les verbes n'ont pas le même sujet, on emploie **pour que** et le subjonctif.

Exercice : Transformez les phrases suivantes en employant *pour* ou *pour que...* selon le cas.

1 Je fais tous mes voeux pour la réussite de Pierre.
2 Il travaille comme un fou dans un seul but : réussir.
3 Je n'ai pas le temps de lire le journal, alors je m'informe en regardant la télévision.
4 Elle se met toujours au premier rang, son but c'est d'être regardée.
5 Les ministres de la C.E.E. vont se réunir; leur objectif : étudier les propositions de la France.

10 B Lisez les phrases suivantes. Essayez de découvrir :

a. une règle pour exprimer l'idée de comparaison

1 Ma fille ? Elle est plus grande que moi.
2 Les Suisses ont moins de vacances que les Français.
3 Nous avons enfin trouvé un appartement ; il est plus grand que l'autre mais surtout il est moins bruyant.
4 J'ai remarqué que les Suisses parlaient moins vite que les Français.
5 Je lisais plus quand j'étais jeune.
6 Ici, les gens vivent bien ; ils vivent même mieux que dans beaucoup de pays.
7 Il gagne autant que moi.
8 Aller à Paris avec le TGV, finalement, c'est aussi rapide qu'avec l'avion.
9 Tu ne trouves pas qu'il lit moins qu'avant ?
10 Les programmes télévisés ne sont vraiment pas très bons. Moi, je trouve qu'ils sont meilleurs.

comparaison 34
exercices 49 à 52

b. une règle vous permettant d'exprimer une idée de temps avec *avant que* ou *avant de*

1 On a le temps de finir la partie avant qu'il vienne.
2 Avant de partir, tu fermeras bien les portes.
3 Prépare l'apéritif avant qu'ils n'arrivent.
4 Il ne se lave jamais les mains avant de passer à table.
5 Réfléchis bien avant de répondre.
6 Je veux relire mon contrat avant de prendre une décision.
7 Je dois finir ma lettre avant qu'on aille au cinéma.

subjonctif 60, 61

c. une règle d'emploi des pronoms *le - la - lui*

1 Je lui ai écrit quatre fois mais elle ne m'a pas répondu.
2 Il n'est pas là, j'ai essayé de lui téléphoner toute la journée.
3 Je la connais, elle ne viendra pas.
4 Je le vois demain, il m'a invitée à déjeuner.
5 Je ne sais pas quoi lui offrir, il est si difficile.
6 J'avais envie de lui envoyer des fleurs mais je crois qu'elle a déménagé.
7 Il la rencontre tous les soirs dans l'autobus, il aimerait bien lui parler mais elle l'intimide !
8 Jamais je n'aurais cru que Benoît se serait marié ; enfin, tu le féliciteras de ma part avant que je ne lui écrive.

Qu'est-ce que vous préférez ?

Faire des activités du type A

du type B

pronoms personnels 13 à 18
exercices 53 à 56

5

INSTRUCTIONS

CES INSTRUCTIONS DOIVENT ETRE RIGOUREUSE-
MENT SUIVIES. LEUR INOBSERVATION ENTRAINERAIT
LA RESPONSABILITE DES PERSONNES QUI NE S'Y
CONFORMERAIENT PAS.

L'usage de l'ascenseur est interdit aux enfants non accompagnés.
APRES ETRE ENTRE, s'assurer de la fermeture des portes.

LES PORTES, ETANT FERMEES, appuyer sur le bouton de
l'étage désiré.

PENDANT LA MARCHE, ne pas toucher aux portes. Si la
cabine est sans porte (ascenseur à paroi continue), se tenir éloigné
de cette paroi. Attendre l'arrêt complet.

APRES ETRE SORTI, s'assurer que les portes sont bien refer-
mées.

EN CAS D'ANOMALIE de fonctionnement, vérifier la fermeture des portes. Refaire une commande. Si celle-ci reste sans
effet, et si la cabine ne se trouve pas au niveau d'un étage, ne
pas essayer de sortir. Par la sonnerie d'alarme, appeler le
concierge ou le préposé, pour qu'il ramène la cabine au niveau
d'un palier par la Manœuvre de Secours, et qu'il arrête le service
jusqu'à ce que le personnel compétent ait effectué la réparation.

Extrait des Ordonnances et Arrêtés Préfectoraux :

« Les usagers d'un ascenseur ne doivent jamais ouvrir une porte ou une grille palière
« sans que la cabine soit arrêtée à l'étage. Ils ne doivent pas chercher à sortir de la
« cabine ni à y entrer avant que celle-ci soit immobilisée dans la zone de déverrouillage
« de la porte, ni ne doivent mettre l'appareil en mouvement ou à bon escient.
« Ces instructions devront être portées à la connaissance du public par une pancarte
« apposée en évidence dans la cabine. »

Manœuvre à Blocage   854-4-72-300

---

1 Regardez tous les textes
pages 52 à 55. D'un simple coup
d'oeil, essayez de reconnaître
chacun d'eux.

1	5
2	6
3	7
4	8

---

2   3

LE TOUR DE FRANCE CYCLISTE
Pour une course plus homogène

Pierre-Raymond Villemiane a mis un terme à la série des succès étrangers en gagnant, mardi 13 juillet, la dixième étape du tour de France Saintes-Bordeaux, tandis que, au classement général, Phil Anderson, grâce aux sprints intermédiaires, a porté son avance sur Bernard Hinault à 44 secondes.

Bordeaux. — Depuis le départ de Bâle, nous avons parcouru plus de 3.500 kilomètres pour suivre 1.800 kilomètres de course, les rallyes automobiles alternant avec les randonnées à 40 kilomètres-heure dans le sillage du peloton. Et ce n'est pas fini puisque l'épreuve sera neutralisée de Valence-d'Agen à Fleurance, puis de Saint-Lary-Souian à Martigues — 500 kilomètres à vol d'oiseau — de Martigues à Manosque, enfin de Saint-Priest à Sens, les coureurs prenant tantôt l'avion, tantôt le T.G.V.

Ce tracé en pointillé préfigure-t-il le Tour de France du futur ? Un tour transformé en une tournée de critériums avant la lettre, mais qui ne serait pas incompatible en fin de compte avec la formule *open* préconisée par M. Félix Lévitan.

A l'origine, en 1903, Henry Desgranges et Géo Lefèvre avaient imaginé une compétition cycliste permettant d'effectuer le tour de France, c'est-à-dire qui longeait scrupuleusement les frontières et les côtes. Elle resta longtemps prisonnière de sa dénomination. En 1926, par exemple, le départ ayant été fixé pour la première fois en province à Evian, la caravane revint dans cette ville avant de rejoindre Paris, afin que la boucle, longue de 5.700 kilomètres, fut complète.

Dans les années 30, l'itinéraire se rapprochait encore des limites de l'hexagone, mais à partir de 1947, il prit des orientations moins orthodoxes, pénétra à l'intérieur du pays et fit étape à l'étranger, en Belgique d'abord, en Suisse et en Italie par la suite. Le tour devint alors un produit d'exportation.

Ne pas aller trop loin

Une épreuve de cette dimension doit effectivement sortir des entiers battus, rechercher des difficultés originales, on ne saurait éliminer des obstacles comme le Puy-de-Dôme sous prétexte qu'il est situé au cœur de l'Auvergne. Mais il ne faut pas aller trop loin dans l'extravagance.

Le Tour de France n'est plus ce qu'il était et le public ne le reconnaît pas à travers cette course découpée en tranches qui se transporte d'un coup d'aile de Lille à Cancale, qui arrive un soir au sommet des Pyrénées pour repartir le surlendemain de Martigues, qui se déplace en Boeing et en wagon-pullman.

On ne lui demande pas de faire étape systématiquement à Brest, à Biarritz, à Menton et à Strasbourg, ni de revenir aux contours de 1926. On ne réclame pas un retour aux grands raids pyrénéens d'autrefois Bayonne-Luchon ou Nice-Grenoble — 400 kilomètres, départ avant l'aube, cinq cols dans la journée. On aimerait simplement qu'il nous restitue le spectacle familier d'une merveilleuse course cycliste à travers la France, d'une course claire et non tarabiscotée comme elle l'est aujourd'hui, qu'il nous offre, en bref, l'image de la continuité et de la cohérence.

Quand un concurrent doit se trouver à 9 heures à Valence-d'Agen pour prendre le départ d'une épreuve contre la montre difficile, alors qu'il a passé la nuit à Bordeaux, distant de 150 kilomètres, cela veut dire qu'il s'est levé à 5 heures. Cela signifie aussi qu'on accentue les inégalités entre les coureurs, puisque les derniers partants — Hinault, Anderson, Knetemann — disposent d'une matinée supplémentaire de détente.

C'est précisément à Valence-d'Agen que le peloton avait fait grève en 1978 pour protester contre les excès d'une organisation essentiellement tributaire des impératifs commerciaux.

JACQUES AUGENDRE.

de notre envoyé spécial.

Le Monde, 15 juillet 1982

Dihau, le 16 Juin 1983

Mon cher,

C'est avec grand plaisir que j'ai appris ta nomination au poste de Président de notre association et je t'adresse toutes mes félicitations. J'aurais aimé le faire de vive voix lors de l'assemblée, mais malheureusement une méchante grippe m'a empêché d'y participer.

Encore toutes mes félicitations !

Bien à toi.

Philippe

VAUDOISE ASSURANCES

Agence Lausanne-Ouest

Av. d'Echallens 17   Case postale 151   1000 Lausanne 7

☎ 021/25 55 11   C.C.P. 10-620

Monsieur Charles LEROUX
Place Chauderon 7   1003 LAUSANNE

Date   30 septembre 1982

Affaire traitée par :   RR/mr

COUVERTURE PROVISOIRE

Assurance   : responsabilité de particulier et chef de famille 369'238/2300
Proposition du : 17 septembre 1982
Conditions générales d'assurance (CGA), édition   : 01.03.81
Conditions générales complémentaires (CGC), édition : --------
Couverture accordée dès le 01.09.1982   à   ----   heures

Cher client,

Nous avons transmis la proposition d'assurance précitée à notre siège social.
Dès que nous connaîtrons sa décision, nous vous la communiquerons.

En attendant et à partir de la date et de l'heure indiquées ci-dessus, l'assurance est en vigueur et déploie tous ses effets, conformément à la proposition et aux conditions générales susmentionnées.

Nous vous remercions de la confiance que vous nous témoignez et vous présentons l'expression de nos sentiments distingués.

VAUDOISE ASSURANCES
Agence Lausanne-Ouest

passif   63
exercice   64

Jura bernois

DISPUTE TRAGIQUE ENTRE VOISINS

Un septuagénaire biennois abat une femme

Un drame s'est déroulé jeudi en fin d'après-midi, au chemin Mettlen à Bienne : une altercation entre deux voisins s'est, en effet, terminée tragiquement, par la mort d'une femme de 45 ans, veuve et mère de plusieurs enfants...

Le chemin Mettlen à Mâche, quartier périphérique de Bienne, est un peu le refuge des cas sociaux et autres personnes assistées. Les disputes n'y sont pas rares et la police connaît bien le coin. Or, jeudi en fin d'après-midi, E.B, septuagénaire marié et domicilié au numéro 70a du chemin Mettlen, s'est soudainement « pris de bec » avec une femme qui se trouvait sur le trottoir devant la maison, Yvonne Riedwyl, âgée de 45 ans, veuve et mère de famille. Les insultes ont fusé jusqu'à ce que E.B, sous l'emprise de l'alcool, s'empare d'un revolver et tire trois ou quatre coups de feu sur sa voisine. Grièvement blessée à la tête, la malheureuse a été transportée à l'Hôpital régional de Bienne puis à l'Hôpital de l'Ile à Berne où elle est décédée vers 3 heures, vendredi matin. E.B a été arrêté et mis à la disposition du juge d'instruction, Mme Heidi Claivaz. Les motifs de son geste n'ont pu être établis avec certitude. Précisons en conclusion, que la législation cantonale en matière d'armes, autorise quiconque habitant sur le territoire du canton de Berne, à détenir une arme sans être au bénéfice d'un port d'arme. Seule une attestation — formalité délivrée par la police — est nécessaire pour acheter un quelconque revolver dans une armurerie. — **dr**-G d'Urso

INTRAS CAISSE-MALADIE

Indications à suivre en cas de maladie

1. Médecin

Consultez le médecin et conformez-vous à ses indications.

2. Feuille maladie

a) Demandez une feuille maladie (au plus tard 6 jours après le début du traitement)

- au moyen de la carte de couleur jaune annexée ou à défaut

- par téléphone à l'agence qui gère votre contrat.

b) Dès réception de la feuille maladie, remettez à votre médecin et à votre pharmacien la partie qui les concerne.

c) La feuille maladie est valable pendant 90 jours, sauf en cas de grossesse (voir chiffre 3). Passé ce délai de 90 jour, vous devez demander une nouvelle feuille maladie.

d) Si vous changez de médecin, vous devez également demander une nouvelle feuille maladie.

e) Lors de chaque demande de feuille maladie, veuillez indiquer le nom et le prénom de votre médecin, la date de la première consultation et votre numéro d'assuré.

3. Grossesse

Une feuille maladie doit aussi être requise en cas de grossesse. Lors de votre demande, n'omettez pas de signaler qu'il s'agit d'une grossesse.

La feuille maladie est valable durant toute la durée de la grossesse.

4. Médecin-dentiste

Il n'est pas délivré de feuille maladie pour les médecins-dentistes.

5. Chiropraticien

Une feuille maladie spéciale est nécessaire pour les traitements entrepris par un chiropraticien. Dans un tel cas, veuillez bien le préciser lors de votre demande, afin d'obtenir la feuille spéciale en question.

6. Paiement des honoraires du médecin

a) Si le médecin vous adresse sa note d'honoraires directement, vous pouvez :

- régler la facture et la remettre ensuite à INTRAS qui vous remboursera ses prestations

ou

- remettre à INTRAS la facture non acquittée et régler les honoraires du médecin seulement lorsque vous aurez reçu les prestations d'INTRAS. Dans ce cas, veuillez bien conserver le bulletin de versement après y avoir noté le montant de la facture à payer.

b) Lorsque le médecin adresse directement sa note d'honoraires à INTRAS, la caisse règle elle-même la facture en question puis vous demande la participation de 10 o/o ou la franchise prévue par votre police.

7. Hospitalisation

a) Si vous devez être hospitalisé, indiquez lors de votre entrée à l'hôpital ou lors de l'inscription que vous êtes assuré auprès d'INTRAS (agence Genève/Lausanne ou St-Gall). Dans la mesure du possible, justifiez-le en présentant votre certificat d'assurance ou en indiquant votre numéro d'assuré à l'établissement.

Lorsque l'hospitalisation intervient en chambre commune d'un hôpital public conventionné en Suisse, l'établissement ne vous demande pas d'effectuer un dépôt.

En cas d'hospitalisation en clinique ou en division privée d'un hôpital, l'établissement peut exiger un dépôt à l'entrée. Si vous êtes au bénéfice d'une assurance complémentaire d'hospitalisation auprès d'INTRAS ou auprès d'un autre assureur, demandez-lui un certificat de garantie à l'intention de l'établissement hospitalier. Ce certificat vous évitera de procéder à un dépôt souvent important.

b) Le remboursement des factures d'hospitalisation intervient comme indiqué sous chiffre 6. La participation de 10 o/o ou la franchise n'est toutefois pas prélevée en cas d'hospitalisation.

8. Divers

Vous facilitez le travail d'INTRAS et accélérez le règlement de votre cas de maladie si vous indiquez dans chaque correspondance votre numéro d'assuré.

---

2 Qu'est-ce qui vous a permis de reconnaître le genre de chacun des textes ?
Les caractères ? La disposition ? La signature ? ...

1	3	5	7
2	4	6	8

5

3 Vous rencontrez, dans votre langue maternelle, différents genres de textes, par exemple : une publicité, une lettre commerciale, un article sur le sport, une lettre personnelle, une circulaire, des instructions, ... <u>Que faites-vous ?</u>

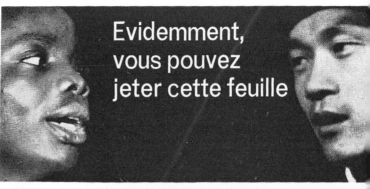

Evidemment, vous pouvez jeter cette feuille

à la corbeille comme un vulgaire prospectus

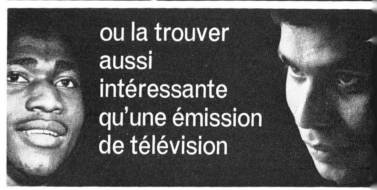

ou la trouver aussi intéressante qu'une émission de télévision

Œuvre St-Justin, Fribourg

vous pouvez, d'autre part, essayer ...

Quand vous décidez de lire tel ou tel texte, dans quel but le faites-vous

4 Travaillez par petits groupes. Chaque groupe choisit un texte et recher-che dans quel but il a été écrit.

1 : *pour ...*

2 : *pour ordonner, pour conseiller*

3 :

4 :

5 :

6 :

7 :

8 :

subjonctif 60, 61
exercices 58, 61, 62
but 38
exercices 59, 60, 62

Si vous ne comprenez pas
un texte, cherchez pourquoi.

à lire

Que faire ?...

Repérer les éléments permettant de déterminer le genre du texte

Essayer de trouver pour qui et pour quoi le texte a été écrit

Proposer un autre texte
...

5

5 Ecoutez.

Après chaque extrait, indiquez de quel genre de texte il s'agit.

1 :   4 :

2 :   5 :

3 :   6 :

6 Qu'est-ce que vous écoutez à la radio dans votre langue maternelle ?

7 Ecoutez encore une fois chacun des textes du n° 5.

Par petits groupes, recherchez dans quel but ces textes sont produits.

1 :   4 :

2 :   5 :

3 :   6 :

exercices 65, 69

repères pour communiquer

Vous écrivez une lettre

	• à des amis • à un membre de votre famille • à un (e) collègue	à tout autre personne
Formules pour commencer la lettre	Cher Jacques / Cher ami Chère Anne / Chère amie / Chers amis Cher Monsieur / Chère Madame / Mademoiselle	Monsieur/Madame/Mademoiselle Monsieur le Directeur Madame la Directrice
	Merci de ta lettre du ... Je vous remercie de votre lettre du ... En réponse à ta / votre lettre du ...	Suite à votre lettre du... En réponse à votre lettre du... J'accuse réception de votre lettre du... Suite à notre entretien téléphonique du...
	J'ai été heureux / heureuse d'apprendre que ... J'ai été désolé(e) d'apprendre que ...	J'ai l'honneur de vous adresser... J'ai le regret de... J'ai le plaisir de... Je vous serais reconnaissant(e) de... Je vous prie de trouver ci-joint...
Formules pour terminer la lettre	Affectueusement Je t'embrasse Je vous embrasse Amicalement Cordialement Avec mes amitiés En toute amitié	Veuillez agréer/ Monsieur/Madame/Mademoiselle l'expression de mes sentiments/ distingués/les meilleurs l'expression de mes salutations distinguées. Je vous prie d'agréer, Monsieur le Directeur, l'expression de ma considération distinguée, de mes sentiments dévoués.

Que représente cette illustration ?
Un vase noir
ou deux visages blancs ?

8 Regardez.

9 Et vous ?

Pour apprendre le français, recherchez ensemble des genres de texte que vous pouvez utiliser "autrement" que dans l'idée de l'auteur.

GENRE DE TEXTE	TEXTE ÉCRIT POUR...	TEXTE LU POUR...
fait divers	*informer*	* *découvrir des faits de la vie sociale, des habitudes d'un pays francophone.* * *apprendre à raconter.* * *apprendre des mots nouveaux* * ....
publicité	....	....
....	....	....
......	......	....

Face, je t'aime plus

Je l'ai rencontré au café. Par-dessus un demi il m'a raconté son histoire. Ils ont tous les deux vingt-trois ans. Ils se sont connus au lycée et se sont aimés à l'université. Ils ont vécu ensemble malgré l'argent, malgré les familles. Avec de petites joies et de petits chagrins mais une vie à deux, la tête pleine de projets : partir vivre en Angleterre, publier ses recueils de poèmes, Gaël et Sigren les deux gamins qu'ils feraient... Souvent il passait l'après-midi à la photographier au Nikon; le cinéma le soir avant de rentrer dans le petit appartement qu'ils partageaient. Elle aimait les glaces au chocolat et ne savait pas faire de cuisine, mais à cet âge il y a des choses plus importantes. Un gentil petit couple comme disaient les voisins.

Elle était devenue indispensable à sa vie. Mais avec elle tout se jouait sur un coup de tête. Dans ses poches, il y avait toujours des pièces. Pile, je t'aime. Face, je t'aime plus. Face. Je t'aime plus Alors il lui a rendu toutes ses lettres et même la chaîne avec la médaille en argent avec son prénom. Je le regarde, il a les yeux tristes, et je m'aperçois soudain qu'il fait sauter des pièces dans le creux de sa main. D'une histoire d'adolescents, ils avaient fait un amour presque adulte. Un amour qui aurait eu cinq ans au mois d'avril. Maintenant il passe ses soirées à jouer au flipper et à raconter son histoire à des amis de hasard.

JEAN-FRANÇOIS CEAS

Le Monde, 11-12 novembre 1979

10 On peut lire ce texte pour le plaisir.

On peut le lire aussi pour apprendre, pour découvrir le système de la langue, par exemple :
– les pronoms personnels
– les temps du passé
....

pronoms personnels 13 à 18
exercice 63

5

11

On peut lire ce texte
en se concentrant sur la langue.

deviner le sens ⟵

cause ⟵

deviner le sens ⟵

enrichir le vocabulaire
en fonction d'un thème ⟵

cause, conséquence 37
exercices 66 à 68

exercice 70

DUEL-SUICIDE

(De notre correspondant.)

Nîmes. — Ils s'appellent Eric, Philippe et Alain. Ils ont seize ans. Les deux premiers sont pensionnaires à l'Institut Samuel-Vincent, où la direction de l'Action sanitaire et sociale place des enfants et pré-adolescents accablés de problèmes familiaux, le troisième est apprenti pâtissier et vit chez son père.

Dimanche 21 février, Eric et Philippe décident de ne pas réintégrer leur établissement après la permission dominicale. Sur les boulevards, ils rencontrent Alain, qu'ils connaissaient déjà et qui, comme eux, est désœuvré. Une longue conversation, dont le caractère décousu doit sans doute beaucoup à la boisson, permet à Eric et Alain d'apprendre qu'ils aiment la même écolière qui, malgré ses treize ans, sait déjà provoquer et décevoir. Or elle paraît n'avoir d'attention que pour un troisième larron.

Les amoureux déçus jugent que la seule solution est de disparaître ensemble. Alain s'en va chercher une carabine de 9 millimètres à canon lisse, vouée à la chasse aux moineaux, et des balles de tir à faible portée. Et, peu avant minuit, devant la vitrine d'un Prisunic, Eric tire sur Alain, lui passe l'arme pour qu'il lui rende la pareille. Cela saigne un peu et Philippe, témoin dégrisé, donne l'alerte. Les deux Roméo en seront quittes pour quelques jours de soins. — J.-C. L.

Le Monde, 25 février 1982

DUEL-SUICIDE

(De notre correspondant.)

Nîmes. — Ils s'appellent Eric, Philippe et Alain. Ils ont seize ans. Les deux premiers sont pensionnaires à l'Institut Samuel-Vincent, où la <u>direction de l'Action sanitaire et sociale place des enfants et pré-adolescents accablés de problèmes familiaux,</u> le troisième est <u>apprenti</u> pâtissier et vit chez son père.

Dimanche 21 février, Eric et Philippe décident de ne pas réintégrer l e u r établissement après la permission dominicale. Sur les boulevards, ils rencontrent Alain, qu'ils connaissaient déjà et qui, comme eux, est désœuvré. Une longue conversation, dont le caractère décousu doit sans doute beaucoup <u>à la boisson,</u> permet à Eric et Alain d'apprennent qu'ils <u>aiment la même écolière</u> qui, <u>malgré ses treize ans,</u> sait déjà provoquer et décevoir. Or elle paraît n'avoir d'attention que pour un troisième larron.

Les amoureux déçus jugent que la seule solution est de <u>disparaître</u> ensemble. Alain s'en <u>va chercher une carabine de 9 millimètres à canon lisse,</u> vouée à la chasse aux moineaux, et des balles de tir à faible portée. Et, peu avant minuit, devant la vitrine d'un Prisunic, Eric tire sur Alain, lui passe l'arme pour qu'il lui rende la pareille. Cela saigne un peu et Philippe, témoin dégrisé, donne l'alerte. Les deux Roméo en seront quittes pour quelques jours de soins. — J.-C. L.

On peut lire le même texte en se concentrant sur les informations, le sujet, les thèmes.

placement des adolescents

l'apprentissage

alcoolisme des jeunes

l'amour

suicide des jeunes (ici,"suicide romantique")

les Français et les armes

12 On peut lire des poèmes pour...

SOLEIL ET EAU

Mon eau n'écoute pas

mon eau chante comme un secret

Mon eau ne chante pas

mon eau exulte comme un secret

Mon eau travaille

et à travers tout roseau exulte

jusqu'au lait du rire

Mon eau est un petit enfant

mon eau est un sourd

mon eau est un géant qui te tient sur la poitrine un lion

O vin

ô rampeur d'eau soulagé jusqu'à toi jusqu'aux arbres

vaste immense

par le basilic de ton regard complice et somptueux

A.Césaire, *Soleil cou coupé,* K éditeur

LE BOUQUET

Pour toi pour moi
loin de moi près de toi
avec toi contre moi
chaque battement de mon coeur
est une fleur arrosée par ton sang
Chaque battement c'est le tien
chaque battement c'est le mien
par tous les temps tout le temps
La vie est une fleuriste
La mort un jardinier
Mais la fleuriste n'est pas triste
le jardinier n'est pas méchant
le bouquet est trop rouge
et le sang trop vivant
la fleuriste sourit
le jardinier attend
et dit Vous avez le temps !
Chaque battement de nos coeurs
est une fleur arrosée par le sang
par le tien par le mien
par le même en même temps.

J. Prévert, *Choses et autres*, Gallimard

SENSATION

Par les soirs bleus d'été, j'irai dans les sentiers,
Picoté par les blés, fouler l'herbe menue :
Rêveur, j'en sentirai la fraîcheur à mes pieds.
Je laisserai le vent baigner ma tête nue.

Je ne parlerai pas, je ne penserai rien :
Mais l'amour infini me montera dans l'âme
Et j'irai loin, bien loin, comme un bohémien
Par la Nature, — heureux comme avec une femme.

MARS 1870
A. Rimbaud

5

LE GRAND COMBAT

A R.-M. Hermant

J'AFFIRME ICI NOIR SUR BLANC :
LES PLUS BEAUX TEXTES DE TOUTES LES
LITTÉRATURES SONT COMPOSÉS DE PIÈCES
D'ÉTOFFE TRÈS VOYANTE ET CLAIRE COU-
SUES EN GRANDE HÂTE PAR UNE MAIN
DE FEMME AMOUREUSE DE LIBERTÉ

CE SONT EN TOUTES LANGUES CHEFS
D'OEUVRE D'EXPRESSION HARDIE
RECONNAISSABLES À LEUR EXEMPLAIRE
CONCISION ET AUX PETITES CICATRICES
LAISSÉES PAR LA RIPOSTE DES FUSILS

Tout signe conventionnel de reconnaissance entre gens de même conscience est synthèse d'un discours collectif

Michèle LALONDE
Défense et illustration de la langue québécoise
Change Seghers/Laffont

Il l'emparouille et l'endosque contre terre ;
Il le rague et le roupète jusqu'à son drâle ;
Il le pratèle et le libucque et lui barufle les ouillais ;
Il le tocarde et le marmine,
Le manage rape à ri et ripe à ra.
Enfin il l'écorcobalisse.

L'autre hésite, s'espudrine, se défaisse, se torse et
    se ruine.
C'en sera bientôt fini de lui ;
Il se reprise et s'emmargine... mais en vain
Le cerceau tombe qui a tant roulé.
Abrah ! Abrah ! Abrah !
Le pied a failli !
Le bras a cassé !
Le sang a coulé !
Fouille, fouille, fouille,
Dans la marmite de son ventre est un grand secret
Mégères alentour qui pleurez dans vos mouchoirs ;
On s'étonne, on s'étonne, on s'étonne
Et on vous regarde
On cherche aussi, nous autres, le Grand Secret.

H. Michaux, *L'espace du dedans*, Gallimard

vers l'autonomie... ... ...

Regardez la page 66. De quoi avez-vous besoin pour faire cette activité ?
Recherchez différents textes et documents en français et apportez-les en classe la prochaine fois.
Cherchez où vous pouvez trouver des textes écrits en français ; dans l'institution ? en dehors ? où ?
Si vous êtes dans un pays francophone, pensez à ce que la rue vous offre... Recopiez ce que vous ne pouvez apporter...

 **6**

 **phrases**

1 Découpez (ou recopiez)
dans les textes
que vous avez apportés

DES  **MOTS**

 **DES PHOTOS**

DES DESSINS

et faites un montage sur un thème que vous choisissez ensemble,
par exemple :

 **LA PEUR**

LA JOIE

l'enfance

ce qui vous manque...

2 Ecoutez chaque texte et cherchez
ce que vous pourriez dire à la fin
de chacun d'eux.
Travaillez par groupes de deux.

3 Ecoutez encore une fois et, à
tour de rôle, proposez la suite
que vous avez trouvée.
Ensemble choisissez la meilleure
en appréciant :

. si l'intonation est juste
. si la réponse correspond bien
  à ce qui précède
. si le niveau de langue est correct
. si la phrase est grammaticalement
  correcte

4 Les textes suivants sont tous
inachevés. Seul ou à deux, cherchez
comment vous pourriez les terminer.

1

POULET FARCI AUX LEGUMES POUR 6 PERSONNES

Prendre un gros poulet, le frotter avec du sel et du poivre à l'intérieur et à l'extérieur. Pour la farce, faire revenir dans un petit peu d'huile, 50 g de lard coupé en petits morceaux et un gros oignon haché. Ajouter deux tasses de riz, du curry et un œuf battu. Introduire le tout dans le

2

3

TABLE DES MATIÈRES

CHAPITRE PREMIER	Qui raconte la croisière d'un groupe de savants dans le Pacifique.
CHAPITRE SECOND	Tempête et naufrage du navire.
CHAPITRE TROISIÈME	Comment le savant Ordinol arriva seul sur une île déserte.
CHAPITRE QUATRIÈME	. . . .

4

AVIS AUX LOCATAIRES
● ●

De nombreux vols ayant été commis dernièrement, aussi bien dans les caves que dans les couloirs, les locataires sont

j'ai dû
partir pour
chercher
MARC.
tu trouveras
la clé

5

En raison des travaux
il est interdit de garer
sa voiture ou son vélo
dans la cour de

exercices 71, 72

6

5 Individuellement, lisez les notes suivantes.

Ecoutez et ajoutez à ces notes ce qui vous semble important.

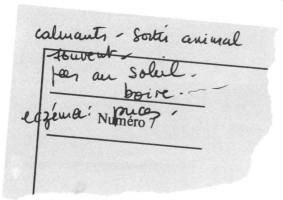

Comparez vos notes.
Remarquez-vous des différences ?

exercice 75

6 Achevez les dessins pour les transformer en objets... , personnes... ou animaux... Dites ce que vous avez dessiné.

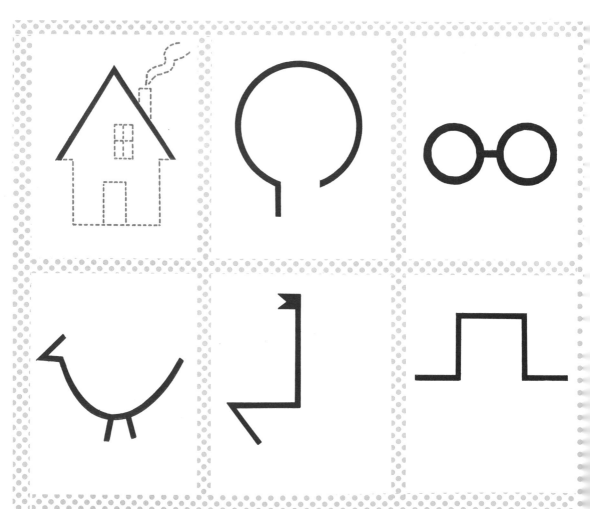

7 Complétez tous les dessins.

Notez ce que vous avez dessiné..

Si vous ne connaissez pas l'orthographe d'un mot, cherchez pourquoi.

à écrire

Que faire ?...

...

8 Reconstituez les titres suivants.

a. DEUX SKIEURS EMPORTES PAR UNE AVALANCHE

   DIRECTEUR DE CINEMA ATTAQUE

   SECURITE DES ENFANTS SUR LA ROUTE : TROP D'ACCIDENTS

   NOUVELLE GREVE EN FRANCE

   BOUSCULADE TRAGIQUE A LONDRES

b. FIN DES COMBATS AU LIBAN

   BAISSE DU DOLLAR

   RENTREE DES CLASSES : 15 SEPTEMBRE

   LOYERS : 8 % D'AUGMENTATION

   SANTE : LES MEDECINS NE SONT PAS CONTENTS

Quels sont les titres que vous avez reconstitués
le plus facilement ?   a [   ]   b [   ]

A votre avis, pourquoi ?

exercice 76

9 Ajoutez tout ce qui manque à ces deux télex.

futur 50, 51
exercices 74, 77, 78, 81, 82

PREVISION JUSQU A DEMAIN SOIR

JURA ALPES PASSABLEMENT NUAGEUX. DES ECLAIRCIES PASSAGERES SUIVIES
D AVERSES. LA TEMPERATURE SERA VOISINE DE 8 DEGRES CETTE NUIT.
SUD DES ALPES ENSOLEILLE. TEMPERATURE : 15 DEGRES. (ATS)

ALPINISME : MORT D UN SHERPA DANS L EVEREST.

KATHMANDU : UN GUIDE SHERPA ACCOMPAGNANT UNE EXPEDITION ESPAGNOLE
SUR LE MONT EVEREST A FAIT UNE CHUTE MORTELLE A UNE ALTITUDE DE
8300 M A ANNONCE LE MINISTRE NEPALAIS DU TOURISME. LE SHERPA NIMA
DORJI TENTAIT L ASSAUT DU SOMMET DE L EVEREST AVEC 2 ESPAGNOLS.
(ATS - AFP)

communiquer

superlatif 34
exercice 73

Dans le langage parlé, les phrases sont souvent inachevées, interrompues. On se répète souvent.
On a recours à des mots, des sons qui permettent de chercher ses mots et de maintenir le contact
avec son interlocuteur.

🎧 Ecoutez le texte oral et comparez avec le texte écrit.

« Si, maintenant les élèves parlent un français — comment dire ? — pas correct, ça vient de ce
que, dans les lycées, les collèges, les écoles, on parle un français qui n'est plus en usage, par
exemple, l'imparfait du subjonctif, on l'utilise plus, vous voyez ce que je veux dire ? »

« Moi, ce que j'aime le plus, c'est pas causer bien le français, non. Dans ma conversation, ce que
je préfère, c'est mon argot. Moi, je trouve ça hyper bien, l'argot et pour moi, c'est comme ça que
je communique le mieux. Je veux pas faire de belles phrases, mais me faire comprendre. Me
faire comprendre, je trouve ça hyper bien, je trouve ça hyper génial ! »

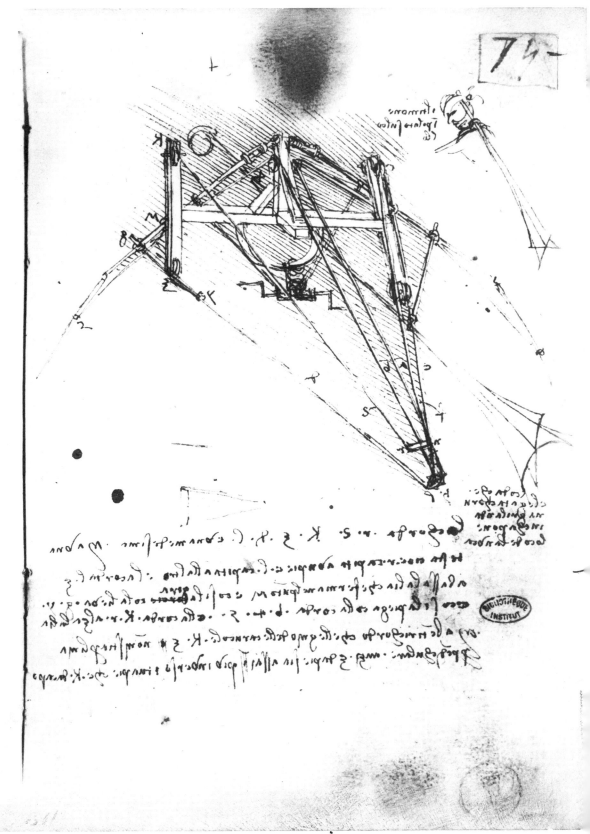

Léonard de Vinci, Vol à tire d'aile (Microfilm B.N./Hachette)

10 Complétez chacun des tableaux grammaticaux en cherchant dans les textes les éléments qui manquent. Trouvez la règle.

a. l'adjectif possessif

A mes parents - A ma femme - A mon amie Françoise

mon	→ mes ←	ma
ton	→ tes ←	ta
___	___	___
___		
votre	___	

- Tous les matins, il partait au volant de sa voiture.
- Avec son camion, il a parcouru toute l'Europe, sa chienne Bibi à ses côtés.

M. et Mme J.-C. Chappuis sont heureux d'annoncer la naissance de leurs petits-enfants Hervé et Benoîte.

Ne manquez pas d'écouter LÉONARD, sa joie et son humour vous feront passer la plus merveilleuse soirée.

Notre amie Florence MORAT nous a quittés lundi.

Catherine, sa femme Luc, son fils Agnès, sa belle-fille Jacques et Aurélie, ses petits-enfants ont la douleur de faire part du décès de Pierre LAMBERT

Monsieur et Madame E. Lancelot ont la joie d'annoncer le mariage de leur fille Cécile

Nous demandons une pensée en mémoire de nos parents Bernard et Marie LAMBRE

A mon cher Pierre avec toute ma reconnaissance.

A Frédéric, en souvenir de nos voyages.

Avec votre professeur, trouvez les règles d'emploi de l'adjectif possessif.

possessifs 6, 10
exercice 79

b. le subjonctif

Il faut que je sois à Lille demain soir.
tu sois
_____
nous soyons
_____
_____
J'aimerais que tu _____
_____
vous fassiez cette réparation
_____
Il faut que je retienne cette définition
tu _____
_____
_____
_____

"Pour être heureux, les jeunes, maintenant, il faut qu'ils soient ensemble, qu'ils se parlent, qu'ils aient de la bonne musique à écouter, ça leur suffit pour être bien. Tu comprends ce que je veux dire ?" Elle me saisit le bras. "Je veux que vous compreniez." Elle me regardait avec insistance en ré-pétant : "C'est important que vous compreniez ... Alors, tu comprends ?"

Elle mélangeait le tu, le vous. Trop vieille pour qu'on me dise tu naturellement, ai-je pensé. Elle insistait. "Nous, les jeunes, tu vois, on n'a rien." J'ai affirmé que je comprenais.

subjonctif 60, 61
exercice 80

6

11 Quels mots pourrait-on trouver immédiatement après les mots soulignés

1 On n'a jamais vu ça <u>depuis</u>...   4 Le soir, <u>je</u>...
2 Habiter Athènes, Corinthe, <u>Sienne ou</u>...   5 A présent, <u>il faut</u>...
3 Je te demande <u>à qui</u>...   6 <u>Après</u>...

Si on vous dit ces phrases, que pouvez-vous répondre ?

1 Ça te plaît cette émission ?   -...
2 On part quand ?   -...
3 Tu m'écoutes ?   -...
4 Moi, j'aime la solitude.   -...
5 Je vous avais dit de faire attention.   -...

12 "Dis toujours... Si tu dis blanc, si tu dis noir, si tu dis oui, si tu dis non, si tu dis tout ce qui te passe par la tête, qu'est-ce que cela veut dire ?" M. Leiris, *Le ruban au cou d'Olympia*, Gallimard.

Complétez avec tout ce qui vous passe par la tête.

autonomie	sans tambour ni trompette	détruire
automobile	sans foi ni loi	déménager
auto...	sans ...	désespérer
...	...	dé...
		...

Discutez ensemble la possibilité de vous retrouver régulièrement en dehors de la classe pour parler français.

> *Qui est intéressé ?*
> *Qui peut y consacrer régulièrement un peu de temps ?*
> *Quels types d'activités peuvent être envisagés ?*

Exemples d'activités :

Se rencontrer régulièrement pour faire la cuisine, de la photo, du sport, de la musique,...
Réaliser un journal de classe.
Dans un pays francophone, organiser une enquête sur une profession, un parti politique, un institution...
Dans un pays non francophone, interviewer des personnes originaires d'un pays francophone
Raconter leur histoire.

13 Inventez des réponses aux graffiti.

Rasons les Alpes pour qu'on voie la mer

ENLÈVE TON MAQUILLAGE POUR QUE JE VOIE TON VISAGE

le soleil descend sur la terre

Je ne sais pas où je vais

on y va ensemble!

AMARADE TU ES SEUL!

JE M'AIME!

1 Ecoutez et regardez.

Si vous avez l'impression qu'on ne vous comprend pas, cherchez pourquoi.

conseils pour apprendre   à parler

Que faire ?...

Observer les réactions de son interlocuteur ou le questionner pour s'assurer qu'on est compris

Essayer de répéter plus simplement ce qu'on vient de dire

Demander de l'aide à son interlocuteur si on a des difficultés d'expression

Utiliser les gestes, la mimique, l'intonation qui aident à mieux se faire comprendre

...

2 Supposons qu'un Monsieur X ou une Madame X ou Y sorte le soir, à neuf heures, dans une ville qui pourrait s'appeler Marseille, Québec, Namur ou Lausanne pour promener son chien et que ce Monsieur X ou cette Madame Y rencontre une autre personne qui, elle aussi, promène son chien.

- Que pourraient-ils se dire ?
- Que pourraient-ils faire ?
- Que pourraient-ils entendre ?
- Que pourraient-ils voir ?

Eventuellement, illustrez cette rencontre au tableau.

condition 39
conditionnel 54 à 57
exercices 83 à 86

communiquer

Si vous voulez demander à quelqu'un d'exprimer son opinion, vous pouvez dire :

- Quelle est ton/votre opinion ?
- Qu'est-ce que vous en pensez ?
- Tu ne trouves pas ?
- Tu ne dis rien. Tu en penses quoi ?
- Tu es pour ou contre ?

Fournier/Schlegel

Phelps/Rapho

Si vous ne voulez pas exprimer votre opinion d'une manière trop catégorique, trop directe, vous pouvez dire :

opposition 35
exercices 87 à 90

- Ce n'est pas mal, mais ...
- J'aime assez ...
- J'aime bien, cependant ...
- Ce n'est pas une mauvaise idée, mais je voudrais dire que ...
- Quand même, ce n'est pas extraordinaire.
- Je trouve ça bien, mais il y a tout de même quelque chose qui me gêne.
- Je ne suis pas absolument contre, mais j'aimerais dire ...
- Dans une certaine mesure, je serais assez d'accord avec vous.
- Je ne sais pas si c'est la meilleure solution, ce n'est peut-être pas la plus mauvaise.

3 Lisez.

Qu'est-ce qui fait courir les jeunes Français aujourd'hui ?

La politique ? Non. Soixante et onze pour cent de 15-20 ans pensent qu'elle n'est pas très importante. La révolution ? Non plus. Ce pour quoi les jeunes expriment le plus d'enthousiasme, c'est la famille, le travail, l'amour et les voyages. "Mes parents, plus ça va, plus je les aime", déclarait récemment Philippe à la télévision.

Si on leur demande de s'imaginer dans dix ans, la moitié des jeunes pensent connaître le chômage, mais ils ressentent le chômage comme un événement inévitable, une sale période à traverser d'où ils sortiront. Ils travailleront 35 heures par semaine, auront un métier intéressant et un appartement confortable. Face à leur métier, ils sont réalistes : ils s'imaginent plus facilement ouvrier que chanteur. Le métier qui remporte tous les suffrages est celui de journaliste suivi immédiatement par professeur et ingénieur.

L'argent ? Soixante-quatre pour cent en mettent de côté pour s'acheter des vêtements, pour les sorties. Treize pour cent économisent pour l'avenir.

Prudents, les jeunes d'aujourd'hui. Refaire le monde, le changer, ça ne les "branche" pas du tout.

Je vais vous citer des mots. Pour chacun d'eux, dites s'il représente pour vous quelque chose de très important ou quelque chose de pas très important.

	Très important	Pas très important	Sans opinion	Total
l'argent	71	28	1	100
la famille	93	6	1	100
la politique	17	71	12	100
l'amour	81	15	4	100
le syndicalisme	16	68	16	100
le travail	89	11	—	100
la musique	67	32	1	100
la sexualité	57	36	7	100
la patrie	39	51	10	100
la révolution	16	66	18	100
l'armée	29	62	9	100
la religion	33	57	10	100
le sport	75	24	1	100
les droits de l'homme	76	21	3	100
les voyages	80	19	1	100

1 Pour informer quelqu'un, quel passage liriez-vous à haute voix ? Quelles opinions avez-vous, quels sentiments ressentez-vous après avoir lu ce texte ?

2 Individuellement, recopiez l'information qui vous étonne le plus. Comparez vos phrases.

3 Imaginez une illustration pour ce texte. Où la placeriez-vous ? Choisiriez-vous une photo ? un dessin ? Quelle légende mettriez-vous ?

pronoms personnels 13 à 18
exercices 91 à 94

4 Regardez.

Lozéres region in France. *invented word.*

C. Michel

VISITEZ LA LOZÈRE

① Devant cette publi-
cité, que pourriez-
vous dire ?
Imaginez comment
pourrait réagir :
. une personne d'un
certain âge,
. un jeune,
. un chômeur,
. votre professeur.

② Ecrivez des slogans
pour d'autres lieux
(villes, régions,
pays).

③ Par groupes de deux,
choisissez un détail
de cette photo et
cadrez-le pour en
faire une autre
publicité.

interrogation indirecte 19
exercice 95
discours rapporté 62
exercices 96 à 101

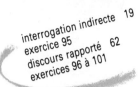

5 Ecoutez cet extrait d'une émission sur la jeunesse.

1) Dans certaines circonstances, lorsque vous écoutez quelqu'un, est-ce que vous griffonnez ?

2) Comment imaginez-vous chacune des personnes interviewées ? Donnez le plus de caractéristiques possible.

3) En quelques lignes, à votre tour, donnez votre opinion sur la jeunesse.

Dans la vie, on est constamment jugé. Essayez de réfléchir et de trouver :

- *comment vous êtes jugé(e) en classe et en dehors de la classe*
  par qui
  sur quoi
  comment

- *comment vous, vous jugez les autres*

- *comment vous vous jugez vous-même.*

Vous devrez peut-être passer un jour un test ou un
examen de français. Voici quelques types d'épreuves
fréquemment utilisés. Exercez-vous déjà aujourd'hui.
Vous n'avez pas besoin de les faire tous à la suite
maintenant. Vous pouvez commencer l'Unité 9 entre
deux séances de tests. A vous de choisir.
Corrigez en commun après chaque épreuve.

1 Ecoutez ces quatre textes et notez la lettre qui correspond à chaque
dessin.

texte	texte
texte	texte

1 point par réponse juste /4

2 Notez les chiffres que vous entendez.

a :   d :
b :   e :
c :   f :

1 point par réponse juste   /6

3 Ecoutez et mettez une croix dans la colonne "vrai" ou "faux" pour chaque affirmation.

	vrai	faux
a. Pierre avait un travail très important.		✓
b. Pierre a deux enfants.	✓	
c. On lui a promis un travail.	✓	✓
d. Il a décidé de se suicider.	✓	
e. Pierre est au chômage.		
f. Il ne fait rien pour retrouver du travail.	✓	
g. La fille de Pierre, Stéphanie, est née en 1965.		
h. La femme de Pierre ne travaille pas.		
i. Pierre est inquiet.		

1 point par réponse juste   /9

4 Vous allez entendre cinq phrases. Après chacune d'elles, vous entendrez trois affirmations différentes. Une seule correspond à la phrase de départ. Mettez une croix dans la case A, B ou C.

Exemple : Il y avait tellement de bruit que je suis partie ;
          Affirmation A : les enfants jouent au ballon.
          Affirmation B : il y avait de l'orage dans l'air.
          Affirmation C : mais je n'ai pas su où aller.

	A	B	C
Exemple			✗
1			
2			
3			
4			
5			

1 point par réponse juste   /5

5 Ecoutez et notez les trois informations qu'on demande de transmettre.

1   2   3

1 point par réponse juste   /3

8

6 Mettez une croix à côté de la réponse correcte.

1 Il faut absolument que tu . . . ce voyage. C'est sensationnel !

    a. fasses   b. fais   c. feras   d. ferais

2 Quand l'accident s'est produit, il . . . tranquillement sur sa droite.

    a. a roulé   b. roule   c. roulerait   d. roulait

3 Ce n'est pas parce que vous . . . avez prêté de l'argent qu'il doit se croire votre ami.

    a. l'   b. lui   c. leur   d. le

4 Après le travail, viens donc . . . rejoindre.

    a. se   b. te   c. nous   d. leur

5 Je viendrais bien avec toi, si j'en . . . la possibilité.

    a. ai   b. aurais   c. avais   d. aurai

6 . . . catastrophe ! Il a tout perdu au jeu.

    a. quel   b. tel   c. qu'elle   d. quelle

7 Chaque entreprise tient à améliorer . . . image de marque.

    a. son   b. sa   c. leur   d. mon

8 On ne l'a plus vu . . . des semaines. Qu'est-ce qu'il lui est arrivé ?

    a. il y a   b. pour   c. depuis   d. dans

1 point par réponse juste   /8

7 Ecrivez ces trois phrases dans l'ordre correct des mots.

a. pourrait/ne/il/était/sa/panne/venir/parce/
il/que/en/tombée/dit/qu'/a/pas/voiture   /2

b. pris/trop/l'/avec/car/j'/avion/de/ai/
train/temps/le/je/perdais   /2

c. dans/crois/-/ce/délais/terminer/les/pourrons/
est/que/nous/tu/que/?   /2

8 Complétez.

Un soir, alors que j'avais . . . la peine à m'endormir, je . . . suis dit
. . . il fallait . . . plus fumer du tout. J'ai essayé, . . . je suis devenu nerveux . . . inquiet. Je ne supportais plus . . . Tout . . . monde
m'avait répété que . . . n'était . . . une question de volonté. Mais
. . . ne m'a donné . . . recette pour . . . avoir.
Alors, j'. . . recommencé.

1 point par réponse juste   /14

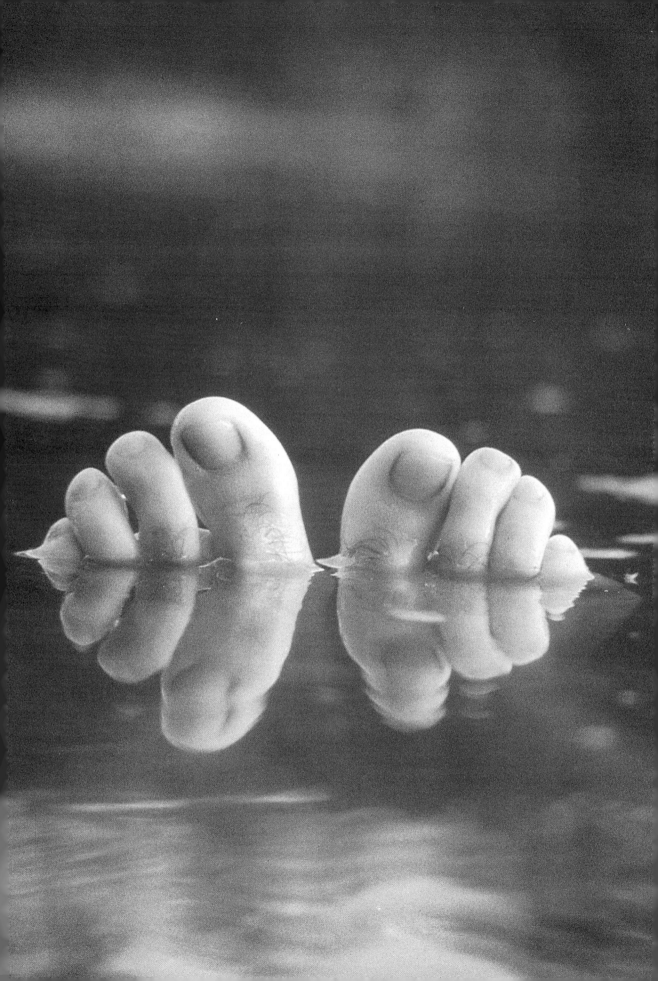

8

9 Les paragraphes de ce texte sont dans le désordre.
Mettez-les dans leur ordre normal.

1. Le matin, vers neuf heures, Marguerite se lève. Elle couche dans sa cuisine pour avoir chaud l'hiver. Elle n'a donc que deux petits pas à faire pour se préparer son café au lait. Sa gourmandise. Elle le prend sur sa petite table de camping, lentement, en savourant chaque gorgée.

2. Elle s'appelle Marguerite. Elle vit à Argenteuil, rue d'Orgemont, dans deux petites pièces au premier étage d'un pavillon tranquille.
De l'argent ? Bien sûr, elle n'en a pas beaucoup. Mais la vieillesse est aussi l'âge de la sagesse et de la dignité, où l'on découvre enfin la vérité de cette maxime que l'on apprenait dans son enfance : « L'argent ne fait pas le bonheur ».

3. Le long après-midi commence alors.
Un après-midi de solitude, comme le seront le dîner et la soirée.
Car c'est là le drame de Marguerite : elle ne voit personne, ne reçoit personne, ne sort jamais.

4. Après, c'est la toilette dans le petit évier. Là encore, elle a le temps. Bien sûr, elle aimerait avoir une vraie salle de bains, mais la vie ne l'a pas voulu et elle ne se plaint pas.
Elle allume alors sa télévision dans l'autre pièce – le salon – parce que, même s'il n'y a pas d'image, il y a de la musique.
C'est une présence.

5. Et pourtant, Marguerite n'est pas heureuse. Elle a besoin de vous. Et vous allez comprendre pourquoi quand vous connaîtrez la vie qu'elle mène dans ses deux pièces.
Une vie calme, ordonnée, dans laquelle chaque jour retrouve le rythme de la veille :

6. A quatre-vingt-dix-huit ans, le repas de midi est vite préparé : un œuf, un peu de salade, une biscotte, un yaourt... Et vite avalé. On ne reste pas longtemps à table quand on est seule.

D'après *France-Dimanche*,
13-19 juin 1983.

Ordre normal :   ⌐⌐   ⌐⌐   ⌐⌐   ⌐⌐   ⌐⌐   ⌐⌐

/2

10 Lisez ce texte et répondez aux questions.
a. Combien y a-t-il de personnages dans cette scène ?
b. Dans quel lieu se passe cette scène ?
c. Quel temps fait-il ?
d. Quel métier fait le personnage désigné par le pronom *elle* ?
e. Qu'est-ce qu'elle attend ?
f. Ce texte est tiré de quel type de texte ?

Ceux qui attendent

Elle vient de lui servir son troisième café et pour la troisième fois il l'a remerciée en rougissant jusqu'aux tempes. Un grand bonhomme, pourtant, dans la trentaine, pas le genre de clients qu'elle sert d'habitude, trop bien mis, cravate et chemise blanche, le veston boutonné malgré la chaleur. Presque personne ce soir, sauf ceux qui entrent pour acheter un paquet de cigarettes. Lui seul reste là, regardant sa tasse de café ou bien dehors quand un passant attire son attention, mais rarement.

Elle, tout ce qu'elle attend pour enfin prendre un bon bain, c'est que minuit arrive. Plus elle le regarde, plus il lui rappelle quelqu'un, mais qui exactement, c'est comme le titre d'un film ou un nom, on n'arrive jamais à le trouver quand on le cherche. Tout à l'heure, il a ouvert la petite valise de cuir brun posée sur la banquette, à sa droite, et il a d'abord regardé dedans avant de la refermer. Elle a d'abord cru qu'il attendait quelqu'un, puis elle s'est dit que finalement il avait du temps à perdre avant de prendre son train – on est à deux pas de la gare, et il y en a qui préfèrent venir attendre ici plutôt qu'à la gare.

Pas très bavard, en tout cas. Elle a risqué une allusion à la chaleur en lui servant son deuxième café, mais il s'est contenté de lui donner raison, sans avoir l'air plus convaincu que ça. D'ailleurs, s'il avait vraiment eu chaud, il aurait commencé par enlever son veston marine. Qu'est-ce qu'il peut bien faire dans la vie ? Commis-voyageur, probablement. Non, pas lui. Trop sérieux pour ça. Professeur, elle en mettrait sa main au feu, quoique l'été ils soient tous partis en voyage ou à la campagne. S'il avait été plus parlant, elle aurait pu le lui demander, mais la mière fois qu'un client se présente, on ne peut faire les premiers pas sans avoir l'air effronté

A. Major, *La Folle d'Elvis*, Montréal, Québec/Amérique.

/6

11 Devinez le sens des mots soulignés et mettez une croix devant la définition correspondante.

1 La plupart des ouvriers de l'atelier avait l'habitude de se retrouver, en fin de journée, à l'estaminet du coin pour boire un verre de vin.

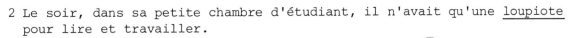

    a. salle d'attente

    b. petit café

    c. petit magasin

2 Le soir, dans sa petite chambre d'étudiant, il n'avait qu'une loupiote pour lire et travailler.

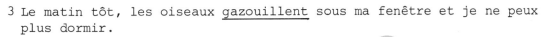

    a. petite lampe

    b. crayon

    c. livre

3 Le matin tôt, les oiseaux gazouillent sous ma fenêtre et je ne peux plus dormir.

    a. voler

    b. chanter

    c. manger

4 Il lorgnait toujours la porte pour contrôler si quelqu'un n'allait pas encore arriver.

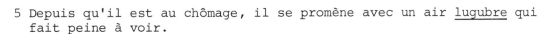

    a. toucher

    b. sentir

    c. regarder

5 Depuis qu'il est au chômage, il se promène avec un air lugubre qui fait peine à voir.

    a. triste

    b. intelligent

    c. sérieux

1 point par réponse juste   /5

8

12 Ecrivez chaque fois une phrase avec les éléments indiqués.

a. avoir/habitude/faire/pause/heure/
   milieu/après-midi
   /2

b. rentrer/oublier/fermer/porte/clé/
   éteindre/lumière
   /2

c. savoir/français/gagner/argent
   /2

d. France/être/pays/avoir/paysages/
   différents
   /2

e. Français/croire/être/peuple/
   intelligent/monde
   /2

13 Décrivez en quelques lignes l'histoire racontée par ces cinq images.

/10

14 Un court entretien individuel avec votre professeur permettra d'évaluer votre expression orale.

*Pendant ces entretiens individuels, organisez votre emploi du temps vous-même, individuelle-
ment ou en petits groupes.*
Vous pouvez : — *répéter certaines activités*
  — *refaire le test*
  — *répéter de la grammaire*
  — *etc.*

Si apprendre vous paraît difficile,
cherchez pourquoi.

à apprendre

Apprendre, c'est agir,
c'est choisir,
c'est résoudre des problèmes.
Alors ?

Les affirmations ci-dessous s'adressent à vous personnellement.
Gardez les réponses pour vous. C'est à vous, personnellement, de décider si vous voulez les discuter avec quelqu'un ou non.
Ces affirmations ont pour but de vous aider à faire le point sur votre situation, sur vous-même, sur votre apprentissage, sur les difficultés et problèmes que vous avez éventuellement.
Si vous ne voulez pas vous poser ce genre de questions, regardez la page 87 et reposez-vous, ou faites autre chose.
De toute façon, ce n'est qu'un jeu.

	Complètement d'accord	D'accord (plus ou moins)	Je ne sais pas Je ne comprends pas Ça ne m'intéresse pas	Pas d'accord (plus ou moins)	Pas du tout d'accord
1. Le matin, je me réveille et me lève avec difficulté.					
2. Plus j'apprends le français plus j'ai envie d'aller en France.					
3. Je n'attache pas beaucoup d'importance aux problèmes d'argent.					
4. L'ambiance de la classe est parfois pénible.					
5. Dans un compartiment de train, je ne parle que si l'on m'adresse la parole.					
6. Certains aspects de mon professeur de français me déplaisent.					
7. L'avenir de l'humanité ne m'inquiète pas.					
8. J'ai souvent de la peine à me concentrer.					
9. Les Français me sont sympathiques.					
10. Je ne pourrais pas vivre sans salle de bains.					
11. Avant de prendre une décision, j'hésite très longtemps.					
12. La beauté physique d'une personne a pour moi beaucoup d'importance.					
13. J'ai une excellente santé et ne suis jamais malade.					
14. J'ai souvent des problèmes d'argent qui m'angoissent.					
15. J'ai l'impression d'apprendre facilement le français.					
16. J'ai une bonne mémoire.					
17. Je n'ai jamais le temps de faire tout ce que j'aimerais.					
18. Pour moi, la famille compte plus que tout.					
19. J'ai l'impression que les collègues m'aiment et m'apprécient.					
20. Je crois que je vivrai une troisième guerre mondiale.					
21. Je doute souvent de moi-même et ne suis pas sûr de mes capacités et qualités.					
22. Je dors bien la nuit.					
23. Je n'aime pas demander un service à quelqu'un.					
24. Je ne sais pas bien pourquoi j'apprends le français.					
25. Mes relations avec la personne que j'aime me satisfont pleinement.					
26. Je ne pense jamais à ma propre mort.					
27. Je me réjouis de venir à chaque nouvelle leçon de français.					

Regardez et lisez tous ces textes. Pour chacun d'eux, dites pourquoi vous le comprenez facilement, difficilement ou pourquoi vous ne le comprenez pas du tout.

Laurence Jyl.
Bellissimo.

Elle, 6 juin 1983

LAURENCE JYL

Bellissimo

ROMAN

FLAMMARION

Makantala
dakis tekel
ta redaba
ta redabel
de stra muntils
o ept anis
o ept atra

de la douleur   suée

dans   **l'os.**

A. Artaud.
Œuvres complètes, Gallimard.

2

LA CÈNE

Ils sont à table
Ils ne mangent pas
Ils ne sont pas dans leur assiette
Et leur assiette se tient toute droite
Verticalement derrière leur tête.

3   J. Prévert, *Paroles*, Gallimard.

4   ENVOI

Vive David! saint archquin la baboue,
Iehan mon amy, qui les fueilles desnoue.
Le vendengeur, beffleur comme une choue,
LOing de son plain, de ses flos curieulx,
Noe beaucoup, dont il reçoit fressoue,
Jonc verdoiant, havre du marieux.

François Villon.

Elle couche dans sa cuisine pour avoir chaud l'hiver. Elle n'a donc que deux petits pas à faire pour se préparer son café au lait. Sa gourmandise. Elle le prend sur sa petite table de camping, lentement, en savourant chaque gorgée.

Cartes sur table 2.

5

6 Alors chu parti sur
Québec Air, Transworld, Northern, Eastern, Western
Pi Pan American !
Mais ché'pu...
Oh chu rendu.

R. Charlebois

7

foule d'énormités. Maurice, le gars de la linotype, m'explique :
« Il faut que tu apprennes à oublier la phrase, juste te concentrer sur le mot. Tu suis de la pointe du crayon, tu t'obliges à ne penser à rien d'autre »

Cavanna, Bête et méchant, P. Belfond.

LE VERBE : On doit en général se représenter le verbe comme une trajectoire dans le déploiement universel d'une catastrophe spatiale, avec un point d'arrêt — ou une zone marquée par un ralentissement de la dynamique — lorsque cette trajectoire coupe transversalement l'ensemble de bifurcation aux points qui donnent dans l'espace interne la catastrophe exprimée sémantiquement.

Thom, *Modèles mathématiques de la morphogénèse*, 10/18.

8

5.441 — Cette disparition des constantes logiques apparentes survient aussi lorsque " ~ (x). ~ ∃ fx dit la même chose que " (x). fx " ou " (∃x). fx. x = a " la même chose que " fa ".

L. Wittgenstein, *Tractatus Logico-philosophus*, Gallimard

9

10

Ph. Sollers, *Francis Ponge*, Seghers.

1 Ecoutez.

Par groupes de deux,
essayez de lire
les lignes de la main
de votre voisin.

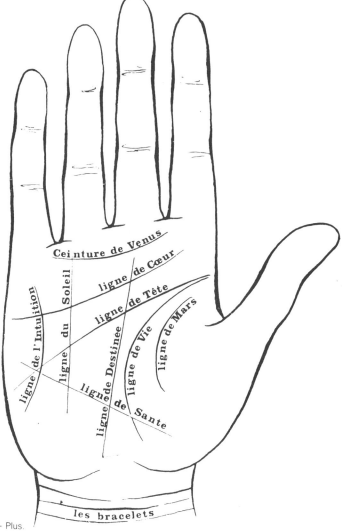

Ceinture de Venus

ligne de Cœur

ligne de Tête

ligne de l'Intuition

ligne du Soleil

ligne de Mars

ligne Destinée

ligne de Vie

ligne de Sante

les bracelets

Cheiro, *Ce que disent les mains,* Stock + Plus.

Dessins du XVIe siècle

2 Faites ensemble trois listes.

A Ce qu'on peut prévoir à coup sûr
Ce soir, il fera nuit.
L'année prochaine, ce sera l'année 19..
...

B Ce qu'on peut prévoir avec plus ou moins de certitude
Le temps qu'il fera demain.
Je ne changerai pas de profession.
...

C Ce qu'on ne peut pas prévoir du tout.
Un accident.
Un chagrin d'amour.
...

3 Les seize phrases suivantes commencent par *si*. Elles peuvent être classées en quatre groupes différents selon l'emploi des verbes. Essayez individuellement de faire ce classement. Dans chaque groupe, il y a quatre phrases.

1 Si vous faites un seul mouvement, je tire !
2 Si elle vous proposait de rester une semaine de plus, seriez-vous d'accord ?
3 Si le film avait été plus intéressant, elle ne se serait pas endormie.
4 Si on trouvait du bois sec, on pourrait allumer un feu dans la cheminée.
5 Si tu ne peux pas venir, téléphone-moi.
6 Si ton frère ne m'avait pas raccompagnée, je me serais perdue.
7 Si le beau temps continue, les tomates seront mûres dans trois jours.
8 Si j'avais pu choisir, j'aurais aimé vivre pendant la Renaissance ; et vous ?
9 Si vous n'insistez pas, vous n'obtiendrez rien d'elle.
10 Si tu te levais aussi tôt que moi, tu comprendrais mieux pourquoi, le soir, je suis si fatigué.
11 Si tu m'interromps encore une fois, je ne te raconterai pas la fin de l'histoire !
12 Si vous aviez été à ma place, qu'auriez-vous fait ?
13 Si les dirigeants politiques ne prennent pas immédiatement des mesures sévères contre la pollution, la survie de nos enfants ne sera plus assurée.
14 Si je trouve l'imbécile qui a fait ça, je lui casse la figure.
15 Si l'on vous offrait un voyage gratuit, où iriez-vous ?
16 Si vous voulez bien attendre quelques instants, je reviens tout de suite.

Essayez ensemble de définir une ou
des règles d'emploi de *si*.
Est-ce qu'on peut prévoir
quels types de mot viennent après *si* ?

condition 39
exercices 85, 86
et 102 à 107

4 Lisez individuellement cette page.
Ne cherchez pas à comprendre et à traduire chaque mot.
Essayez de découvrir les idées essentielles de ce texte.

Le visage de Syme s'était immédiatement éclairé au seul mot de dictionnaire. Il poussa de côté le récipient qui avait contenu le ragoût, prit d'une main délicate son quignon de pain, de l'autre son fromage et se pencha au-dessus de la table pour se faire entendre sans crier.

— La onzième édition est l'édition définitive, dit-il. Nous donnons au Novlangue sa forme finale, celle qu'il aura quand personne ne parlera plus une autre langue. Quand nous aurons terminé, les gens comme vous devront le réapprendre entièrement. Vous croyez, n'est-ce pas, que notre travail principal est d'inventer des mots nouveaux ? Pas du tout ! Nous détruisons chaque jour des mots, des vingtaines de mots, des centaines de mots. Nous taillons le langage jusqu'à l'os. La onzième édition ne renfermera pas un seul mot qui puisse vieillir avant l'année 2050.

Il mordit dans son pain avec appétit, avala deux bouchées, puis continua à parler avec une sorte de pédantisme passionné. Son mince visage brun s'était animé, ses yeux avaient perdu leur expression moqueuse et étaient devenus rêveurs.

— C'est une belle chose, la destruction des mots. Naturellement, c'est dans les verbes et les adjectifs qu'il y a le plus de déchets, mais il y a des centaines de noms dont on peut aussi se débarrasser. Pas seulement les synonymes, il y a aussi les antonymes. Après tout, quelle raison d'exister y a-t-il pour un mot qui n'est que le contraire d'un autre ? Les mots portent en eux-mêmes leur contraire. Prenez « bon », par exemple. Si vous avez un mot comme « bon », quelle nécessité y a-t-il à avoir un mot comme « mauvais » ? « Inbon » fera tout aussi bien, mieux même, parce qu'il est l'opposé exact de bon, ce que n'est pas l'autre mot. Et si l'on désire un mot plus fort que « bon », quel sens y a-t-il à avoir toute une chaîne de mots vagues et inutiles comme « excellent », « splendide » et tout le reste ? « Plusbon » englobe le sens de tous les mots, et, si l'on veut un mot encore plus fort, il y a « doubleplusbon ». Naturellement, nous employons déjà ces formes, mais dans la version définitive du Novlangue, il n'y aura plus rien d'autre. En résumé, la notion complète du bon et du mauvais sera couverte par six mots seulement, en réalité un seul mot. Voyez-vous, Winston, l'originalité de ceci ? Naturellement, ajouta-t-il après coup, l'idée vient de Big Brother.

Au nom de Big Brother, une sorte d'ardeur froide flotta sur le visage de Winston. Syme, néanmoins, perçut immédiatement un certain manque d'enthousiasme.

— Vous n'appréciez pas réellement le Novlangue, Winston, dit-il presque tristement. Même quand vous écrivez, vous pensez en Ancilangue. J'ai lu quelques-uns des articles que vous écrivez parfois dans le *Times*. Ils sont assez bons, mais ce sont des traductions. Au fond, vous auriez préféré rester fidèle à l'ancien langage, à son imprécision et ses nuances inutiles. Vous ne saisissez pas la beauté qu'il y a dans la destruction des mots. Savez-vous que le Novlangue est la seule langue dont le vocabulaire diminue chaque année ?

G. Orwell, *1984*, Gallimard

Qu'avez-vous ressenti en lisant ce texte? Trouvez cinq à dix mots ou expressions que vous aimeriez personnellement associer à ce texte.

Si vous ne comprenez pas un texte littéraire, cherchez pourquoi.

à lire

Que faire ?...

Ne pas s'arrêter au premier mot inconnu et poursuivre la lecture

Essayer de deviner le sens des mots difficiles en fonction du contexte

Se renseigner sur l'auteur et l'époque où le texte a été écrit

Lire, si l'on veut, le texte en français avec l'aide d'une traduction

Lire plusieurs fois le texte
...

5 Relisez individuellement le texte page 96 et cherchez les moyens qui vous aideront à mieux le comprendre.
Comparez et discutez les moyens que vous avez utilisés.

6 Ecoutez.
Que va-t-il se passer ?
Essayez de trouver le plus de possibilités différentes.

passé simple 48, 49
exercices 108, 109

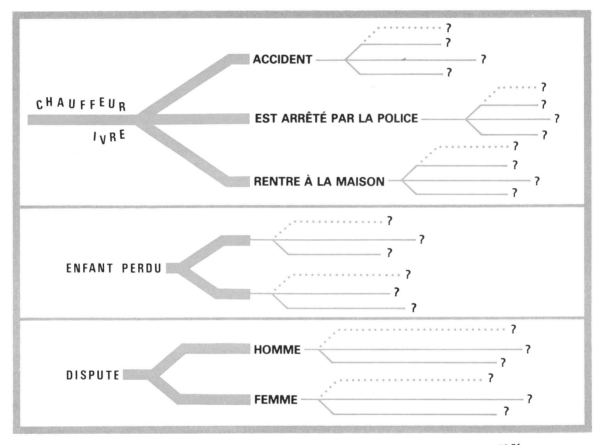

CHAUFFEUR IVRE
- ACCIDENT — ? ? ? ?
- EST ARRÊTÉ PAR LA POLICE — ? ? ? ?
- RENTRE À LA MAISON — ? ? ? ?

ENFANT PERDU — ? ? ? ? ? ?

DISPUTE
- HOMME — ? ? ?
- FEMME — ? ? ?

futur 50,51
exercices 21, 22, 74, 77, 78,
81, 82 et 110 à 112

7 Ecoutez.
Qu'est-ce qui peut ou doit être dit
après la dernière phrase entendue ?

1 Deux enfants sur un balcon
2 Deux jeunes femmes à la porte
   d'un appartement
3 Un homme et une femme à la cafétéria
4 Un homme entrant dans un café

5 Dans une salle de réunion

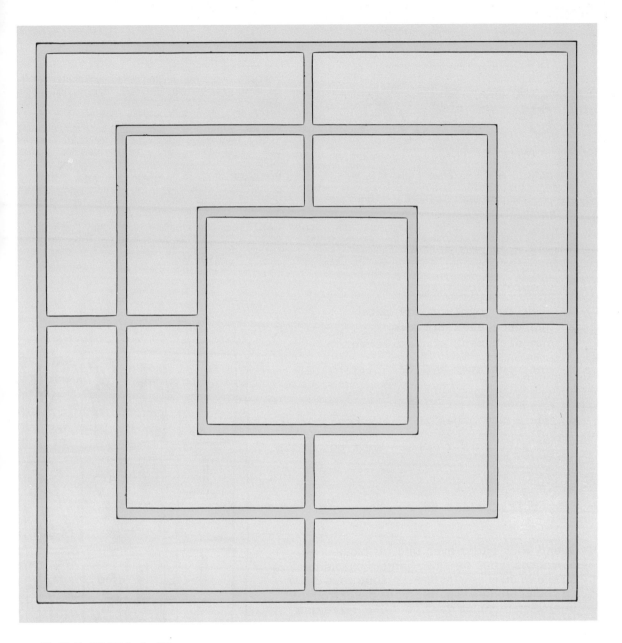

MARELLE - Par groupes de deux, jouez à la marelle.

Chaque joueur fabrique 9 petits carrés de papier qui seront ses pions. Les pions d'un joueur doivent avoir une couleur ou une marque différente de ceux de l'autre joueur. Chaque joueur place à tour de rôle un de ses pions sur un point. Le but du jeu est d'aligner 3 pions identiques sur une ligne droite. Cela s'appelle un moulin. Le joueur qui réussit à faire un moulin a le droit d'enlever un pion à son adversaire à condition qu'il ne fasse pas partie d'un moulin "fermé", c'est-à-dire complet. On peut ouvrir et fermer un même moulin autant de fois qu'on le veut. Chaque fois qu'on le ferme, on peut prendre un pion à l'adversaire.

Quand tous les pions sont placés, chaque joueur déplace, à tour de rôle, un de ses pions de point en point en essayant de faire autant de moulins possibles pour enlever autant de pions à son adversaire. On ne peut se déplacer que d'un point à un autre.

Lorsqu'un des joueurs n'a plus que 3 pions, il peut sauter, c'est-à-dire placer un pion sur n'importe quel point non occupé.

Le premier joueur qui n'a plus que 2 pions a perdu la partie.

9

Vous allez refaire surface ___1___ une longue période de ___2___. Vous ne lutterez plus ___3___ vous défendre, mais pour ___4___ affirmer. Les portes vont ___5___ ouvrir toutes grandes devant ___6___ et, forts de votre ___7___, vous ne ferez plus ___8___ mêmes erreurs.

TRAVAIL. Orientez-vous vers les ___9___ d'avant-garde. Vous ___10___ poussés irrésistiblement à vous ___11___. Vos projets ont toutes ___12___ chances d'aboutir, mais ___13___-vous de toute exagération.

AMOUR. Vous avez besoin d' ___14___ stimulants mais qui ne ___15___ engagent pas trop. Votre ___16___ agira auprès de vos ___17___ connaissances. Vous collectionnerez les ___18___ de tendresse superficiels.

FOYER. Atmosphère beaucoup plus chaleureuse, ___19___ fréquentes. Vous vous sentez ___20___ jeunes que les enfants. ___21___ différez pas les grosses ___22___

VOYAGES. Vous pourrez satisfaire votre ___23___ de petits déplacements, et ___24___ d'un voyage lointain. ___25___ serez fascinés par cette ___26___ façon de vivre, au ___27___ de songer à vous ___28___

SANTÉ. Les chocs passés sont ___29___, votre vitalité en sort ___30___, vous pourrez faire du ___31___, ne serait-ce que ___32___ la marche à pied ___33___ garder la ligne.

8 Complétez ce texte.

Relevez les numéros des mots

a. que vous avez trouvés immédiatement et facilement

b. que vous avez trouvés difficilement

c. que vous n'avez pas trouvés

d. où il n'y a pas de choix possible

e. où plusieurs réponses sont possibles

repères pour communiquer

Quand vous parlez avec une ou plusieurs personnes, vous ne savez jamais exactement ce qu'elle va ou elles vont dire. Lorsque vous devez ou voulez prendre la parole, vous devez trouver immédiatement les mots pour réagir à ce que l'autre ou les autres ont dit. Communiquer, c'est être capable de faire face à l'imprévisible.

9   Ecoutez.

A chaque interruption, devinez la suite de l'histoire.

Evelyne courait depuis cinq minutes quand son regard s'est posé sur l'enseigne du magasin de montres. Il était déjà huit heures et quart !
Elle ne serait jamais à l'heure à son rendez-vous ! Et pourtant, elle aimerait bien changer d'emploi et cette annonce paraissait intéressante.
Elle venait de manquer le bus et ... trouver un taxi à cette heure, il ne fallait pas y penser ! Tout à coup, la solution inespérée se présente !

A vous :

- *Le fils de sa voisine sortait de chez lui sur sa moto ...*

- *Le jeune commissaire qui lui souriait chaque matin lorsqu'elle passait devant le poste de police montait dans sa voiture ...*

- *Le vélo du commis de la boucherie était appuyé contre la vitrine du magasin ...*

VERS L'AUTONOMIE

Formez des groupes de trois Relevez dans les unités 1 à 9 les activités qui vous ont paru	Page...	Activité...	Conseils pour apprendre	Vers l'autonomie
Les plus intéressantes				
Les moins intéressantes				
Les plus utiles				
Les moins utiles				
Les plus amusantes				
Les moins amusantes				
Les plus... *Les moins...* } *Voulez-vous proposer une autre catégorie?*				

Voulez-vous discuter ensemble les résultats?
Voulez-vous faire des propositions?
Y a-t-il des décisions à prendre pour la poursuite de votre apprentissage du français?

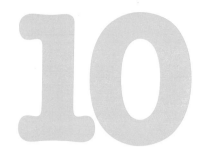

ESPÈCES D'ESPACES

VIVRE, C'EST PASSER D'UN ESPACE A UN AUTRE, EN ESSAYANT LE PLUS POSSIBLE DE NE PAS SE COGNER.

G. Perec, *Espèces d'espaces,* Denoël/Gonthier.

F. Henlé/Rapho

1 Les sons du mot *cogner* correspondent bien à son sens. Trouvez d'autres mots en français ou dans votre langue maternelle à la sonorité expressive comme *claquer, glouglou, ronronner* ...

J. Bottin

G. Le Querrec/Magnum

Draeger

Alinari/Viollet

2 Regardez autour de vous. Faites ensemble la liste de ce que vous voyez.

3 Par groupes de trois, faites par écrit l'inventaire des types d'espaces suivants :
- espaces où des gens travaillent (*bureau, magasin, atelier ...*)
- espaces naturels (*forêt, désert, lac, mer ...*)
- espaces où l'on fait du sport (*terrain de football, court de tennis ...*)
- espaces où des gens habitent (*chambre d'hôtel, appartement, tente ...*)
- espaces construits (*maison, église, usine ...*)
Trouvez d'autres espaces par rapport à des couleurs, à des dimensions, à des odeurs ...

F. Boissière

4 Quelles fleurs et quels légumes aimeriez-vous planter dans l'espace de votre jardin ?

5 Faites un moment silence et écoutez tous les bruits que vous entendez.

exercices 113, 114

6 Continuez ce texte.

ESPÈCES DE VOYAGES

Il y a les voyages de vacances

Il y a les voyages d'affaires

Il y a les voyages de noces à Venise

Il y a les voyages dans l'espace

Il y a les voyages dans le temps

Il y a les voyages de rêve

Il y a les rêves de voyages

Il y a le dernier voyage

Il y a les voyages aller-retour

Il y a les voyages sans retour

Il y a les voyages sur la lune

Il y a les voyages à la télévision

Il y a les voyages au bout du monde

Il y a les voyages autour du monde

Il y a les voyages...

7

Le jour où vous partirez pour votre premier voyage, je crois que je formulerai un seul souhait et que je vous donnerai un conseil, un seul : que le jour du voyage soit pareil à tous vos autres jours ; que la rencontre de nouveaux paysages, de nouveaux visages, de nouvelles habitudes, de langues inconnues, ne vous trouve pas différents de ce que vous êtes dans l'ordinaire de la vie.

Mais, sans doute, faudrait-il renverser les termes de ce vœu. Ce que je vous souhaite, ce que je souhaite à tous ceux que j'aime, c'est que chaque jour soit celui d'un nouveau départ et de nouvelles rencontres. Il faut vivre comme on voyage. Il faut voyager comme on vit. Que chaque jour nous soit *extra-ordinaire*.

Je me méfie de ceux qui partent pour se changer : on change de place, on ne change pas de cœur, ni d'esprit. Celui qui s'ennuie toujours, s'ennuiera partout.

Claude Roy,
Le bon usage du monde,
Éditions Rencontre

relatifs 12
exercices 115, 116

Discutez ensemble des voyages.
Quels voyages aimeriez-vous faire ?
Racontez un de vos voyages.
Les voyages et les moyens de se déplacer.
...

communiquer

En 1981 ...
Au mois de juin ...   je suis allé ... en France
Pendant les vacances ...   au Canada
Au printemps ...   à Nice
En été ...
L'année dernière ...

passé récent 29
exercices 117, 118
passé composé 44, 45
exercices 13, 19, 29 à 32
et 119

Je suis arrivé le matin à ... huit heures.
Je suis parti avec l'avion d'Air France de dix heures.
J'ai quitté Dakar ... le soir.
J'ai pris le train de ... 18 h 34.

On a passé trois semaines formidables.
Ça a été un voyage épouvantable.
Quand nous sommes arrivés, il neigeait.
C'est le plus beau pays du monde.

concordance 62
exercice 120

Jean-Luc Parant, « *Et le vide nous a continué…* », dans J. Peignot, *Du Calligramme*, Editions du Chêne.

Que faire de l'espace de cette page blanche ?

VERS L'AUTONOMIE

Préparez la ou les dernières séances du cours qui devraient avoir un air de fête.
Formez des groupes selon votre choix.
Rassemblez autant d'informations que possible sur un pays, une région, une ville francophone
que vous présentez à la fin du cours (Unité 12, page 127) sous la forme d'un spectacle (décorez l
salle de classe, déguisez-vous, inventez des sketches drôles, apportez à manger, à boire,...).

Si vous ne trouvez pas assez d'informations sur un pays francophone, préparez un spectacl
analogue sur votre pays que vous présenteriez à des amis francophones.

Si la Côte d'Ivoire s'est appelée autrefois la Côte des Bonnes Gens, c'est sans doute parce que l'on y a eu de tout temps le sens inné de l'hospitalité la plus généreuse. Terre de rencontres, d'échanges internationaux, terre d'entente et de paix fraternelle, telle est la vocation de la Côte d'Ivoire, pays de la sagesse, qui constitue sur le continent africain un haut lieu d'harmonieuse cohabitation entre le modernisme le plus avancé et les traditions séculaires.

prospectus, guides

LE PALAIS GRANVELLE. Véritable joyau de la Renaissance française en Franche-Comté, il a été édifié de 1534 à 1540 pour Nicolas Perrenot, seigneur de Granvelle et Chancelier de l'empereur Charles Quint. L'ascension prodigieuse de cette famille paysanne originaire de la Vallée de la Loue donna aussi à Besançon le très puissant cardinal de Granvelle, grand collectionneur et ministre de Philippe II d'Espagne.
Le palais présente une élégante façade à trois étages marqués par des colonnes toscanes, ioniques et corinthiennes. Le toit, à très forte pente,

cassettes, disques, lettre à un office de tourisme une ambassade, personnes du pays, journaux, radio...

Québec *(province du)* Province de l'Est du Canada. Elle est formée par la grande plaine de *Montréal et une zone vallonnée de forêts et de lacs. Son climat est continental. La population de la **province du Québec** est en majorité *francophone. ♦ *Polyculture (céréales, fruits, légumes) et élevage (moutons, porcs). Production de bois. Sous-sol très riche (cuivre, or, fer, amiante).

dictionnaires, livres

Messieurs,
Nous vous serions reconnaissants de nous envoyer toute documentation utile pour préparer un petit spectacle sur Paris que nous allons présenter dans le cadre de notre cours de français.
En vous remerciant d'avance de votre amabilité, nous vous prions d'agréer, Messieurs, nos salutations distinguées.

exercices 121, 122

Si vous avez de la peine à vous exprimer par écrit, cherchez pourquoi.

à écrire

Que faire ?...

Chercher les mots et expressions dans un dictionnaire

Chercher dans une grammaire des exemples de phrases ou des règles de composition

Pour la correspondance, utiliser des modèles de lettres existants

...

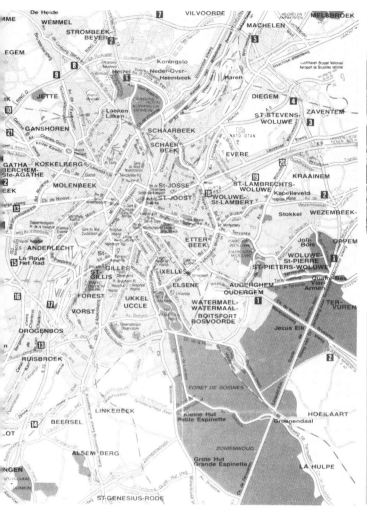

Et partout
il y a aussi la pauvreté
ou la misère.

QUEL EST CE PAYS ?

"Un demi-million de lacs ; cinq mille milliards d'arbres (mais qui les a comptés ?) ; vingt fois la France en étendue, moins de la moitié en population ; le tiers de toutes les surfaces d'eau douce du monde ; les plus hautes cimes de l'hémisphère..."

(R. Hollier, Canada, Seuil).

Ecoutez Julos Beaucarne.

Comment vous représentez-vous un village belge, suisse, sénégalais, québécois ?

Citez le nom de femmes et d'hommes français célèbres.

Qu'est-ce que vous aimeriez voir à Paris ?

"Un jour, tu apprendras...

Un jour, tu apprendras
Que tu as la peau noire, et les dents blanches,
Et des mains à la paume blanche,
Et la langue rose
Et les cheveux aussi crépus
Que les lianes de la forêt vierge.
Ne dis rien.
Mais si jamais tu apprends
Que tu as du sang rouge dans les veines,
Alors, éclate de rire,
Frappe tes mains l'une contre l'autre,
Montre-toi fou de joie
A cette nouvelle inattendue."

Francis Bebey, dans *Nouvelle
somme de poésie du monde noir,*
Présence Africaine,
Revue Culturelle
du Monde noir,
1966, N° 57.

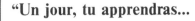

11

D. Lointier **1**

2   A. de Bergh

3

1 Quelle photo choisiriez-vous
personnellement pour mettre
dans votre chambre à coucher ?

D. Lointier

ard, photo Giraudon **4**

© M. Granger 1980 **6**

u Cinéma **5**

La classe a la possibilité
de choisir une de ces photos
comme élément de décoration.
Discutez ensemble
pour vous mettre d'accord
sur le choix.
Proposez éventuellement un
autre élément de décoration.
Votez si c'est nécessaire.

Les textes écrits et oraux et les activités que vous trouverez ci-dessous ne sont que des propositions.

Vous pouvez faire autre chose, par exemple :
– répéter certains problèmes de grammaire
– vous exercer à écrire des lettres
– faire des exercices personnels
– refaire certaines activités précédentes
– continuer à préparer votre présentation-spectacle pour la fin du cours etc.

Votre professeur est à votre disposition pour vous aider. Essayez d'organiser les trois ou quatre prochaines séances selon vos possibilités, désirs, besoins.
Vous pouvez travailler tous ensemble, individuellement, en petits groupes. Discutez, mettez-vous d'accord pour faire des propositions, pour choisir, pour décider.
Si vous n'y arrivez pas, quelqu'un devra prendre les décisions à votre place.

2 Individuellement, lisez rapidement les quatre textes suivants et les propositions d'activités correspondantes.
Il y a un texte sur le problème de la télématique, un texte poétique, un texte qui propose de revoir un problème grammatical, un texte qui raconte un fait divers.
Qu'est-ce que vous aimeriez faire personnellement ?
Discutez ensuite ensemble pour décider quel(s) texte(s) la classe aimerait traiter avec quelle(s) activité(s).

Lire globalement le texte.
Raconter ce qui s'est passé.

FOSSE

La mort dans l'égout

Un homme est mort et un autre a disparu à jamais en débouchant une canalisation d'égoût sous les pistes de l'aéroport Roissy-Charles de Gaulle.

Il y a un mort et un blessé. Et, plus atroce encore, il y a un disparu. Disparu à jamais dans les dizaines de kilomètres d'égouts de Roissy-Charles de Gaulle. L'accident du travail a eu lieu à 8H30, hier matin. A 17H, le procureur de la République a demandé de cesser les recherches. Le corps de Serge G. restera donc définitivement coincé quelque part dans un boyau de 40 centimètres de diamètre, à 10 mètres de profondeur sous les pistes de l'aéroport. A moins que le courant des « *eaux usées* » ne le pousse peu à peu vers Achères, la station d'épuration à 20 kilomètres de là.

Que s'est-il exactement passé hier matin, au début de la piste n°2 ? Très difficile de le savoir précisément, d'autant que la gendarmerie de l'aéroport, qui garde les pistes, fait tout pour étouffer l'information, allant jusqu'à refuser l'accès des lieux à des journalistes accompagnés de la police et munis d'une autorisation en bonne et due forme...

Libération, 11-12 juin 1983.

exercices 124, 125

CE QUI VA CHANGER DANS VOTRE VIE DE TOUS LES JOURS

Lire globalement
le texte.
Discuter le problème
de la télématique.

> Un jour viendra, d'ailleurs, où nous aurons tous directement chez nous un petit télécopieur privé : plus besoin de se déplacer pour poster une lettre, un schéma ou un dessin d'enfant, les missives seront expédiées à peine écrites, et lues par le destinataire avant que l'encre en soit sèche. C'est la mort du papier carbone : dans ce singulier monde à l'envers qui nous guette, on conservera les originaux et on ne recevra plus que des doubles. On écrira par téléphone et on téléphonera sans fil. On aura accès depuis sa cuisine aux ordinateurs des banques, et on descendra dans la rue pour acheter ses programmes de télévision en faisant son marché, dans la boutique de vidéodisques laser du quartier.
>
> F. Gruhier, dans *Nouvel Observateur*, 18-24 mars 1983.

futur antérieur 52, 53
exercice 123

Lire globalement le texte.
Trouver des slogans
publicitaires sur des lieux
en utilisant *en, au, aux, à*.

Ecouter le texte. Lire le texte
en détail. Expliquer les idées.
Lire à haute voix.
Apprendre par coeur.

A comme... Aller en Chine, en Iran ou au Pérou

● **Pourquoi les noms de pays ?**

Nous avons remarqué que beaucoup d'étudiants étrangers, même ceux qui relèvent d'un « niveau avancé », ne savent pas dire d'où ils viennent et où ils sont nés... sans faire d'erreur de morpho-syntaxe ! On entend souvent :

— *Je viens de l'Allemagne.*
— *Je vais à l'Algérie à Pâques.*
— *A la Grèce, il y a beaucoup de monde l'été.*
— *Je suis né dans le Viêt-nam.*

Il ne s'agit bien sûr que d'une « petite faute », sans gravité pour la communication, mais devant sa fréquence dans les groupes internationaux en France[1], il nous paraît judicieux de procéder, dès que possible, à une petite séance de réflexion qui nous permet de faire rectifier par les étudiants eux-mêmes ces erreurs de production. De plus, une telle réflexion amène peu à peu les étudiants à découvrir des aspects caractéristiques du système français à travers un point particulier.

S. Moirand, dans A. Reboullet, J.-J. Frèche, *A comme...*, Hachette.

ENIVREZ-VOUS

Il faut être toujours ivre. Tout est là : c'est l'unique question. Pour ne pas sentir l'horrible fardeau du Temps qui brise vos épaules et vous penche vers la terre, il faut vous enivrer sans trêve.

Mais de quoi ? De vin, de poésie ou de vertu, à votre guise. Mais enivrez-vous.

Et si quelquefois, sur les marches d'un palais, sur l'herbe verte d'un fossé, dans la solitude morne de votre chambre, vous vous réveillez, l'ivresse déjà diminuée ou disparue, demandez au vent, à la vague, à l'étoile, à l'oiseau, à l'horloge, à tout ce qui fuit, à tout ce qui gémit, à tout ce qui roule, à tout ce qui chante, à tout ce qui parle, demandez quelle heure il est ; et le vent, la vague, l'étoile, l'oiseau, l'horloge, vous répondront : "Il est l'heure de s'enivrer ! Pour n'être pas les esclaves martyrisés du Temps, enivrez-vous ; enivrez-vous sans cesse ! De vin, de poésie ou de vertu, à votre guise".

Charles Baudelaire, *Le Spleen de Paris*, XXXIII.

115 cent quinze

Si vous avez de la peine à vous exprimer, cherchez pourquoi.

 ## Que faire ?...

On peut toujours se taire

Répondre avec des formules vagues

Faire semblant d'avoir compris son interlocuteur

On peut changer de sujet et parler de ce qu'on connaît

...

3 Ecoutez ces deux textes.
Le premier est une dictée que vous ferez avec votre professeur, le second est une discussion.

Lequel choisissez-vous ?
Si c'est le second, proposez des activités pour mieux le comprendre et l'exploiter.

communiquer

Je propose que ...
        de ...

car je suis persuadé que ...

parce que je suis convaincu que ...

puisqu'il est en effet prouvé que ...

Vous proposez de ...
        que ...

Moi, je trouve au contraire qu'il faudrait ...

Et si on faisait plutôt ...

Pourquoi on ne ferait pas aussi ...

On pourrait ...

– Ah ! non !
C'est inutile .

En revanche, je proposerais de ...

Par contre, il serait intéressant de ...

Cependant, on pourrait éventuellement...

exercices 126, 127

4 Organisez-vous comme vous le désirez pour discuter et résoudre les deux cas suivants :

a. Supposez que votre professeur soit absent pendant plusieurs séances. Il est absolument impossible de le remplacer, mais vous voulez à tout prix continuer à apprendre ensemble le français. Qu'est-ce que vous faites ?

b. Supposez que l'institution dans laquelle vous êtes en train d'apprendre le français soit demain complètement détruite.
On vous demande conseil pour la reconstruire
et la réorganiser.
Faites l'inventaire de vos propositions.

subjonctif 60, 61
exercices 57, 58, 61, 62, 80
et 128 à 130

Alberto Giacometti, Le chat, 1951 —
collection Fondation Maeght, Saint-Paul/photo C. Gaspari.
© ADAGP

LA PRISE DE LA PAROLE

dédié aux 25 000 qui marchèrent sur Québec le 31 octobre 1969

nous sommes partis de loin
nous autres
qu'on s'en souvienne
nous étions
(comment dire ?)
nous ne savions plus
dire
nous étions
désarticulés
les mots nous désertaient
et filaient à l'anglaise
avec le droit d'user du pronom possessif
le pouvoir même
de nous nommer
nous parlions mal
nous parlions oui
à peu près comme nous marchions
fatigués tantôt hors d'haleine
chacun courbant muettement l'échine
au-dessus du sillon
une langue à hue et à dia
un parler de chevaux de trait
rétifs et gauches
dans leurs attelages

c'était il n'y a pas longtemps
nous nous embourbions dans nos phrases
cherchant sans cesse le terme juste
pour dire
(comment dit-on ?
comment dit-on ?)
liberté

nous autres
partis de si loin et tête basse
au-dessus de l'inexprimable
nous arrivons d'un long portage
avec chacun sur ses épaules
son bagage de chanson d'aïeules
et l'humiliation de son père
nous nous sommes mis en marche
capables d'inventer un mot d'ordre

nous autres
hier encore
désidentifiés
honteux et pauvres de nous-mêmes
vautrés dans le silence
et l'impuissance du juron

nous avons fait du chemin
armés de quelques vérités nécessaires
nous voici dans la rue
coude à coude
une reconnaissable multitude
avec sa jeunesse érigée en porte-voix

pour prendre
enfin

la parole

Michèle LALONDE
*Défense et illustration
de la langue québécoise*
Seghers/Laffont

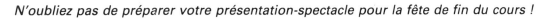

N'oubliez pas de préparer votre présentation-spectacle pour la fête de fin du cours !

Et maintenant ?

Personne ne peut apprendre à votre place. Alors ?

Ecoutez.

Pour faire le point de vos connaissances en français après le cours et pour ne pas tout oublier.

a) Vous êtes dans un pays francophone. Utilisez toutes les possibilités et occasions de parler français Lisez les journaux, des revues, des livres. Écoutez la radio, regardez la télévision, allez au spectacle.

b) Vous êtes dans un pays non francophone mais connaissez des personnes qui parlent français. Parlez le plus souvent possible avec elles. Faites avec elles des activités proposées par Cartes sur table 2. Lisez des journaux, des revues, des livres. Écoutez les émissions de Radio France internationale.

c) Vous êtes dans un pays non francophone et ne connaissez personne parlant français. Renseignez-vous pour savoir s'il y a une institution française qui peut vous aider. Lisez des journaux, des revues, des livres. Écoutez les émissions de Radio France internationale. Voici, en plus, quelques propositions.

1 a. Vous pouvez choisir dans un journal un texte que vous comprenez plus ou moins. Demandez à quelqu'un de barrer tous les 5 mots et essayez ensuite de les retrouver.

Notez, par exemple, dans l'ordre, les mots barrés dans le texte suivant :

Un week-end printanier

Rappelez-vous que certains mots sont difficiles sinon impossibles à trouver et que parfois il y a plusieurs possibilités. Ne vous inquiétez pas. Cela fait partie du jeu. Cherchez les mots que vous ne connaissez pas dans un dictionnaire.

b. Vous pouvez aussi recopier un texte de *Cartes sur table 2* en laissant un espace vide à la place de tous les 5 ou 7 mots ; complétez-le après un certain temps.

Recopiez ainsi, par exemple, le texte de la page 73 et complétez-le plus tard.

Pour être heureux, les jeunes maintenant ... faut qu'ils

Un week-end printanier

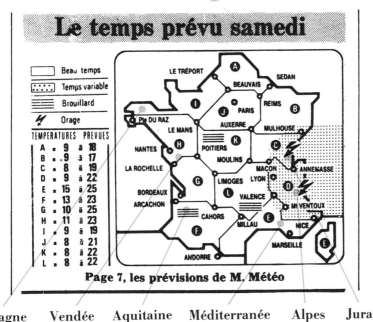

France-Soir, 18 juin 1983.

Le temps prévu samedi

	Beau temps
	Temps variable
	Brouillard
	Orage

TEMPÉRATURES PRÉVUES

A . 9 à 18
B . 9 à 17
C . 8 à 19
D . 9 à 22
E . 15 à 25
F . 13 à 23
G . 10 à 25
H . 11 à 23
I . 9 à 19
J . 8 à 21
K . 8 à 22
L . 8 à 22

LE TRÉPORT · A
BEAUVAIS · SEDAN
I · J · PARIS · REIMS · B
Pte DU RAZ · LE MANS · AUXERRE · MULHOUSE
NANTES · H · POITIERS · K · C
LA ROCHELLE · MOULINS
G · LIMOGES · LYON · ANNEMASSE
BORDEAUX · L · VALENCE · D
ARCACHON · Mt VENTOUX
CAHORS · MILLAU · E · NICE
F · MARSEILLE · E
ANDORRE

Page 7, les prévisions de M. Météo

Bretagne   Vendée   Aquitaine   Méditerranée   Alpes   Jura

Aujourd'hui sur la plus ▆ partie de la France, ▆ fera beau. Un peu ▆ brume au lever du ▆, puis les nuages se ▆, laissant une large place ▆ soleil. Dans l'Ouest, ▆ la Vendée et la ▆, les nuages seront un ▆ plus tenaces et quelques ▆ tomberont en bordure de ▆ mer le matin, mais ▆ cours de journée là ▆ tout rentrera dans l'▆. Sur les versants nord▆ Alpes et du Jura, ▆ nuages par moments menaçants ▆accrocheront en soirée.

Samedi, ▆ fera encore un peu ▆ le matin, mais l'▆ nous aurons partout des ▆ bien de saison. Environ ▆ degrés sur une grande ▆ du pays et sans ▆ plus de 25 sur▆Aquitaine et au bord ▆ la Méditerranée.

Dimanche, après ▆ soleil de plus en ▆ présent, les températures seront ▆ la hausse, la fraîcheur ▆ petit matin sera très ▆ Sur toute la France ▆ ciel bleu et une ▆ bien ensoleillée, même chaude.

▆ début de la semaine ▆annonce lui aussi sous ▆ signe du soleil.

SOLUTION : le - ²s - Le - journée - du - passagère - du - à - plus - un - de - ¹l - doute - partie - 20 - températures - midi - après - frais - il - s' - dès - des - ordre - aussi - en - la - gouttes - peu - Bretagne : **SOLUTION :** sur - au - il - désagrégeront - jour - de - il - grande :

12

2 Rappelez-vous régulièrement certaines situations de votre vie quotidienne et essayez, pour vous, de dire en français ce que vous avez dit dans votre langue maternelle.

Par exemple :

a. Vous avez été invité pour la première fois chez quelqu'un. Qu'est-ce que vous avez dit en entrant dans l'appartement ?

b. Vous avez téléphoné à votre patron pour l'informer que vous étiez malade et que vous ne pouviez pas aller travailler.

c. Vous avez essayé d'encourager un ami qui vient d'être mis au chômage.

d. Vous vous êtes renseigné dans une agence de voyages sur les conditions d'un voyage de vacances en France sur la Côte d'Azur.

e. Vous avez critiqué une de vos connaissances.

f. Rappelez-vous ainsi trois à cinq situations que vous avez vécues ces derniers jours et essayez de dire en français ce que vous avez dit dans votre langue maternelle.

3 Pour faire le point sur des problèmes grammaticaux, faites et refaites, à intervalles réguliers, les exercices écrits que vous trouvez dans les pages d'exercices personnels à la fin du livre.
Faites maintenant, par exemple, les exercices 13, 53 et 93.

4 Choisissez n'importe quel document visuel (affiche, publicité, photo, reproduction de tableau, etc.) qui vous intéresse particulièrement et notez d'abord tous les mots et expressions français qu'il évoque pour vous.
Continuez dans votre langue maternelle et cherchez les mots correspondants en français dans un dictionnaire.

Par exemple, notez tout ce qui vous passe par la tête par rapport à l'illustration de la page suivante.

5 Pour contrôler votre compréhension orale et pour écouter du français, faites et refaites les exercices personnels oraux enregistrés sur les cassettes individuelles que vous pouvez vous procurer.
Les textes correspondants figurent pages 166 et suivantes.

Vous pouvez aussi vous procurer les deux cassettes où sont enregistrés tous les textes oraux de *Cartes sur table 2*. Les textes correspondants sont reproduits pages 155 à 165.

6 Faites maintenant l'activité 1b page 121.

POUR ÊTRE HEUREUX, LES _____ , MAINTENANT, IL FAUT QU'
SOIENT ENSEMBLE, QU'ILS _____ PARLENT, QU'ILS AIENT ___ LA BONNE
MUSIQUE À _____ , ÇA LEUR SUFFIT POUR _____ BIEN. TU
COMPRENDS CE ____ JE VEUX DIRE ?" ELLE _____ SAISIT LE BRAS
"JE _____ QUE VOUS COMPRENIEZ." ELLE _____ REGARDAIT AVEC
INSISTANCE EN _____ : "C'EST IMPORTANT QUE _____
COMPRENIEZ ... ALORS, TU COMPRENDS ?"

_____ MÉLANGEAIT LE TU, LE _____ . TROP VIEILLE POUR QU' ___
ME DISE TU NATURELLEMENT, -JE PENSÉ. ELLE INSISTAIT.
"_____ , LES JEUNES, TU VOIS, ___ N'A RIEN."
J' ___ AFFIRMÉ QUE JE COMPRENAIS.

7 Partout dans le monde, on peut recevoir les émissions de Radio France internationale. Ecoutez-les régulièrement.
Essayez d'abord de repérer qui parle, de quoi et de quel type de texte il s'agit (informations, interviews, émission de variétés, pièce de théâtre, etc.).
Prenez éventuellement des notes.

8 Quand vous avez écrit quelque chose dans votre langue maternelle, demandez-vous si vous pouvez aussi l'écrire en français. Si oui, prenez le temps de le faire.
Par exemple :
a. Ecrivez à un parent pour lui souhaiter un joyeux anniversaire.

b. Ecrivez à des amis pour vous excuser de ne pouvoir assister au mariage de leur fille.

c. Ecrivez des cartes postales typiques de vacances à un bon copain, à un proche parent, à des collègues de travail.

d. Rappelez-vous trois textes que vous avez écrits ces derniers temps dans votre langue maternelle et demandez-vous si vous pouvez les écrire en français.

écoutez d'autres conseils

9 Choisissez toutes sortes de textes selon vos possibilités, vos goûts, vos besoins. Vous trouvez différents types d'activités pour les exploiter dans *Cartes sur table 2* : page 27 (activité 8), page 56 (3), page 61 (9, 10), page 62 (11), pages 64-65 (12), page 81 (3), page 82 (4), page 96 (4), pages 114-115 (2) et les *Conseils pour apprendre à lire*, pages 57 et 97.

Par exemple, que feriez-vous avec les textes de cette page ?

RÉSUMÉ - Claus von Bülow rencontre Alexandra Isles, une ancienne héroïne de feuilleton télévisé. La jeune femme exige qu'il divorce...

D'un geste machinal, il a allumé la petite lampe posée sur le meuble. Soudain, comme s'il venait de trouver la solution d'un problème, il tire vers lui le téléphone. "Ça ne va pas être facile... pourtant, si je suis habile, la situation peut se renverser en ma faveur." Il pèse encore sa décision. "Mais il ne faut surtout pas qu'elle se sente culpabilisée." Il compose le numéro d'Alexandra. La voix douce, modulée, d'Alexandra a accéléré son pouls.

– Mon Dieu !... j'espère qu'elle n'a pas essayé de se suicider.

– Ne t'inquiète pas. Le coma a sûrement été dû à un mélange d'alcool et de médicaments. Sunny avait bu beaucoup d'eggnogs la veille au soir.

Comme tous les amoureux, ils échangent des bêtises qui les rassurent. Il est ravi de constater que malgré sa surprise, la jeune femme n'a pu cacher sa joie de l'entendre.

Alexandra rentre d'Irlande en février, elle a accepté de le revoir. Qui ne comprendrait pas, en de telles circonstances, qu'un divorce était impossible à envisager ?

Crime à l'insuline, S. de La Brosse, dans *Télé Sept Jours*, 4-10 juin 1983.

Ce mot de "pulluler" qui se retrouve souvent sous ma plume et que j'ai encore écrit à la page précédente, il a conservé pour moi le charme qu'il avait dans mon enfance. Ce n'est pas un mot appris, c'est un mot rencontré. Un beau jour, ouvrant un livre illustré de Boutet de Monvel sur l'histoire de France (j'avais six ans) je vis une grande image en couleurs représentant des enfants blonds tout nus environnés de petits cochons roses et propres. C'était un pêle-mêle appétissant ; les cochons foulaient aux pieds les enfants, les enfants tiraient la queue des cochons, ceci dans un paysage gai et préhistorique, la gaieté était figurée par de beaux arbres et de la verdure, la préhistoire par de grands rochers gris creusés de profondes cavernes. En dessous, la légende disait : "Ils pullulent, les petits cochons." Je ne connaissais pas le mot et cela suffit à me le faire voir avec des yeux émerveillés, dans son individualité pure. Le "pullu" m'amusait fort et la présence des deux "l" après l'"u" me faisait penser à bulle – bulle de savon par exemple (le mot "bulle" était déjà pour moi fort voluptueux, tant à lire qu'à prononcer). Et les petits cochons, les enfants, sur le dessin, avaient la légèreté, la propreté aérienne de bulles. Finalement, le mot avant d'être compris eut une signification affective qu'il a toujours gardée : un foisonnement multicolore et pur de ces ballons que les marchands du Luxembourg vendaient alors, accrochés à un long bâton. On voudrait n'écrire qu'avec ces mots-là, mais il n'est pas sûr qu'ils produisent chez le lecteur la même impression et puis il faut des soutènements, un tissu conjonctif de mots à valeur purement sémantique. Du même coup, cette expérience et quelques rencontres analogues m'ont profondément persuadé de la propreté profonde des cochons, à l'inverse de leur réputation ordinaire. Cette croyance n'est pas étrangère à mon goût pour la viande de porc. Au lieu que le veau, blême et triste, a l'air, tout vivant, d'avoir été déjà mâché.

J.-P. Sartre, *Les Carnets de la drôle de guerre*, NRF Gallimard.

Les aigles attaquent

MOSCOU (AP). - Deux aigles, qui, semble-t-il, croyaient avoir affaire à un autre oiseau de proie, ont attaqué un avion, qu'ils ont poursuivi jusqu'à son atterrissage.

Selon "Sovietskaya Rossiya", l'avion, un "L-410" à turbopropulseur, effectuait une liaison de 100 km entre Krasnodar et Maykop, lorsque le pilote aperçut les aigles qui fondaient vers lui. Il alluma les projecteurs, mais, relate le journal, "cela n'effraya pas les aigles, qui attaquèrent l'appareil",

engageant avec lui un "véritable combat aérien".

Le pilote effectua des manœuvres d'esquive et mit tous les gaz. Mais les aigles attaquaient de nouveau alors que l'avion se posait.

"Sovietskaya Rossiya" rapporte que l'équipage a constaté, sur l'aile gauche, un enfoncement sur 40 cm et des éraflures, provenant des serres des aigles.

La Feuille d'Avis de Neuchâtel, 30 juin 1983.

Discutez ces propositions avec votre professeur et demandez-lui d'autres conseils pour continuer à apprendre et ne pas tout oublier.

12

Que la fête commence.
Présentez votre spectacle.
Utilisez cette dernière page comme page-souvenir
de votre cours de français avec Cartes sur table 2 :
vous pouvez y noter le programme des dernières séances,
y coller des photos, y rassembler les signatures
de vos collègues...

Grammaire

	Le nom masculin/féminin	**masculin**		**féminin**
		un secrétaire		une secrétaire
		un ami	**+ e**	une ami**e**
		le coiff**eur**	(eur) → **euse**	la coiff**euse**
		le direc**teur**	(eur) → **trice**	la direc**trice**
		un infirm**ier**	(er) → **ère**	une infirm**ière**

	Le nom singulier/pluriel	**singulier**		**pluriel**
		une page	**+ s**	des page**s**
		le repas		les repas
		un cheveu	**+ x**	des cheveu**x**
		un oiseau	**+ x**	des oiseau**x**
		la croix		les croix
		un journ**al**	(al) → **aux**	des journ**aux**

Devant un nom

le
un
mon } livre
ce
quel

L'article défini

masculin	**pluriel**	**féminin**
le **l'** →	**les** ←	**la** **l'**
le nom	**les** noms	
	les pages	**la** page
le hall	**les** halls	
	les hauteurs	**la** hauteur
l'exemple	**les** exemples	
	les années	**l'**année
l'hôtel	**les** hôtels	
	les heures	**l'**heure

Devant un nom commençant par **a, e, i, o, u,** et parfois **h :**
le et **la** → **l'** (l'hôtel, l'heure).

à + article défini

(à + le) → **au**	à + la → **à la**
Pierre est **au** cinéma.	Anne est **à la** maison.
Conjuguez le verbe **au** passé composé.	Ouvrez le livre **à la** page 12.

(à + les) → **aux**

Je vais **aux** États-Unis.	Elles sont **aux** Iles Canaries.
Conjuguez le verbe faire **aux** temps du passé.	Ouvrez le livre **aux** pages 12 et 16.

de + article défini

(de + le) → **du**	de + la → **de la**
La page 30 **du** livre.	Le numéro 4 **de la** grammaire.
Elle arrive **du** Portugal.	Elle arrive **de la** Martinique.

(de + les) → **des**

La terminaison **des** verbes.	Le numéro **des** cassettes.
Elle revient **des** États-Unis.	Il arrive **des** Antilles.

à + l' → **à l'** (Il est **à l'**hôtel.)
de + l' → **de l'** (Il revient **de l'**école.)

5 L'article indéfini

masculin	pluriel	féminin
un →	**des** ←	**une**
un livre	**des** livres	
	des cassettes	**une** cassette
un homme	**des** hommes	
	des femmes	**une** femme
un exercice	**des** exercices	
	des photos	**une** photo

Regardez aussi N° 27.

6 L'adjectif possessif

masculin	pluriel	féminin
mon livre	**mes** livres	
	voitures	**ma** voiture
	amies	**mon** amie
ton livre	**tes** livres	
	voitures	**ta** voiture
	amies	**ton** amie
son livre	**ses** livres	
	voitures	**sa** voiture
	amies	**son** amie
notre fils	**nos** fils	
	filles	**notre** fille
votre fils	**vos** fils	
	filles	**votre** fille
leur fils	**leurs** fils	
	filles	**leur** fille

Devant un nom féminin commençant par **a, e, i, o, u** et parfois **h** :
ma, ta, sa → mon ton, son (**mon** amie, **ton** amie, **son** amie).
C'est le fils de Jacques → **son** fils ← C'est le fils de Marie.
C'est la fille de Jacques → **sa** fille ← C'est la fille de Marie.

7 L'adjectif démonstratif

masculin	pluriel	féminin
ce cet →	**ces** ←	**cette**
ce livre	**ces** livres	
	ces photos	**cette** photo
ce journal	**ces** journaux	
	ces femmes	**cette** femme
cet album	**ces** albums	
	ces amies	**cette** amie
cet homme	**ces** hommes	
	ces histoires	**cette** histoire
cet hôtel	**ces** hôtels	
	ces illustrations	**cette** illustration

Devant un nom masculin commençant par **a, e, i, o, u** et parfois **h** :
ce → cet (**cet** hôtel).

8 L'adjectif interrogatif

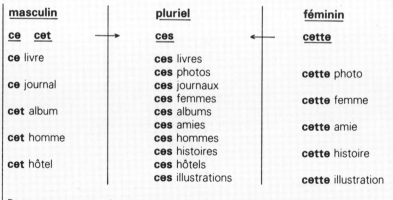

masculin		féminin	
singulier	pluriel	pluriel	singulier
quel →	**quels**	**quelles**	← **quelle**
quel livre?	**quels** livres?	**quelles** pages?	**quelle** page?
quel restaurant?	**quels** restaurants?	**quelles** rues?	**quelle** rue?
quel texte?	**quels** textes?	**quelles** photos?	**quelle** pho...

Avec un nom	Un homme **simple**
	Un **jeune** homme
	Une **belle** femme
	Une femme **blonde**

❿ L'adjectif qualificatif

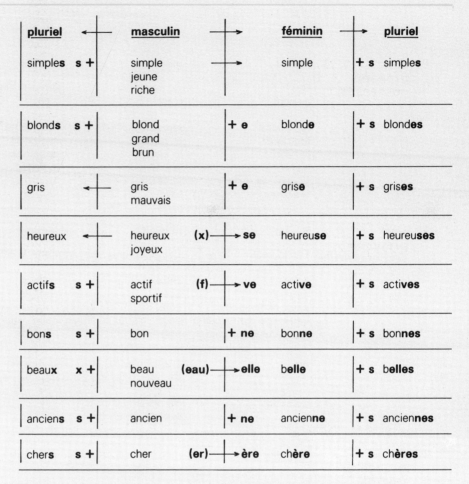

pluriel		masculin			féminin		pluriel
simple**s**	**s +**	simple jeune riche	→		simple	**+ s**	simple**s**
blond**s**	**s +**	blond grand brun		**+ e**	blond**e**	**+ s**	blond**es**
gris	←	gris mauvais		**+ e**	gris**e**	**+ s**	gris**es**
heureux	←	heureux joyeux	**(x)** → **se**		heureu**se**	**+ s**	heureu**ses**
actif**s**	**s +**	actif sportif	**(f)** → **ve**		acti**ve**	**+ s**	acti**ves**
bon**s**	**s +**	bon		**+ ne**	bon**ne**	**+ s**	bon**nes**
beau**x**	**x +**	beau nouveau	**(eau)** → **elle**		b**elle**	**+ s**	b**elles**
ancien**s**	**s +**	ancien		**+ ne**	ancien**ne**	**+ s**	ancien**nes**
cher**s**	**s +**	cher	**(er)** → **ère**		ch**ère**	**+ s**	ch**ères**

Exemples (place de l'adjectif)

— C'est une *jeune* femme très *sympathique*.
— Grégoire est un enfant *heureux*.
— Elle est secrétaire *médicale*.
— Une femme entre à l'Académie *française*.
— Ce chien était un *merveilleux* compagnon.
— Il est *jeune*, *sympathique* et *célibataire*.
— Nous habitons dans une *grande* ville.
— Nous vous proposons des modèles *sensationnels* à des prix *fantastiques*.
— Je voudrais vivre à la campagne dans une *ancienne* maison avec un *grand* jardin.
— C'est un film *drôle*, *intelligent* et *poétique*.
— C'est un très *bon* roman *américain*.
— J'adore la cuisine *italienne*.
— Les exercices *personnels* ne sont pas *difficiles*.
— Aujourd'hui, Paris est *gris, sale, humide*.
— En Normandie, il y a de *magnifiques* plages de sable.
— Le climat *provençal* est *chaud* et *ensoleillé*.

A la place d'un nom	Mes résultats n'ont pas été brillants ! – **Les miens** non plus.	**Je** viens.
	Ce n'est pas ton briquet? – Si, c'est **le mien.**	**Il la** soigne.
	Ce livre, c'est **celui** que je préfère.	Soigne-**la.**
	Cette robe, c'est **celle** que j'aime le mieux.	**Tu lui** téléphones.
	Je regarde un petit garçon **qui** joue sur la plage.	Viens avec **moi.**
	J'attends la jeune fille **que** j'ai rencontrée hier.	**Elle** se lève.

10 Les pronoms possessifs

pluriel ←	masculin	féminin	→ pluriel
Ces livres, ce sont	Ce livre, c'est	Cette maison, c'est	Ces chaussures, ce sont
les miens	**le mien**	**la mienne**	**les miennes**
les tiens	**le tien**	**la tienne**	**les tiennes**
les siens	**le sien**	**la sienne**	**les siennes**
les nôtres	**le nôtre**	**la nôtre**	**les nôtres**
les vôtres	**le vôtre**	**la vôtre**	**les vôtres**
les leurs	**le leur**	**la leur**	**les leurs**

11 Les pronoms démonstratifs

pluriel ←	masculin	féminin	→ pluriel
Ces journaux	Ce restaurant	Cette boutique	Ces photos
ceux-ci	**celui-ci**	**celle-ci**	**celles-ci**
ceux-là	**celui-là**	**celle-là**	**celles-là**
ceux de Belgique	**celui** de la Tour Eiffel	**celle** de la rue Balzac	**celles** des derniè[...] vacances
ceux que tu achètes régulièrement	**celui** où tu manges toujours	**celle** que tu m'as montrée	**celles** qui sont ra[...]

| **ce** | **C'**est faux. |
| | **Ce** que tu dis est juste. |

| **cela, ça** | Ne dis jamais **cela.** |
| | Ne fais jamais **ça.** |

12 Les pronoms relatifs

singulier	masculin et féminin	p[...]
Donne-moi la feuille **qui** est sur la table.	Des vacances **qui** font du bien.	
Envoie la lettre **que** j'ai écrite.	Des vacances **qu'**on attend toute l'année	
Je rêve d'une journée **où** personne ne me dérangerait.	Des vacances **où** on ne fait rien.	
C'est l'hôtel **qui** est si confortable.	Il attend ses amis **qui** viennent du Canad[...]	
C'est l'hôtel **que** je préfère.	Les chats **que** tu vois là-bas sont à demi [...] vages.	
C'est l'hôtel **où** je descends souvent.	On ne trouve presque plus de murs **où** il [...] pas d'inscriptions.	

**3 Les pronoms
  personnels**

je ... il

Je parle français.　　　　　　**Nous** parlons français.
Tu parles　　　　　　　　　　**Vous** parlez
Il parle　　　　　　　　　　　**Ils** parlent
Elle parle　　　　　　　　　　**Elles** parlent
On parle français.
Moi, je parle français.　　　　**Nous, nous** parlons français.
Toi, tu parles　　　　　　　　**Vous, vous** parlez
Lui, il parle　　　　　　　　　**Eux, ils** parlent
Elle, elle parle　　　　　　　　**Elles, elles** parlent
Nous, on parle français.

**4 Les pronoms
  personnels**

(connaître quelqu'un)

me ... le, la, les

Il **me** connaît.　　　　　　Il **nous** connaît.
Il **te** connaît.　　　　　　Il **vous** connaît.
Il **le** connaît.　　　　　　Il **les** connaît.
Il **la** connaît.　　　　　　Il **les** connaît.

Devant un verbe commençant par **a, e, i, o, u** et parfois **h :**
me, te, le, la → m', t', l', l' (il m'aime, il t'aime, il l'aime (Pierre), il l'aime [Marie]).

**5 Les pronoms
  personnels**

(parler **à** quelqu'un)

me ... lui, leur

Il **me** parle.　　　　　　Il **nous** parle.
Il **te** parle.　　　　　　Il **vous** parle.
Il **lui** parle (à Pierre).　　Il **leur** parle (à Pierre et Paul).
Il **lui** parle (à Marie).　　Il **leur** parle (à Marie et Anne).

**6 Les pronoms
  personnels**

moi ... lui

C'est à **moi**.　　　　C'est à **nous**.
　　　　toi.　　　　　　　**vous**.
　　　　lui.　　　　　　　**eux**.
　　　　elle.　　　　　　　**elles**.

Exemples　Il vient avec *nous*.
　　　　　C'est pour *moi*.
　　　　　C'est triste, sans *toi*.
　　　　　Je suis bien, près de *lui*.

**7 Les pronoms
  personnels**

me ... se

Je **me** lève.　　　　　　Nous **nous** levons.
Tu **te** lèves.　　　　　　Vous **vous** levez.
Il **se** lève.　　　　　　Ils **se** lèvent
Elle **se** lève.　　　　　Elles **se** lèvent.
On **se** lève.

---

18 La place des pronoms personnels

Tu prends **le train?**

Oui, je **le** prends.
Non, je ne **le** prends pas.

Tu as vu **ce film?**

Oui, je **l'**ai vu.
Non, je ne **l'**ai pas vu.

Tu soignes Jacques.
Soigne-**le.**
Ne **le** soigne pas.

Constructions

19 L'interrogation directe

Tu viens?   Viens-tu?   **Est-ce que** tu v
→ Oui/Non ←

Vous habitez **où?**   **Où** habitez-vous?   **Où est-ce que** vous hal
→ A Paris. ←

Comment tu vas?   **Comment** vas-tu? **Comment est-ce que** tu
Tu vas **comment?**
→ Bien/Mal ←

Il part **quand?**   **Quand** part-il?   **Quand est-ce qu'il
→ A 10 heures. ←
Bientôt.

Pourquoi tu es triste? **Pourquoi** es-tu triste? **Pourquoi est-ce que**
triste?
→ Parce que je suis seul. ←

Que fait-il?   **Qu'est-ce qu'il
Il est mécanicien. ←
Il lit.

Qui vient avec moi?   **Qui est-ce qui** vient avec
→ Personne. ←
Paule et Nicole.

Tu pars avec **qui?**   Avec **qui** pars-tu? Avec **qui est-ce que** tu
→ Avec mes parents. ←

indirecte

pluriel	←	masculin	féminin	→	pluriel
		Tu prends			
quels livres?		**quel** train?	**quelle** voiture?		**quelles** valises

Je me demande   **si** tu viens ce soir.   **pourquoi** tu es trist
où il habite.   **qui** viendra avec nou
comment ils vont.   **quel** train il prend.
quand il part.

20 La négation

Elle **ne** fume **pas**.	Hier, elle **n'**a **pas** fumé.
Elle **ne** fume **plus**.	
Elle **ne** fume **jamais**.	Elle **n'**a **jamais** fumé.
Elle **ne** mange **rien**.	Hier, elle **n'**a **rien** mangé.
Elle **ne** voit **personne**.	Hier, elle **n'**a vu **personne**.
Ne fume **pas**.	
Ne pas fumer dans la classe.	

Tu **ne** viens **pas**? } Si/Non
Est-ce que tu **ne** viens **pas**?

Vous **n'**habitez **pas** à Paris? } Si/Non
Est-ce que vous **n'**habitez **pas** à Paris?

Notions

21 Le lieu

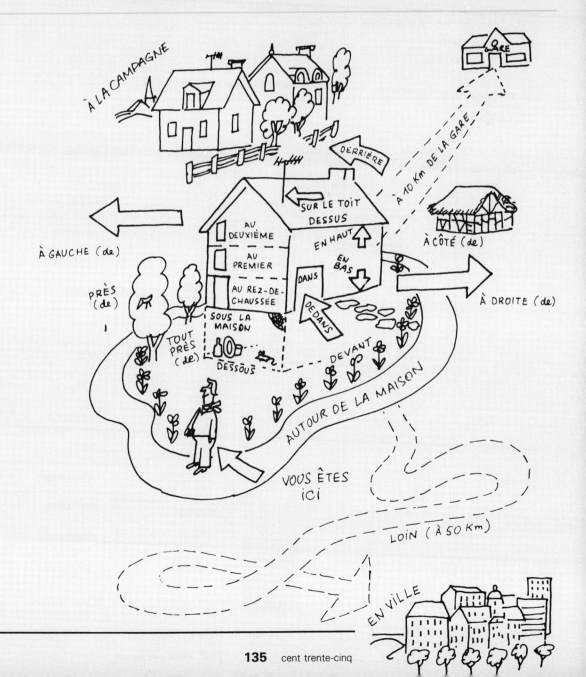

22 Expressions du lieu

Je vais **à** Paris	Je viens **de** Paris
Je suis **à** Genève	**de** Genève
à la campagne	**de la** campagne
au bureau	**du** bureau
à la montagne	**de la** montagne
à la plage	**de la** plage
dans ma chambre	**de** ma chambre
chez moi	**de chez** moi
chez le coiffeur	**de chez** le coiffeur
chez ma sœur	**de chez** ma sœur.

23 Pays

Je vis **en** France	**au** Canada
Je vais **en** Suisse	**au** Portugal
en Belgique	**au** Sénégal
en Suède	**au** Maroc
en Italie	**aux** États-Unis.
en Égypte	
en Équateur	

24 y, à la place d'un nom de lieu

Je vais **à Paris.**	⟶	J'**y** vais.
Je suis **dans ma chambre.**	⟶	J'**y** suis.
Il vit **en Suisse.**	⟶	Il **y** vit.
Nous sommes allés **au cinéma.**	⟶	Nous **y** sommes allés.

25 Le temps

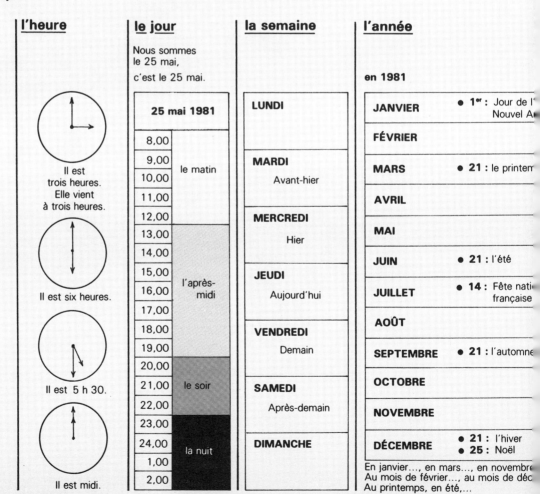

l'heure

Il est
trois heures.
Elle vient
à trois heures.

Il est six heures.

Il est 5 h 30.

Il est midi.

le jour

Nous sommes
le 25 mai,
c'est le 25 mai.

25 mai 1981

8,00	
9,00	le matin
10,00	
11,00	
12,00	
13,00	
14,00	
15,00	l'après-midi
16,00	
17,00	
18,00	
19,00	
20,00	
21,00	le soir
22,00	
23,00	
24,00	
1,00	la nuit
2,00	

la semaine

LUNDI

MARDI
Avant-hier

MERCREDI
Hier

JEUDI
Aujourd'hui

VENDREDI
Demain

SAMEDI
Après-demain

DIMANCHE

l'année

en 1981

JANVIER	● **1er** : Jour de l' Nouvel A
FÉVRIER	
MARS	● **21** : le printem
AVRIL	
MAI	
JUIN	● **21** : l'été
JUILLET	● **14** : Fête nati française
AOÛT	
SEPTEMBRE	● **21** : l'automne
OCTOBRE	
NOVEMBRE	
DÉCEMBRE	● **21** : l'hiver ● **25** : Noël

En janvier..., en mars..., en novembre
Au mois de février..., au mois de déc
Au printemps, en été,...

	Passé	Présent	Avenir

26 Le moment

Hier	← Aujourd'hui →	Demain
Quand es-tu parti?	**Qu'est-ce que vous faites?**	**Quand pars-tu?**
Le 14 juillet.	Maintenant, nous déjeunons.	Demain.
La semaine dernière.	Aujourd'hui, nous travaillons.	Le 13 octobre.
Le mois dernier.	C'est dimanche, nous dormons.	Demain après-midi.
Hier.		Samedi prochain.
Hier soir.		Le mois prochain.
Il y a une semaine.		Dans une heure.
Il y a un mois.		Dans une semaine.
Ce matin.		Ce soir.
A quatre heures.		A six heures.
Quand l'usine a fermé.		Quand l'usine fermera.

---

27 La durée

Nous sommes en Grèce

depuis une semaine.
depuis le 3 juillet.
depuis hier.
depuis ce matin.

Nous sommes restés
Nous resterons

jusqu'au 5 septembre.
jusqu'au mois de septembre.
jusqu'au mois prochain.
deux mois.
pendant deux mois.
pendant les vacances.
pendant l'hiver.

**28 Durée
et moment
dans le passé**

Durée   Moment

Je dormais ⟶   quand le téléphone a sonné.

Il pleuvait ⟶   quand je suis rentré.

Habitude

Habituel   Pas habituel

Elle réveillait **toujours** son fils à huit heures.   **Hier,** elle l'a réveillé à sept heures.

**29 Passé récent
Futur proche**

Une action s'est passée il y a peu de temps :

venir de + infinitif

Il **vient de partir.**
Elles **viennent de terminer** leur travail.
Je **viens de manger** une pomme.
Ils **venaient d'arriver** quand l'orage éclata.

Une action se passera dans un avenir plus ou moins proche :

aller + infinitif

Elle **va** bientôt **partir.**
Tu **vas avoir** beaucoup d'ennuis.
Ils **vont être** au chômage.

Une action est incertaine :

Je **vais** le **faire,** si j'ai du courage.
Ils ne **vont** quand même pas **se marier** si jeunes.

30 La quantité
· les chiffres
les nombres

0 zéro	**10** dix	**20** vingt	**100** cent
1 un	**11** onze	**21** vingt et un	**200** deux cents
2 deux	**12** douze	**22** vingt-deux	**204** deux cent quatre
3 trois	**13** treize	**30** trente	**331** trois cent trente et un
4 quatre	**14** quatorze	**40** quarante	**1 000** mille
5 cinq	**15** quinze	**50** cinquante	**1 981** mille neuf cent quatre-vingt-un
6 six	**16** seize	**60** soixante	
7 sept	**17** dix-sept	**70** soixante-dix	**1 000 000** un million
8 huit	**18** dix-huit	**80** quatre-vingt(s)	**1 000 000 000** un milliard
9 neuf	**19** dix-neuf	**90** quatre-vingt-dix	

31 On ne peut pas compter la quantité

masculin	pluriel	féminin
<u>du</u> de l' ⟶	des ⟵	de la de l'

Vous avez...

Vous avez...
du fromage
du lait
de l'argent

Vous avez...
des haricots
des fleurs
des légumes

Vous avez...
de la salade
de la bière
de l'essence
de l'huile

Nous n'avons pas...

Nous n'avons...
pas **de** fromage
pas **de** lait
pas **d'**argent

Nous n'avons...
pas **de** haricots
pas **de** fleurs
pas **de** légumes

Nous n'avons...
pas **de** salade
pas **de** bière
pas **d'**essence
pas **d'**huile

Vous avez du ...?
de la ...?
des ...?
} Oui, j'**en** ai.
Non, je n'**en** ai pas.

32 Poids et mesures

1 millimètre (mm)
3 centimètres (cm)
5 mètres (m)
20 kilomètres (km)
Il mesure 1 mètre 80.

Ça fait combien de kilomètres jusqu'à Bordeaux? 740.
Genève est à 60 km de Lausanne.
3 mètres de haut.
       de large.
       de long.

1 demi-litre
5 litres
2 litres et demi

3 litres de lait.
une bouteille de vin.

100 grammes (g)
1 livre
1 kilogramme
   kilo (kg)
3 tonnes

1 kilo de sucre.
200 grammes de chocolat.
Cette voiture pèse 1 tonne.

20 centimes
3 francs (F)

Ça fait 1,50 franc.
Ça coûte 200 francs.

83 Expressions de la quantité

J'ai **assez**
trop
peu
beaucoup } de travail.   Je travaille { **assez.**
trop.
peu.
beaucoup.   Je ne travaille pas { **assez.**

beaucoup.

Du travail, j'**en** ai **assez.**

Combien de litres? J'**en** prends **trente litres.**

Combien de comprimés? Vous **en** prenez **trois.**

Relations

84 La comparaison

Il a acheté une nouvelle voiture...

= | Elle est **aussi** chère
Elle va **aussi** vite

− | Elle est **moins** chère
Elle va **moins** vite } que ma voiture.   C'est **la moins** chère.

+ | Elle est **plus** chère
Elle va **plus** vite   C'est **la plus** chère.

Bon ⟶ **Meilleur (+)**

Ce vin, il est bon?   Oui, mais le champagne est meilleur.
Cette eau, elle est bonne?   Oui, mais chez nous, elle est meilleure.
                             C'est **le meilleur.**
                             C'est **la meilleure.**

Bien ⟶ **Mieux (+)**

Tu nages bien;   mais, elle, elle nage mieux.
                           C'est elle qui nage **le mieux.**

85 L'opposition

J'adore la campagne, **mais** j'habite en ville.
Je comprends facilement, **mais** je ne parle pas bien.
Il n'a plus de travail, **pourtant** il est très sérieux.
Nous sommes sortis **malgré** le mauvais temps.
Le match était ennuyeux; je l'ai **quand même** regardé jusqu'à la fin.
J'ai beaucoup de travail, mais j'irai **tout de même** faire la fête.
Tu peux partir en vacances, **en tout cas** moi je reste, et **de toute façon** tu vas t'ennuyer.

86 La liaison

Elle parle le français **et** l'italien.
Toi **et** moi.
Il mange **et** boit beaucoup.

87 La cause

J'aime les pays du Sud, **parce qu'**il fait chaud.
car il fait chaud.
à cause de la chaleur.
puisqu'il y fait chaud.

la conséquence

J'aime la chaleur, **alors** je vais dans le Sud.
donc je vais dans le Sud.
c'est pourquoi je vais dans le Sud.
J'aime **tellement** la chaleur **que** je vais toujours dans le sud.
Il a **tellement** travaillé **qu'**il est devenu millionnaire.
Il fait **si** chaud **qu'**on ne peut plus respirer.
L'eau du lac est **si** chaude **qu'**elle ne rafraîchit plus quand on se baigne.

38 Le but

Ils apprennent le français **pour** leur travail.
pour lire les journaux.
pour aller en France.
pour que leur salaire soit augmenté.
pour que leurs clients les comprennent.
pour que tu puisses les comprendre.

39 La condition

Si tu acceptes ce poste, on gagne à coup sûr plus d'argent.
on gagnera immédiatement plus d'argent.
Si tu acceptais aujourd'hui ce poste, . on gagnerait immédiatement plus d'argent.
Si tu avais accepté ce poste l'année dernière, on aurait gagné plus d'argent.
On peut gagner plus d'argent **à condition que** tu acceptes ce poste.
Tu peux gagner plus d'argent **à condition** d'accepter ce poste.

Conjugaisons

40 Le présent

	avoir		**être**		**faire**		**aller**
	j' ai		je suis		je fais		je vais
	tu as		tu es		tu fais		tu vas
elle, on	il a		il est		il fait		il va
	nous avons		nous sommes		nous faisons		nous allons
	vous avez		vous êtes		vous faites		vous allez
elles	ils ont		ils sont		ils font		ils vont

	regarder		**manger**		**commencer**		**appeler**
	je regard**e**		je mang**e**		je commenc**e**		j' appell**e**
	tu regard**es**		tu mang**es**		tu commenc**es**		tu appell**es**
elle, on	il regard**e**		il mang**e**		il commenc**e**		il appell**e**
	nous regard**ons**		nous mang**eons**		nous commenç**ons**		nous appel**ons**
	vous regard**ez**		vous mang**ez**		vous commenc**ez**		vous appel**ez**
elles	ils regard**ent**		ils mang**ent**		ils commenc**ent**		ils appell**ent**
			g + **a** ou **o** → **gea, geo**		**c** + **a, o, u,** → **ça, ço, çu**		**l** + **e** non prononc → **lle**

	finir		**réussir**		**sortir**		**venir**
	je fin**is**		je réuss**is**		je sor**s**		je viens
	tu fin**is**		tu réuss**is**		tu sor**s**		tu viens
elle, on	il fin**it**		il réuss**it**		il sor**t**		il vient
	nous finiss**ons**		nous réussiss**ons**		nous sort**ons**		nous venons
	vous finiss**ez**		vous réussiss**ez**		vous sort**ez**		vous venez
elles	ils finiss**ent**		ils réussiss**ent**		ils sort**ent**		ils viennent

	devoir		**savoir**		**connaître**		**attendre**
	je dois		je sais		je connais		j' attends
	tu dois		tu sais		tu connais		tu attends
elle, on	il doit		il sait		il connaît		il attend
	nous devons		nous savons		nous connaissons		nous attendons
	vous devez		vous savez		vous connaissez		vous attendez
elles	ils doivent		ils savent		ils connaissent		ils attendent

apprendre
nous apprenons
vous apprenez
ils apprennent

s'asseoir
je m'assieds
tu t'assieds
il s'assied
nous nous asseyons
vous vous asseyez
ils s'asseyent

boire
je bois
nous buvons
vous buvez
ils boivent

choisir
→ finir

comprendre
→ apprendre

conduire
je conduis
nous conduisons
vous conduisez
ils conduisent

courir
je cours
nous courons

croire
je crois
nous croyons
ils croient

découvrir
je découvre
nous découvrons

décrire
→ écrire

défendre
→ attendre

descendre
→ attendre

dire
je dis
nous disons
vous dites
ils disent

dormir
je dors
nous dormons

écrire
j'écris
nous écrivons
vous écrivez
ils écrivent

entendre
→ attendre

envoyer
j'envoie
tu envoies
il envoie
nous envoyons
vous envoyez
ils envoient
(y devant e
non prononcé → ie)

lire
je lis
nous lisons

mettre
je mets
nous mettons

mourir
je meurs
nous mourons
vous mourez
ils meurent

ouvrir
j'ouvre
nous ouvrons

partir
je pars
nous partons

perdre
je perds
il perd
nous perdons

plaire
je plais
nous plaisons

pleuvoir
il pleut

pouvoir
je peux
tu peux
il peut
nous pouvons
vous pouvez
ils peuvent

prendre
je prends
nous prenons
ils prennent

promettre
→ mettre

recevoir
je reçois
nous recevons
ils reçoivent

réfléchir
→ finir

remplir
→ finir

rendre
je rends
nous rendons
ils rendent

répondre
je réponds
nous répondons

réussir
→ finir

rire
je ris
nous rions
ils rient

savoir
je sais
nous savons
ils savent

sortir
je sors
nous sortons

tenir
je tiens
nous tenons
ils tiennent

vendre
→ attendre

venir
je viens
nous venons
ils viennent

vivre
je vis
nous vivons

voir
je vois
nous voyons
ils voient

vouloir
je veux
tu veux
il veut
nous voulons
vous voulez
ils veulent

Exemples

Je suis biologiste.
J'habite à Paris.
Je me lève à six heures tous les matins.
Le dimanche, je prends tranquillement mon petit déjeuner.
J'apprends le français pour mon travail.
Le lundi, au bureau, il fait toujours froid.
La bicyclette, c'est bon pour la santé.
La Provence est célèbre par son climat.
J'aime mieux vivre en ville.
Moi, je trouve que c'est horrible.
Il veut rentrer.
On doit partir.

Monsieur Liardet est là?
Tu dois partir?
Quel est ton secret?
Le matin, vous partez à quelle heure?
Pouvez-vous changer ma monnaie?

Le pain, vous l'aimez bien cuit?
Est-ce que vous pouvez utiliser le conditionnel?
Qu'est-ce que vous faites?
Vous travaillez où?

Elle ne fume pas, elle ne boit pas.
Il n'est pas malade.
Je ne viens pas.
Je n'aime pas du tout ce tableau.
Je n'ai pas beaucoup de temps.
Il ne vient jamais.
On ne connaît pas les causes de l'accident.

Vous ne parlez pas français?
Il n'habite pas à Lyon?
Tu ne reconnais pas Michel?
Vous ne venez pas?
Vous ne le connaissez pas?
Tu n'as pas faim?

---

2 L'imparfait

avoir		être		faire		aller	
j'	avais	j'	étais	je	faisais	j'	allais
tu	avais	tu	étais	tu	faisais	tu	allais
elle, on / il	avait	il	était	il	faisait	il	allait
nous	avions	nous	étions	nous	faisions	nous	allions
vous	aviez	vous	étiez	vous	faisiez	vous	alliez
elles / ils	avaient	ils	étaient	ils	faisaient	ils	allaient

	regarder	**manger**	**commencer**	**appeler**
	je regard**ais**	je mange**ais**	je commenç**ais**	j' appel**ais**
	tu regard**ais**	tu mange**ais**	tu commenç**ais**	tu appel**ais**
elle, on	il regard**ait**	il mange**ait**	il commenç**ait**	il appel**ait**
	nous regard**ions**	nous mang**ions**	nous commenc**ions**	nous appel**ions**
	vous regard**iez**	vous mang**iez**	vous commenc**iez**	vous appel**iez**
elles	ils regard**aient**	ils mange**aient**	ils commenç**aient**	ils appel**aient**

	finir	**réussir**	**sortir**	**venir**
	je finiss**ais**	je réussiss**ais**	je sort**ais**	je ven**ais**
	tu finiss**ais**	tu réussiss**ais**	tu sort**ais**	tu ven**ais**
elle, on	il finiss**ait**	il réussiss**ait**	il sort**ait**	il ven**ait**
	nous finiss**ions**	nous réussiss**ions**	nous sort**ions**	nous ven**ions**
	vous finiss**iez**	vous réussiss**iez**	vous sort**iez**	vous ven**iez**
elles	ils finiss**aient**	ils réussiss**aient**	ils sort**aient**	ils ven**aient**

	devoir	**savoir**	**connaître**	**attendre**
	je dev**ais**	je sav**ais**	je connaiss**ais**	j' attend**ais**
	tu dev**ais**	tu sav**ais**	tu connaiss**ais**	tu attend**ais**
elle, on	il dev**ait**	il sav**ait**	il connaiss**ait**	il attend**ait**
	nous dev**ions**	nous sav**ions**	nous connaiss**ions**	nous attend**ions**
	vous dev**iez**	vous sav**iez**	vous connaiss**iez**	vous attend**iez**
elles	ils dev**aient**	ils sav**aient**	ils connaiss**aient**	ils attend**aient**

Pour trouver l'imparfait, partir du présent :
<u>nous</u> dis/ons → nous dis**ons**
<u>nous</u> compren/ons → nous compren**ions**

apprendre
j'apprenais
nous apprenions
s'asseoir
je m'asseyais
nous nous asseyions
boire
tu buvais
vous buviez
choisir → finir
comprendre
→ apprendre
conduire
je conduisais
nous conduisions
courir
tu courais
elles couraient
croire
je croyais
nous croyions
découvrir
je découvrais
il découvrait
décrire
→ écrire
défendre
→ attendre
descendre
→ attendre
dire
je disais
tu disais
nous disions
vous disiez

dormir
je dormais
elle dormait
vous dormiez
écrire
j'écrivais
nous écrivions
entendre
→ attendre
envoyer
j'envoyais
tu envoyais
nous envoyions
ils envoyaient
lire
je lisais
vous lisiez
mettre
je mettais
vous mettiez
mourir
il mourait
ils mouraient
ouvrir
j'ouvrais
elle ouvrait
elles ouvraient
partir
je partais
ils partaient
perdre
il perdait
vous perdiez
ils perdaient

plaire
tu plaisais
il plaisait
pleuvoir
il pleuvait
pouvoir
je pouvais
il pouvait
vous pouviez
prendre
je prenais
elle prenait
ils prenaient
promettre
→ mettre
recevoir
je recevais
tu recevais
elle recevait
réfléchir
je réfléchissais
elle réfléchissait
remplir
→ finir
rendre
je rendais
vous rendiez
répondre
je répondais
elle répondait
vous répondiez
réussir
→ finir

rire
je riais
nous riions
vous riiez
ils riaient
savoir
je savais
elle savait
vous saviez
sortir
je sortais
il sortait
vous sortiez
tenir
je tenais
tu tenais
elles tenaient
vendre
→ attendre
venir
je venais
tu venais
nous venions
vivre
je vivais
nous vivions
voir
je voyais
nous voyions
vous voyiez
vouloir
je voulais
tu voulais
elle voulait
vous vouliez

43 *Exemples*

J'*étais* contente.
Le concert *était* extraordinaire.
Nous habitions dans une petite ville.
Cette soirée, *c'était* formidable.
Ce jour-là, *il pleuvait*, le ciel *était* gris.
Tous les matins, *elle réveillait* son fils à sept heures.
Chaque jour, *ils prenaient* le métro.
Tous les ans, *nous allions* en Italie.

Avant, *elle travaillait* chez Ducrot.
Tu travaillais où?
Elle habitait à Paris?
Tu étais malade?
Je ne sortais jamais seule.
Quand *j'avais* vingt ans, *je ne fumais* pas.
Nous n'*avions* pas de chien.
Ce film n'*était* pas très drôle.

44 Le passé composé

avoir
→ **eu** + avoir

j'	ai	eu
tu	as	eu
il	a	eu
elle	a	eu
nous	avons	eu
vous	avez	eu
ils	ont	eu
elles	ont	eu

être
→ **été** + avoir

j'	ai	été
tu	as	été
il	a	été
elle	a	été
nous	avons	été
vous	avez	été
ils	ont	été
elles	ont	été

faire
→ **fait** + avoir

j'	ai	fait
tu	as	fait
il	a	fait
elle	a	fait
nous	avons	fait
vous	avez	fait
ils	ont	fait
elles	ont	fait

aller
→ **allé** + être

je	suis	allé(e)
tu	es	allé(e)
il	est	allé
elle	est	allée
nous	sommes	allé(e)s
vous	êtes	allé(e)s
ils	sont	allés
elles	sont	allées

regarder
→ **regardé** + avoir

j'	ai	regardé
tu	as	regardé
il	a	regardé
elle	a	regardé
nous	avons	regardé
vous	avez	regardé
ils	ont	regardé
elles	ont	regardé

manger
→ **mangé** + avoir

j'	ai	mangé
tu	as	mangé
il	a	mangé
elle	a	mangé
nous	avons	mangé
vous	avez	mangé
ils	ont	mangé
elles	ont	mangé

commencer
→ **commencé** + avoir

j'	ai	commencé
tu	as	commencé
il	a	commencé
elle	a	commencé
nous	avons	commencé
vous	avez	commencé
ils	ont	commencé
elles	ont	commencé

appeler
→ **appelé** + avoir

j'	ai	appelé
tu	as ,	appelé
il	a	appelé
elle	a	appelé
nous	avons	appelé
vous	avez	appelé
ils	ont	appelé
elles	ont	appelé

finir
→ **fini** + avoir

j'	ai	fini
tu	as	fini
il	a	fini
elle	a	fini
nous	avons	fini
vous	avez	fini
ils	ont	fini
elles	ont	fini

réussir
→ **réussi** + avoir

j'	ai	réussi
tu	as	réussi
il	a	réussi
elle	a	réussi
nous	avons	réussi
vous	avez	réussi
ils	ont	réussi
elles	ont	réussi

sortir
→ **sorti** + être

je	suis	sorti(e)
tu	es	sorti(e)
il	est	sorti .
elle	est	sortie
nous	sommes	sorti(e)s
vous	êtes	sorti(e)s
ils	sont	sortis
elles	sont	sorties

venir
→ **venu** + être

je	suis	venu(e)
tu	es	venu(e)
il	est	venu
elle	est	venue
nous	sommes	venu(e)s
vous	êtes	venu(e)s
ils	sont	venus
elles	sont	venues

devoir
→ **dû** + avoir

j'	ai	dû
tu	as	dû
il	a	dû .
elle	a	dû
nous	avons	dû
vous	avez	dû
ils	ont	dû
elles	ont	dû

savoir
→ **su** + avoir

j'	ai	su
tu	as	su
il	a	su
elle	a	su
nous	avons	su
vous	avez	su
ils	ont	.su
elles	ont	su

connaître
→ **connu** + avoir

j'	ai	connu
tu	as	connu
il	a	connu
elle	a	connu
nous	avons	connu
vous	avez	connu
ils	ont	connu
elles	ont	connu

attendre
→ **attendu** + avoir

j'	ai	attendu
tu	as	attendu
il	a	attendu
elle	a	attendu
nous	avons	attendu
vous	avez	attendu
ils	ont	attendu
elles	ont	attendu

apprendre
→ appris + avoir
j'ai appris
il a appris
ils ont appris

s'asseoir
→ assis + être
je me suis assis(e)
tu t'es assis(e)
il s'est assis
elle s'est assise
elles se sont assises

boire
→ bu + avoir
j'ai bu
il a bu
elles ont bu

choisir
→ choisi + avoir
j'ai choisi

comprendre
→ compris + avoir
elle a compris

conduire
→ conduit + avoir
il a conduit
nous avons conduit

courir
→ couru + avoir
j'ai couru
elle a couru

croire
→ cru + avoir
j'ai cru
elles ont cru

découvrir
→ découvert + avoir
j'ai découvert
ils ont découvert

décrire
→ décrit + avoir
ils ont décrit

défendre
→ défendu + avoir
il a défendu
ils ont défendu

descendre
→ descendu + être
elle est descendue

dire
→ dit + avoir
j'ai dit
il a dit
elle a dit

dormir
→ dormi + avoir
j'ai dormi
il a dormi
elle a dormi

écrire
→ écrit + avoir
j'ai écrit
nous avons écrit
ils ont écrit

entendre
→ entendu + avoir
j'ai entendu
vous avez entendu
ils ont entendu

envoyer
→ envoyé + avoir
j'ai envoyé
il a envoyé
ils ont envoyé

lire
→ lu + avoir
j'ai lu
nous avons lu

mettre
→ mis + avoir
j'ai mis
tu as mis
elle a mis

mourir → mort + être il est mort elle est morte ils sont morts elles sont mortes **ouvrir** → ouvert + avoir j'ai ouvert il a ouvert elle a ouvert **partir** → parti + être je suis parti(e) il est parti elle est partie ils sont partis elles sont parties **perdre** → perdu + avoir j'ai perdu nous avons perdu vous avez perdu **plaire** → plu + avoir il a plu elle a plu **pleuvoir** → plu + avoir	il a plu **pouvoir** → pu + avoir j'ai pu tu as pu elle a pu nous avons pu **prendre** → pris + avoir j'ai pris elle a pris nous avons pris **promettre** → promis + avoir j'ai promis il a promis vous avez promis **recevoir** → reçu + avoir j'ai reçu nous avons reçu **réfléchir** → réfléchi + avoir j'ai réfléchi il a réfléchi nous avons réfléchi **remplir** → rempli + avoir j'ai rempli	**rendre** → rendu + avoir j'ai rendu il a rendu nous avons rendu **répondre** → répondu + avoir j'ai répondu elle a répondu nous avons répondu **réussir** → réussi + avoir j'ai réussi nous avons réussi **rire** → ri + avoir il a ri elle a ri **savoir** → su + avoir j'ai su nous avons su **sortir** → sorti + être je suis sorti(e) il est sorti elle est sortie nous sommes sorti(e)s	**tenir** → tenu + avoir j'ai tenu elle a tenu **vendre** → vendu + avoir j'ai vendu il a vendu nous avons vendu **venir** → venu + être je suis venu(e) tu es venu(e) elle est venue vous êtes venu(e) ils sont venus **vivre** → vécu + avoir j'ai vécu nous avons vécu **voir** → vu + avoir j'ai vu elle a vu nous avons vu **vouloir** → voulu + avoir j'ai voulu il a voulu elle a voulu

45   *Exemples*

Il est allé à Tahiti. *Elle est allée* en Grèce. *Nous avons visité* Paris *Je suis descendue* à l'hôtel. Pierre *a disparu.* *Ils ont passé* huit jours à Anvers. *Je suis* bien *arrivé* à Montréal. *J'ai vu* ta femme au cinéma. *On a trouvé* le film excellent. *Ils se sont salués.* Barbara *a ouvert* les yeux, *elle a vu* l'infirmière.	*Vous avez compris?* *Vous êtes allés* au casino? Qu'est-ce que *vous avez fait?* Qu'est-ce qui *a changé* dans votre vie? *Tu as fait* du piano? Où *avez-vous appris* le français? Elle n'*a* pas *vu* la voiture. Nous ne *sommes* pas *allés* au casino. Je ne *suis* pas *partie.* Je n'*ai* pas *répondu* à sa lettre.

46   **Le plus-que-parfait**

avoir → **eu** + avoir		être → **été** + avoir		faire → **fait** + avoir		aller → **allé** + être	
j' avais	eu	j' avais	été	j' avais	fait	j' étais	allé
tu avais	eu	tu avais	été	tu avais	fait	tu étais	allé
il avait	eu	il avait	été	il avait	fait	il était	allé
elle avait	eu	elle avait	été	elle avait	fait	elle était	allé
nous avions	eu	nous avions	été	nous avions	fait	nous étions	allé
vous aviez	eu	vous aviez	été	vous aviez	fait	vous étiez	allé
ils avaient	eu	ils avaient	été	ils avaient	fait	ils étaient	allés
elles avaient	eu	elles avaient	été	elles avaient	fait	elles étaient	allé

regarder → **regardé** + avoir		manger → **mangé** + avoir		commencer → **commencé** + avoir		appeler → **appelé** + avoir	
j' avais	regardé	j' avais	mangé	j' avais	commencé	j' avais	app
tu avais	regardé	tu avais	mangé	tu avais	commencé	tu avais	app
il avait	regardé	il avait	mangé	il avait	commencé	il avait	app
elle avait	regardé	elle avait	mangé	elle avait	commencé	elle avait	app
nous avions	regardé	nous avions	mangé	nous avions	commencé	nous avions	app
vous aviez	regardé	vous aviez	mangé	vous aviez	commencé	vous aviez	app
ils avaient	regardé	ils avaient	mangé	ils avaient	commencé	ils avaient	app
elles avaient	regardé	elles avaient	mangé	elles avaient	commencé	elles avaient	app

finir	**réussir**	**sortir**	**venir**
→ **fini** + avoir	→ **réussi** + avoir	→ **sorti** + être	→ **venu** + être
j' avais fini	j' avais réussi	j' étais sorti(e)	j' étais venu(e)
tu avais fini	tu avais réussi	tu étais sorti(e)	tu étais venu(e)
il avait fini	il avait réussi	il était sorti	il était venu
elle avait fini	elle avait réussi	elle était sortie	elle était venue
nous avions fini	nous avions réussi	nous étions sorti(e)s	nous étions venu(e)s
vous aviez fini	vous aviez réussi	vous étiez sorti(e)s	vous étiez venu(e)s
ils avaient fini	ils avaient réussi	ils étaient sortis	ils étaient venus
elles avaient fini	elles avaient réussi	elles étaient sorties	elles étaient venues

devoir	**savoir**	**connaître**	**attendre**
→ **dû** + avoir	→ **su** + avoir	→ **connu** + avoir	→ **attendu** + avoir
j' avais dû	j' avais su	j' avais connu	j' avais attendu
tu avais dû	tu avais su	tu avais connu	tu avais attendu
il avait dû	il avait su	il avait connu	il avait attendu
elle avait dû	elle avait su	elle avait connu	elle avait attendu
nous avions dû	nous avions su	nous avions connu	nous avions attendu
vous aviez dû	vous aviez su	vous aviez connu	vous aviez attendu
ils avaient dû	ils avaient su	ils avaient connu	ils avaient attendu
elles avaient dû	elles avaient su	elles avaient connu	elles avaient attendu

---

Plus-que-parfait = imparfait du verbe avoir ou être + participe passé

apprendre → appris + avoir	**descendre** → descendu + être	**perdre** → perdu + avoir	**réussir** → réussi + avoir
s'asseoir → assis + être	**dire** → dit + avoir	**plaire** → plu + avoir	**rire** → ri + avoir
boire → bu + avoir	**dormir** → dormi + avoir	**pleuvoir** → plu + avoir	**savoir** → su + avoir
choisir → choisi + avoir	**écrire** → écrit + avoir	**pouvoir** → pu + avoir	**sortir** → sorti + être
comprendre → compris + avoir	**entendre** → entendu + avoir	**prendre** → pris + avoir	**tenir** → tenu + avoir
conduire → conduit + avoir	**envoyer** → envoyé + avoir	**promettre** → promis + avoir	**vendre** → vendu + avoir
courir → couru + avoir	**lire** → lu + avoir	**recevoir** → reçu + avoir	**venir** → venu + être
croire → cru + avoir	**mettre** → mis + avoir	**réfléchir** → réfléchi + avoir	**vivre** → vécu + avoir
découvrir → découvert + avoir	**mourir** → mort + être	**remplir** → rempli + avoir	**voir** → vu + avoir
décrire → décrit + avoir	**ouvrir** → ouvert + avoir	**rendre** → rendu + avoir	**vouloir** → voulu + avoir
défendre → défendu + avoir	**partir** → parti + être	**répondre** → répondu + avoir	

---

47   *Exemples*

Quand je suis arrivé, *ils étaient* déjà *partis*.

Elle ferma brusquement la porte qu'*elle avait laissée* ouverte.

Nous étions déjà dans le train quand nous avons remarqué que *nous avions perdu* nos clés.

Avant d'habiter à Genève, *il avait vécu* à Montréal.

Il s'était à peine *couché* que le téléphone sonnait.

Je t'avais pourtant *écrit* de venir le plus vite possible !

Le secrétaire de Monsieur Dargand *avait* bien *compris* que son patron ne voulait pas parler du dossier Mérinaud.

Pierre n'*avait* jamais *été* au chômage, c'est pourquoi il était si inquiet.

J'étais venu simplement pour vous dire au revoir.

Les paquets *avaient* pourtant *été mis* à la poste le jour même où vous m'avez téléphoné.

Paul m'a demandé pourquoi *tu n'étais* pas *allé* le voir.

Il avait plu toute la journée, c'est pourquoi ils décidèrent de rentrer de vacances.

Si *tu avais vu* la voiture à temps, tu aurais évité l'accident.

Si *j'avais su*, je ne serais pas venu.

Je me demande ce qu'il aurait fait s'*il avait été* à ma place.

Ah ! si *j'avais eu* plus d'argent dans ma jeunesse !

S'*il avait couru*, il n'aurait pas raté son autobus.

Si *nous avions fait* attention, nous n'aurions pas perdu nos clés.

Si *tu avais lu* le journal, tu aurais appris la nouvelle.

Elle serait sortie avec toi, si *tu lui avais demandé*.

48 Le passé simple

	avoir	être	faire	aller
elle, on	il eut	il fut	il fit	il alla
elles	ils eurent	ils furent	ils firent	ils allèrent

	regarder	manger	commencer	appeler
elle, on	il regarda	il mangea	il commença	il appela
elles	ils regardèrent	ils mangèrent	ils commencèrent	ils appelèrent

	finir	réussir	sortir	venir
elle, on	il finit	il réussit	il sortit	il vint
elles	ils finirent	ils réussirent	ils sortirent	ils vinrent

	devoir	savoir	connaître	attendre
elle, on	il dut	il sut	il connut	il attendit
elles	ils durent	ils surent	ils connurent	ils attendirent

apprendre
il apprit
ils apprirent
s'asseoir
il s'assit
ils s'assirent
boire
il but
ils burent
choisir
il choisit
ils choisirent
comprendre
il comprit
ils comprirent
conduire
il conduisit
ils conduisirent
courir
il courut
ils coururent
croire
il crut
ils crurent

découvrir
il découvrit
décrire
→ écrire
défendre
→ attendre
descendre
→ attendre
dire
il dit
dormir
il dormit
écrire
il écrivit
entendre
→ attendre
envoyer
il envoya
ils envoyèrent
lire
il lut
mettre
il mit

mourir
il mourut
ouvrir
il ouvrit
partir
il partit
ils partirent
perdre
il perdit
plaire
il plut
pleuvoir
il plut
pouvoir
il put
prendre
il prit
promettre
→ mettre
recevoir
il reçut
réfléchir
il réfléchit
remplir
→ finir

répondre
il répondit
réussir
il réussit
ils réussirent
rire
il rit
savoir
il sut
tenir
il tint
ils tinrent
vendre
→ attendre
venir
il vint
ils vinrent
vivre
il vécut
voir
il vit
vouloir
il voulut
ils voulurent

49 *Exemples*

Pour une fois, l'avion *partit* à l'heure.
Ils *vécurent* heureux et *eurent* beaucoup d'enfants.
Einstein *mourut* en 1955.
Ils leur *dirent* au revoir et personne ne les *revit* plus jamais.
Delphine *s'assit* en face de lui, le *regarda* longuement dans les yeux et ne *dit* rien.
Quand il *voulut* prendre la parole, tout le monde *se leva* et *quitta* la salle.
Elle prit sa main et l'*embrassa*.

Pendant qu'ils cherchaient du bois sec, l'ora *éclata*.
A son arrivée, *il se passa* une chose bizarre : murs *commencèrent* à trembler.
Il était tellement fatigué, qu'*il ne se réveilla* q midi.
C'était une belle nuit de printemps et *elle atter* jusqu'à minuit. Mais *il arriva* à une heure.
Le voleur *fut interrogé* toute la nuit par trois p ciers mais *il n'avoua* rien.

50 Le futur

	avoir	être	faire	aller
	j' aurai	je serai	je ferai	j' irai
	tu auras	tu seras	tu feras	tu iras
elle, on	il aura	il sera	il fera	il ira
	nous aurons	nous serons	nous ferons	nous irons
	vous aurez	vous serez	vous ferez	vous irez
elles	ils auront	ils seront	ils feront	ils iront

	regarder		**manger**		**commencer**		**appeler**
	je	regarder**ai**	je	manger**ai**	je	commencer**ai**	j'	appeller**ai**
	tu	regarder**as**	tu	manger**as**	tu	commencer**as**	tu	appeller**as**
elle, on	il	regarder**a**	il	manger**a**	il	commencer**a**	il	appeller**a**
	nous	regarder**ons**	nous	manger**ons**	nous	commencer**ons**	nous	appeller**ons**
	vous	regarder**ez**	vous	manger**ez**	vous	commencer**ez**	vous	appeller**ez**
elles	ils	regarder**ont**	ils	manger**ont**	ils	commencer**ont**	ils	appeller**ont**

	finir		**réussir**		**sortir**		**venir**
	je	finir**ai**	je	réussir**ai**	je	sortir**ai**	je	viendr**ai**
	tu	finir**as**	tu	réussir**as**	tu	sortir**as**	tu	viendr**as**
elle, on	il	finir**a**	il	réussir**a**	il	sortir**a**	il	viendr**a**
	nous	finir**ons**	nous	réussir**ons**	nous	sortir**ons**	nous	viendr**ons**
	vous	finir**ez**	vous	réussir**ez**	vous	sortir**ez**	vous	viendr**ez**
elles	ils	finir**ont**	ils	réussir**ont**	ils	sortir**ont**	ils	viendr**ont**

	devoir		**savoir**		**connaître**		**attendre**
	je	devr**ai**	je	saur**ai**	je	connaîtr**ai**	j'	attendr**ai**
	tu	devr**as**	tu	saur**as**	tu	connaîtr**as**	tu	attendr**as**
elle, on	il	devr**a**	il	saur**a**	il	connaîtr**a**	il	attendr**a**
	nous	devr**ons**	nous	saur**ons**	nous	connaîtr**ons**	nous	attendr**ons**
	vous	devr**ez**	vous	saur**ez**	vous	connaîtr**ez**	vous	attendr**ez**
elles	ils	devr**ont**	ils	saur**ont**	ils	connaîtr**ont**	ils	attendr**ont**

Au futur,
les terminaisons
sont toujours

R + **ai**
    as
    a
R + **ons**
    ez
    ont

apprendre
j'apprendrai
vous apprendrez
s'asseoir
je m'assiérai
vous vous assiérez
boire
je boirai
il boira
choisir
tu choisiras
ils choisiront
comprendre
nous comprendrons
ils comprendront
conduire
je conduirai
elle conduira
courir
je courrai
il courra
croire
je croirai
elle croira
découvrir
il découvrira
elles découvriront
décrire
tu décriras
défendre
nous défendrons

descendre
je descendrai
nous descendrons
dire
je dirai
elle dira
ils diront
dormir
je dormirai
il dormira
écrire
nous écrirons
vous écrirez
entendre
j'entendrai
tu entendras
envoyer
j'enverrai
il enverra
nous enverrons
elles enverront
lire
je lirai
nous lirons
mettre
tu mettras
il mettra
mourir
il mourra
ils mourront

ouvrir
j'ouvrirai
ils ouvriront
partir
je partirai
il partira
nous partirons
perdre
je perdrai
il perdra
plaire
elle plaira
pleuvoir
il pleuvra
pouvoir
je pourrai
nous pourrons
prendre
tu prendras
vous prendrez
promettre
il promettra
vous promettrez
recevoir
je recevrai
elle recevra
ils recevront
réfléchir
je réfléchirai
remplir
tu rempliras

rendre
je rendrai
réussir
je réussirai
rire
nous rirons
savoir
je saurai
il saura
nous saurons
sortir
je sortirai
nous sortirons
tenir
je tiendrai
il tiendra
nous tiendrons
vendre
je vendrai
venir
je viendrai
tu viendras
nous viendrons
vivre
je vivrai
voir
je verrai
nous verrons
vouloir
je voudrai
il voudra

---

51   *Exemples*

Nous irons à Paris en juillet.
Je prendrai mes vacances en septembre.
Notre horaire *changera*.
Je t'*écrirai* demain.
Nous vous *montrerons* des modèles sensationnels.
A Paris, *vous pourrez* visiter les musées.

Tu viendras avec nous?
Vous inviterez les Girard?
Vous nous *téléphonerez* demain?
Vous habiterez où?
Quand est-ce que *vous prendrez* vos vacances?

Il ne *fumera* plus.
Il ne *boira* plus d'alcool.
Cette année, *nous* ne *partirons* pas.

Vous ne *viendrez* pas avec nous?
Tu ne *prendras* pas ta voiture?
Elle n'*apportera* pas ses photos?

On emploie aussi le présent pour exprimer le futur :
On part demain.
On rentre dans un mois.
On y *va* l'année prochaine.
Je ne *peux* pas venir la semaine prochaine.

52 Le futur antérieur

avoir
→ **eu** + avoir
j'   aurai   eu
tu   auras   eu
il   aura   eu
elle   aura   eu
nous   aurons   eu
vous   aurez   eu
ils   auront   eu
elles   auront   eu

être
→ **été** + avoir
j'   aurai   été
tu   auras   été
il   aura   été
elle   aura   été
nous   aurons   été
vous   aurez   été
ils   auront   été
elles   auront   été

faire
→ **fait** + avoir
j'   aurai   fait
tu   auras   fait
il   aura   fait
elle   aura   fait
nous   aurons   fait
vous   aurez   fait
ils   auront   fait
elles   auront   fait

aller
→ **allé** + être
je   serai   allé(e)
tu   seras   allé(e)
il   sera   allé
elle   sera   allée
nous   serons   allé(e)s
vous   serez   allé(e)s
ils   seront   allés
elles   seront   allées

regarder
→ **regardé** + avoir
j'   aurai   regardé
tu   auras   regardé
il   aura   regardé
elle   aura   regardé
nous   aurons   regardé
vous   aurez   regardé
ils   auront   regardé
elles   auront   regardé

manger
→ **mangé** + avoir
j'   aurai   mangé
tu   auras   mangé
il   aura   mangé
elle   aura   mangé
nous   aurons   mangé
vous   aurez   mangé
ils   auront   mangé
elles   auront   mangé

commencer
→ **commencé** + avoir
j'   aurai   commencé
tu   auras   commencé
il   aura   commencé
elle   aura   commencé
nous   aurons   commencé
vous   aurez   commencé
ils   auront   commencé
elles   auront   commencé

appeler
→ **appelé** + avoir
j'   aurai   appelé
tu   auras   appelé
il   aura   appelé
elle   aura   appelé
nous   aurons   appelé
vous   aurez   appelé
ils   auront   appelé
elles   auront   appelé

finir
→ **fini** + avoir
j'   aurai   fini
tu   auras   fini
il   aura   fini
elle   aura   fini
nous   aurons   fini
vous   aurez   fini
ils   auront   fini
elles   auront   fini

réussir
→ **réussi** + avoir
j'   aurai   réussi
tu   auras   réussi
il   aura   réussi
elle   aura   réussi
nous   aurons   réussi
vous   aurez   réussi
ils   auront   réussi
elles   auront   réussi

sortir
→ **sorti** + être
je   serai   sorti(e)
tu   seras   sorti(e)
il   sera   sorti
elle   sera   sortie
nous   serons   sorti(e)s
vous   serez   sorti(e)s
ils   seront   sortis
elles   seront   sorties

venir
→ **venu** + être
je   serai   venu(e)
tu   seras   venu(e)
il   sera   venu
elle   sera   venue
nous   serons   venu(e)s
vous   serez   venu(e)s
ils   seront   venus
elles   seront   venues

devoir
→ **dû** + avoir
j'   aurai   dû
tu   auras   dû
il   aura   dû
elle   aura   dû
nous   aurons   dû
vous   aurez   dû
ils   auront   dû
elles   auront   dû

savoir
→ **su** + avoir
j'   aurai   su
tu   auras   su
il   aura   su
elle   aura   su
nous   aurons   su
vous   aurez   su
ils   auront   su
elles   auront   su

connaître
→ **connu** + avoir
j'   aurai   connu
tu   auras   connu
il   aura   connu
elle   aura   connu
nous   aurons   connu
vous   aurez   connu
ils   auront   connu
elles   auront   connu

attendre
→ **attendu** + avoir
j'   aurai   attendu
tu   auras   attendu
il   aura   attendu
elle   aura   attendu
nous   aurons   attendu
vous   aurez   attendu
ils   auront   attendu
elles   auront   attendu

Futur antérieur =
futur du verbe
avoir ou **être**
+ participe passé

apprendre
→ appris + avoir
s'asseoir
→ assis + être
boire
→ bu + avoir
choisir
→ choisi + avoir
comprendre
→ compris + avoir
conduire
→ conduit + avoir
courir
→ couru + avoir
croire
→ cru + avoir
découvrir
→ découvert + avoir
décrire
→ décrit + avoir
défendre
→ défendu + avoir

descendre
→ descendu + être
dire
→ dit + avoir
dormir
→ dormi + avoir
écrire
→ écrit + avoir
entendre
→ entendu + avoir
envoyer
→ envoyé + avoir
lire
→ lu + avoir
mettre
→ mis + avoir
mourir
→ mort + être
ouvrir
→ ouvert + avoir
partir
→ parti + être

perdre
→ perdu + avoir
plaire
→ plu + avoir
pleuvoir
→ plu + avoir
pouvoir
→ pu + avoir
prendre
→ pris + avoir
promettre
→ promis + avoir
recevoir
→ reçu + avoir
réfléchir
→ réfléchi + avoir
remplir
→ rempli + avoir
rendre
→ rendu + avoir
répondre
→ répondu + avoir

réussir
→ réussi + avoir
rire
→ ri + avoir
savoir
→ su + avoir
sortir
→ sorti + être
tenir
→ tenu + avoir
vendre
→ vendu + avoir
venir
→ venu + être
vivre
→ vécu + avoir
voir
→ vu + avoir
vouloir
→ voulu + avoir

Exemples

Quand *tu auras mangé* toute cette viande, tu n'auras certainement plus faim.

Quand *vous aurez lu* ce livre, vous saurez tout sur Picasso.

Elle sera déjà *partie* quand tu arriveras.

Tu ne pourras donner ton avis que quand *tu auras vu* le film.

Faites-moi signe quand *vous aurez compris.*

Je répondrai à sa lettre quand *j'aurai terminé* mon travail.

Dites à Madame Gautier qu'elle peut venir la semaine prochaine, ma femme *sera* alors *rentrée* de vacances.

Quand *il aura pris* ses vacances, il sera un peu plus aimable.

Quand le bois *aura été coupé,* nous pourrons allumer un feu de cheminée.

Téléphone-moi, mais seulement quand *tu auras décidé* ce que tu veux faire.

Je pense que *vous aurez fini* avant nous.

Je suppose qu'*ils auront* déjà *commencé.*

Ils ne sont toujours pas là. Le train *aura eu* du retard.

Va vite me chercher mes lunettes. *Je les aurai laissées* dans la voiture.

Elle aura oublié notre rendez-vous. Moi, je n'attends plus. Je rentre.

54 Le conditionnel présent

	avoir		**être**		**faire**		**aller**
	j' aur**ais**		je ser**ais**		je fer**ais**		j' ir**ais**
	tu aur**ais**		tu ser**ais**		tu fer**ais**		tu ir**ais**
elle, on	il aur**ait**		il ser**ait**		il fer**ait**		il ir**ait**
	nous aur**ions**		nous ser**ions**		nous fer**ions**		nous ir**ions**
	vous aur**iez**		vous ser**iez**		vous fer**iez**		vous ir**iez**
elles	ils aur**aient**		ils ser**aient**		ils fer**aient**		ils ir**aient**

	regarder		**manger**		**commencer**		**appeler**
	je regarder**ais**		je manger**ais**		je commencer**ais**		j' appeller**ais**
	tu regarder**ais**		tu manger**ais**		tu commencer**ais**		tu appeller**ais**
elle, on	il regarder**ait**		il manger**ait**		il commencer**ait**		il appeller**ait**
	nous regarder**ions**		nous manger**ions**		nous commencer**ions**		nous appeller**ions**
	vous regarder**iez**		vous manger**iez**		vous commencer**iez**		vous appeller**iez**
elles	ils regarder**aient**		ils manger**aient**		ils commencer**aient**		ils appeller**aient**

	finir		**réussir**		**sortir**		**venir**
	je finir**ais**		je réussir**ais**		je sortir**ais**		je viendr**ais**
	tu finir**ais**		tu réussir**ais**		tu sortir**ais**		tu viendr**ais**
elle, on	il finir**ait**		il réussir**ait**		il sortir**ait**		il viendr**ait**
	nous finir**ions**		nous réussir**ions**		nous sortir**ions**		nous viendr**ions**
	vous finir**iez**		vous réussir**iez**		vous sortir**iez**		vous viendr**iez**
elles	ils finir**aient**		ils réussir**aient**		ils sortir**aient**		ils viendr**aient**

	devoir		**savoir**		**connaître**		**attendre**
	je devr**ais**		je saur**ais**		je connaîtr**ais**		j' attendr**ais**
	tu devr**ais**		tu saur**ais**		tu connaîtr**ais**		tu attendr**ais**
elle, on	il devr**ait**		il saur**ait**		il connaîtr**ait**		il attendr**ait**
	nous devr**ions**		nous saur**ions**		nous connaîtr**ions**		nous attendr**ions**
	vous devr**iez**		vous saur**iez**		vous connaîtr**iez**		vous attendr**iez**
elles	ils devr**aient**		ils saur**aient**		ils connaîtr**aient**		ils attendr**aient**

Pour trouver
le conditionnel,
prendre le futur :
j'aime**R**ai
nous attend**R**ons
et, après **R,**
mettre les terminaisons
de l'imparfait :
j'aime**Rais**
nous attend**Rions**

apprendre
j'apprendrais
s'asseoir
je m'assiérais
boire
je boirais
choisir
je choisirais
comprendre
je comprendrais
conduire
je conduirais
couvrir
je couvrirais
croire
je croirais
découvrir
je découvrirais
décrire
je décrirais
défendre
je défendrais

descendre
je descendrais
dire
je dirais
dormir
je dormirais
écrire
j'écrirais
entendre
j'entendrais
envoyer
j'enverrais
lire
je lirais
mettre
je mettrais
mourir
je mourrais
ouvrir
j'ouvrirais
partir
je partirais

perdre
je perdrais
plaire
je plairais
pleuvoir
il pleuvrait
pouvoir
je pourrais
prendre
je prendrais
promettre
je promettrais
recevoir
je recevrais
réfléchir
je réfléchirais
remplir
je remplirais
rentrer
je rentrerais
répondre
je répondrais

réussir
je réussirais
rire
je rirais
savoir
je saurais
sortir
je sortirais
tenir
je tiendrais
vendre
je vendrais
venir
je viendrais
vivre
je vivrais
voir
je verrais
vouloir
je voudrais

Exemples

J'aimerais deux timbres.
Je voudrais vingt litres d'essence.
J'aimerais vivre dans une grande maison.
Lui, il voudrait vivre en ville.
Ça va, mais ça pourrait aller mieux.
J'emporterais mes livres.
Lui, il irait au Portugal.
A sa place, je ferais du sport.
On pourrait faire un pique-nique.

Qu'emporteriez-vous?
Il ne prendrait rien.

Je ne voudrais pas quitter la France.
Elle ne pourrait pas vivre seule.
Je n'aimerais pas vivre à la campagne.

Quel métier choisirais-tu?
Avec qui aimeriez-vous faire un voyage?
Qu'est-ce que tu aimerais faire dimanche?
Tu partirais quand?

Tu n'aimerais pas vivre au Canada?
Tu ne voudrais pas venir avec moi?
Il ne pourrait pas conduire?
Vous ne voudriez pas sortir?

56 Le conditionnel passé

avoir		
→ **eu** + avoir		
j'	aurais	eu
tu	aurais	eu
il	aurait	eu
elle	aurait	eu
nous	aurions	eu
vous	auriez	eu
ils	auraient	eu
elles	auraient	eu

être		
→ **été** + avoir		
j'	aurais	été
tu	aurais	été
il	aurait	été
elle	aurait	été
nous	aurions	été
vous	auriez	été
ils	auraient	été
elles	auraient	été

faire		
→ **fait** + avoir		
j'	aurais	fait
tu	aurais	fait
il	aurait	fait
elle	aurait	fait
nous	aurions	fait
vous	auriez	fait
ils	auraient	fait
elles	auraient	fait

aller		
→ **allé** + être		
je	serais	allé
tu	serais	allé
il	serait	allé
elle	serait	allé
nous	serions	allé
vous	seriez	allé
ils	seraient	allé
elles	seraient	allé

regarder		
→ **regardé** + avoir		
j'	aurais	regardé
tu	aurais	regardé
il	aurait	regardé
elle	aurait	regardé
nous	aurions	regardé
vous	auriez	regardé
ils	auraient	regardé
elles	auraient	regardé

manger		
→ **mangé** + avoir		
j'	aurais	mangé
tu	aurais	mangé
il	aurait	mangé
elle	aurait	mangé
nous	aurions	mangé
vous	auriez	mangé
ils	auraient	mangé
elles	auraient	mangé

commencer		
→ **commencé** + avoir		
j'	aurais	commencé
tu	aurais	commencé
il	aurait	commencé
elle	aurait	commencé
nous	aurions	commencé
vous	auriez	commencé
ils	auraient	commencé
elles	auraient	commencé

appeler		
→ **appelé** + avoir		
j'	aurais	app
tu	aurais	app
il	aurait	app
elle	aurait	app
nous	aurions	app
vous	auriez	app
ils	auraient	app
elles	auraient	app

finir		
→ **fini** + avoir		
j'	aurais	fini
tu	aurais	fini
il	aurait	fini
elle	aurait	fini
nous	aurions	fini
vous	auriez	fini
ils	auraient	fini
elles	auraient	fini

réussir		
→ **réussi** + avoir		
j'	aurais	réussi
tu	aurais	réussi
il	aurait	réussi
elle	aurait	réussi
nous	aurions	réussi
vous	auriez	réussi
ils	auraient	réussi
elles	auraient	réussi

sortir		
→ **sorti** + être		
je	serais	sorti(e)
tu	serais	sorti(e)
il	serait	sorti
elle	serait	sortie
nous	serions	sorti(e)s
vous	seriez	sorti(e)s
ils	seraient	sortis
elles	seraient	sorties

venir		
→ **venu** + être		
je	serais	ven
tu	serais	ven
il	serait	ven
elle	serait	ven
nous	serions	ven
vous	seriez	ven
ils	seraient	ven
elles	seraient	ven

devoir		
→ **dû** + avoir		
j'	aurais	dû
tu	aurais	dû
il	aurait	dû
elle	aurait	dû
nous	aurions	dû
vous	auriez	dû
ils	auraient	dû
elles	auraient	dû

savoir		
→ **su** + avoir		
j'	aurais	su
tu	aurais	su
il	aurait	su
elle	aurait	su
nous	aurions	su
vous	auriez	su
ils	auraient	su
elles	auraient	su

connaître		
→ **connu** + avoir		
j'	aurais	connu
tu	aurais	connu
il	aurait	connu
elle	aurait	connu
nous	aurions	connu
vous	auriez	connu
ils	auraient	connu
elles	auraient	connu

attendre		
→ **attendu** + avoi		
j'	aurais	att
tu	aurais	att
il	aurait	att
elle	aurait	att
nous	aurions	att
vous	auriez	att
ils	auraient	att
elles	auraient	att

Conditionnel passé =
conditionnel du
verbe **avoir** ou
être + participe passé

apprendre
→ appris + avoir
s'asseoir
→ assis + être
boire
→ bu + avoir
choisir
→ choisi + avoir
comprendre
→ compris + avoir

conduire
→ conduit + avoir
courir
→ couru + avoir
croire
→ cru + avoir
découvrir
→ découvert + avoir
décrire
→ décrit + avoir

défendre
→ défendu + avoir
descendre
→ descendu + être
dire
→ dit + avoir
dormir
→ dormi + avoir
écrire
→ écrit + avoir

entendre
→ entendu + avoir
envoyer
→ envoyé + avoir
lire
→ lu + avoir
mettre
→ mis + avoir
mourir
→ mort + être

ouvrir → ouvert + avoir **partir** → parti + être **perdre** → perdu + avoir **plaire** → plu + avoir **pleuvoir** → plu + avoir **pouvoir** → pu + avoir	**prendre** → pris + avoir **promettre** → promis + avoir **recevoir** → reçu + avoir **réfléchir** → réfléchi + avoir **remplir** → rempli + avoir **rendre** → rendu + avoir	**répondre** → répondu + avoir **réussir** → réussi + avoir **rire** → ri + avoir **savoir** → su + avoir **sortir** → sorti + être **tenir** → tenu + avoir	**vendre** → vendu + avoir **venir** → venu + être **vivre** → vécu + avoir **voir** → vu + avoir **vouloir** → voulu + avoir

57   *Exemples*

Tu *aurais dû* me téléphoner.
Sans notre aide, *vous auriez* tout *perdu*.
Est-ce que *tu aurais voulu* devenir médecin?
Elle aurait aimé voyager dans le monde entier, mais elle n'avait pas d'argent.
Vous auriez fait cela pour nous !
J'aurais préféré recevoir une vidéo plutôt qu'un appareil de photo.
Ils auraient tellement *aimé* faire votre connaissance.

On dit que le nouveau président *aurait été assassiné*.
J'ai entendu dire que le record des 100 mètres *aurait été battu* par un Belge.
Il prétend que sa femme l'*aurait quitté*.
Moi, *je vous aurais promis* cela, jamais de la vie !
Aux dernières nouvelles, *il y aurait eu* 502 blessés.

Il a dit qu'il reviendrait quand tout *aurait été installé*.
Je croyais qu'il ne t'écrirait que quand *il aurait pris* le temps de réfléchir.

On a annoncé que le départ serait retardé jusqu'au moment où tous les passagers *auraient passé* la douane.
Il m'a dit qu'il te saluerait à nouveau quand *tu* lui *aurais rendu* tout son argent.
Vous saviez bien que *nous* n'*aurions* pas *terminé* le repas à l'heure prévue.

Si elle avait eu de l'argent, *elle aurait voyagé* dans le monde entier.
Si nous avions fait attention, *nous* n'*aurions* pas *perdu* nos clés.
Ils seraient restés peut-être plus longtemps, si nous avions insisté.
Si vous aviez su ce qui vous attendait, *seriez-vous* quand même *allé* en Afrique?
Il serait quand même *parti*, même si la météo avait été mauvaise.
Si tu m'avais averti plus tôt, *j'aurais pu* m'organiser.
S'il avait fait beau, *nous ne serions* pas *rentrés*.
Les poissons *auraient été* plus frais, s'ils avaient été envoyés un jour plus tôt.

58 L'impératif

avoir aie ayons ayez	**être** sois soyons soyez	**faire** fais faisons faites	**aller** va allons allez
regarder regarde regardons regardez	**manger** mange mangeons mangez	**commencer** commence commençons commencez	**appeler** appelle appelons appelez
finir finis finissons finissez	**réussir** réussis réussissons réussissez	**sortir** sors sortons sortez	**venir** viens venons venez
devoir dois devons devez	**savoir** sache sachons sachez	**connaître** connais connaissons connaissez	**attendre** attends attendons attendez

apprendre apprends apprenez **s'asseoir** assieds-toi asseyez-vous	**boire** bois buvez **choisir** choisis choisissez	**comprendre** comprenons comprenez **conduire** conduis conduisez	**couvrir** couvrez **croire** crois croyez **découvrir** découvrez

décrire	**lire**	**prendre**	**rire**
décrivez	lis	prends	ris
défendre	lisez	prenons	rions
défendez	**mettre**	prenez	**savoir**
descendre	mets	**promettre**	sachez
descends	mettons	promets	**sortir**
descendons	**mourir**	promettez	sors
descendez	mourons	**recevoir**	sortons
dire	**ouvrir**	reçois	sortez
dis	ouvre	recevez	**tenir**
disons	ouvrez	**réfléchir**	tiens
dites	**partir**	réfléchis	tenez
dormir	pars	réfléchissez	**vendre**
dors	partez	**remplir**	vends
dormez	**perdre**	remplissez	vendez
écrire	perds	**rendre**	**venir**
écris	perdons	rends	viens
écrivez	**plaire**	rendez	venez
entendre	plais	**répondre**	**vivre**
entends	**pouvoir**	réponds	vivons
envoyer	pouvons	répondez	**voir**
envoie	pouvez	**réussir**	voyez
envoyez		réussissez	

59 *Exemples*

Écoutez et *répétez*.
Regardez la page 12.
Trouvez dans le livre cinq exemples.
Soulignez les mots.
Faites aussi connaissance.
Venez nous voir.
Enregistrez-les.

Attends-moi à huit heures.
Accompagne-moi à la gare.

N'*oubliez* pas les verbes.
Ne *partez* pas sans moi.
Ne *pars* pas en voiture.
Ne *fumez* plus.

60 Le subjonctif présent

que/qu' elle, on ... elles	**avoir**		**être**		**faire**		**aller**	
	j'	aie	je	sois	je	fasse	j'	aille
	tu	aies	tu	sois	tu	fasses	tu	ailles
	il	ait	il	soit	il	fasse	il	aille
	nous	ayons	nous	soyons	nous	fassions	nous	allions
	vous	ayez	vous	soyez	vous	fassiez	vous	alliez
	ils	aient	ils	soient	ils	fassent	ils	aillent

que/qu' elle, on ... elles	**regarder**		**manger**		**commencer**		**appeler**	
	je	regarde	je	mange	je	commence	j'	appelle
	tu	regardes	tu	manges	tu	commences	tu	appelles
	il	regarde	il	mange	il	commence	il	appelle
	nous	regardions	nous	mangions	nous	commencions	nous	appelions
	vous	regardiez	vous	mangiez	vous	commenciez	vous	appeliez
	ils	regardent	ils	mangent	ils	commencent	ils	appellent

que/qu' elle, on ... elles	**finir**		**réussir**		**sortir**		**venir**	
	je	finisse	je	réussisse	je	sorte	je	vienne
	tu	finisses	tu	réussisses	tu	sortes	tu	viennes
	il	finisse	il	réussisse	il	sorte	il	vienne
	nous	finissions	nous	réussissions	nous	sortions	nous	venions
	vous	finissiez	vous	réussissiez	vous	sortiez	vous	veniez
	ils	finissent	ils	réussissent	ils	sortent	ils	viennent

que/qu' elle, on ... elles	**devoir**		**savoir**		**connaître**		**attendre**	
	je	doive	je	sache	je	connaisse	j'	attende
	tu	doives	tu	saches	tu	connaisses	tu	attendes
	il	doive	il	sache	il	connaisse	il	attende
	nous	devions	nous	sachions	nous	connaissions	nous	attendions
	vous	deviez	vous	sachiez	vous	connaissiez	vous	attendiez
	ils	doivent	ils	sachent	ils	connaissent	ils	attendent

que/qu'	**apprendre** j'apprenne il apprenne nous apprenions ils apprennent	**défendre** → attendre **descendre** → attendre **dire** je dise nous disions	**partir** je parte nous partions **perdre** je perde nous perdions	**réussir** → finir **rire** je rie nous riions vous riiez
que/qu'	**s'asseoir** je m'asseye il s'asseye nous nous asseyions vous vous asseyiez ils s'asseyent	**dormir** je dorme vous dormiez **écrire** j'écrive nous écrivions	**plaire** je plaise vous plaisiez **pleuvoir** il pleuve	**savoir** je sache nous sachions **sortir** je sorte il sorte nous sortions
que/qu'	**boire** je boive il boive vous buviez	**entendre** → attendre **envoyer** j'envoie nous envoyions vous envoyiez	**pouvoir** je puisse nous puissions **prendre** je prenne il prenne nous prenions ils prennent	**tenir** je tienne tu tiennes nous tenions **vendre** → attendre
	choisir → finir **comprendre** → apprendre	**lire** je lise nous lisions	**promettre** → mettre **recevoir** je reçoive nous recevions vous receviez ils reçoivent	**venir** je vienne il vienne nous venions
que/qu'	**conduire** je conduise il conduise nous conduisions	**mettre** je mette il mette nous mettions ils mettent		**vivre** je vive vous viviez
que/qu'	**courir** je cours il coure nous courions	**mourir** je meure il meure nous mourions vous mouriez ils meurent	**réfléchir** → finir **remplir** → finir **rendre** je rende nous rendions	**voir** je voie nous voyions vous voyiez
que/qu'	**croire** je croie il croie nous croyions		**répondre** je réponde nous répondions	**vouloir** je veuille il veuille nous voulions ils veuillent
que	**découvrir** je découvre nous découvrions **décrire** → écrire	**ouvrir** tu ouvres vous ouvriez		

---

61   *Exemples*

Il faut que *tu viennes* immédiatement me voir.
Il faut absolument qu'*il connaisse* Cécile.
Il faut que *vous alliez* en Corse.
Je veux que *tu écrives* pour la remercier.
Elle voulait que *nous prenions* l'avion de huit heures, mais c'était impossible.
Il voudrait que *tu saches* qu'il t'aime encore.
J'aurais bien voulu qu'*ils viennent* avec nous.
Nous aimerions évidemment qu'*il réussisse* son examen.
Ils ne veulent pas que *vous fassiez* ce travail.
Je ne pense pas qu'*il puisse* vendre sa vieille voiture.
Je ne crois pas que *vous arriviez* à temps.
Je ne crois pas qu'*elle rentre* bientôt.
Il est indispensable que *vous soyez* présent.

Il est nécessaire que *tu aies* une cravate quand tu fais une conférence.
Il est important que *vous* ne *perdiez* pas trop de temps.
Téléphone-moi pour que *je sache* à quelle heure je dois partir.
Il travaille comme un fou pour que ses enfants *aient* une meilleure vie.
Elle a tout fait pour que le repas *soit* aussi bon que dans les meilleurs restaurants.
On l'a transporté à l'hôpital pour qu'*il soit soigné* par des spécialistes.
J'ai envoyé la lettre aujourd'hui pour que *tu* la *reçoives* après-demain.
On pourra regarder le film avant qu'*il vienne*.
Il se passera du temps avant qu'*il* le *fasse*.

---

62 La concordance des temps

Je crois qu'il habite maintenant à Paris.
        qu'il habitait à Paris quand la guerre éclata.
        qu'il a habité deux ans à Paris.
        qu'il vient de quitter Paris il y a peu de temps.
        qu'il va habiter à Paris très prochainement.
        qu'il s'habituera à la vie parisienne.

	Un jour, je saurai s'il m'aime autant qu'il le dit.
	s'il m'aimait encore quand il m'a quittée.
	s'il m'a vraiment aimée pendant toutes ces années.
	s'il avait aimé quelqu'un d'autre avant de me rencontrer.
	s'il m'aimera toujours.
Le discours	
rapporté	Il a dit qu'il habitait toujours Paris.
	qu'il avait habité à Paris avant de s'installer à Limoges.
	qu'il venait de quitter Paris récemment.
	qu'il habiterait l'année prochaine à Paris.
	qu'il allait prochainement habiter à Paris.

63 Le passif

Les verbes qui se conjuguent avec *avoir* aux temps composés peuvent, dans certains cas, employés au passif.

Le passif se construit avec le verbe **être + le participe passé.**

La police **a interrogé** le voleur.
→ Le voleur **a été interrogé** par la police.

La police **interroge** le voleur.

→ Le voleur **est interrogé par** la police.

Un avion **a été détourné** par des terroristes.
Tous les passagers **ont été reconduits** chez eux.
Le paquet **sera envoyé** demain matin.
Tous les matins, il **était réveillé par** le chant des oiseaux.

Dans les pages suivantes, vous trouverez le texte complet des dialogues, conversations et textes qui sont enregistrés sur les **cassettes pour la classe.** Les réponses attendues sont indiquées *en italiques*.

Unité 1

1

a A Je m'appelle Jörg Wälchli. Je suis un Suisse allemand. J'ai vécu maintenant pendant six ans, en Suisse romande, précisément à Neuchâtel où j'ai exercé ma profession. Malheureusement, j'avais – pendant ce temps – pas assez d'occasions de apprendre à écrire la langue française, c'est pour ça, je suis ici maintenant, pendant deux mois pour com... compléter mes connaissances euh qui qui manquaient encore.

   B Et c'est pour votre profession que vous apprenez le français ?

   A Oui, j'ai l'intention de partir pendant une certain temps, pendant un certain temps pour la Tiers-Monde pour participer à une un projet de développement.

b C Je m'appelle Anne Hunter, je viens du Canada euh j'ai appris le français à l'école pendant sept sept années mais euh il y a presque six années que j'ai eu, j'ai étudié le français, euh j'ai passé un mois à Paris et maintenant je suis ici pour encore apprendre français. (...)

   B Et vous apprenez le français euh, vous pouvez un petit peu préciser pour le pour vos études ou... ?

   C Pour pour travailler. Je pense que maintenant au Canada, il il est nécessaire de parler français.

c D Je m'appelle Cassiano Sermoud, je viens du Brésil, j'ai appris le français à l'Alliance Française, ça fait cinq ans que je que j'étudie le français. Je suis à Lausanne depuis trois mois et je suis venu à l'Eurocentre pour ap pour améliorer les connaissances de la partie écrite et dans deux mois, je commence de faire mes études de École hôtelière.

d E Je m'appelle Monique Pooters, je viens de Pays-Bas. Quand je suis venue en Suisse, il y a huit mois, euh, je peux presque pas parler le français, j'ai quand même eu deux années de.. de enseignement de français en Hollande, mais quand je suis venue ici, il y a eu euh quatre années que j'ai arrêté avec le français, alors je peux dire que c'était pas grand-chose, mais j'ai pu parler, euh.. pour moi, la langue française est très importante pour mes études après, mais pas seulement ça, mais aussi pour pour être capable de parler un une autre langue, une langue latine parce que quand même le français vient plus en plus importante, on a pensé que c'était pas comme ça, mais c'est le sens inverse, alors pour ça, je suis ici.

e F Je m'appelle Kalervo Nevalainen. Je viens de Finlande. Je suis trente-deux ans, euh, j'ai étudié français à l'école pendant trois ans et ensuite un peu à l'Université mais, à l'Université, j'ai étudié pendant – c'était à l'université de Polytechnique – et – apprendre le français, ce n'était pas nécessaire pour euh pour le profession, je l'ai fait pour moi-même euh. Et ensuite, j'ai été euh j'avais aussi une, j'ai assisté à euh un cours de de fran quelques cours de français, mais pas régulièrement.

   B En Finlande ?

   F En Finlande, oui.

   B Le soir ?

   F Le soir. Le cours du soir.

   B Souvent ?

   F Pas très souvent parce que j'ai je suis un en ce moment en travail et il n'y a pas toujours de temps, le temps.

f G Je m'appelle Eiko Sato, je viens du Japon, j'ai appris le français à l'université pendant quatre ans, après, j'ai appris le pendant trois mois à l'Institut franco-japonais, mais principal la grammaire et littérature, c'est pas pratique pour le con con conversation et je suis je viens ici pour le parler plus mieux et j'ai appris le français pour le plaisir et aussi pour le examen euh il y a un examen en novembre au Japon, c'est pour pour ça.

Page 14

Extrait de *Neptune*, Disque « Dream land » de Arsen Gedik, réf. MTS 1012.

3

1 Exemples : Vous comprenez ?
   N'oublie pas de téléphoner !
a. Est-ce que Nicole change de travail ?
b. Ce soir, Claire Doucet, la speakerine de la télévision, est d'excellente humeur.
c. Moi, j'emporterais le feu, a dit le poète.
d. Sortez d'ici !
e. Tu n'as pas faim ?
f. Vous avez quelque chose à déclarer ?
g. Regardez la page 131.
h. Il m'a demandé de venir.

2 A Comment ça va, Philippe ?
B Bien, et toi ?
A Ça va, à part le temps.
B Y'en a marre du temps.
A Tiens, voilà Godard... Tu le connais ?
B Un peu. Je croyais qu'il avait acheté un garage. Il travaille ici ?
A Tu ne sais pas ? Son garage a fait faillite au bout de trois mois.
B C'est pas facile, en ce moment et...
A C'est pas ça... Mais Godard, tu comprends, ça devait arriver avec un homme comme lui, il n'a pas le sens des affaires.

3 Exemple : A Bonjour.
   B Bonjour.
   A J'ai terriblement mal à la tête. Qu'est-ce que vous me conseillez ?
   B La plage est déserte.

Dialogue a
A Quand est-ce que vous prenez vos vacances ?
B J'ai l'intention de partir la première quinzaine de juillet.
A D'accord.

Dialogue b
A Alors, monsieur Brun, ça y est, c'est le grand départ ?
B Oui, on part demain, demain matin.
A Et vous rentrez quand ?
B On rentre dans un mois.
A Alors, bonnes vacances.
B Merci !

Dialogue c
A C'était comment ces vacances ?
B Sensationnel.
A J'imagine. Et vous avez eu beau temps ?
B Pas un nuage pendant les quinze jours.
A La cuisine est fermée.

4 Marcel est *rentré* du Pérou après avoir passé une *année* à parcourir le *pays* et à *étudier* la littérature péruvienne. Depuis son retour, il *est* mal dans sa peau. La vie *en* France lui paraît tellement artificielle et fausse par rapport à ce qu'il a *vu* et vécu *au* Pérou. Il se demande sans cesse *quels* sont les *vrais* problèmes à résoudre, ce que *cherchent* les gens dans *leur* course folle pour l'argent, le succès, le bonheur. Il a envie de tout lâcher.

5 Chers amis, je vous invite aujourd'hui à visiter Paris. Nous n'aurons sûrement pas le temps de tout voir...

Aussi pour commencer je vous propose de monter sur la Tour Eiffel, cette vieille demoiselle de fil de fer. Respectez-la car elle n'est plus très jeune. Savez-vous qu'elle aura bientôt cent ans ?...
(Écrivez au-dessus : 1889.)
Traversons maintenant la Seine pour aller nous promener dans l'avenue des Champs-Élysées. En haut vous apercevez l'Arc de Triomphe. Si nous descendons cette longue et large avenue jusqu'au bout, nous arrivons sur la Place de la Concorde. Au milieu se dresse une colonne. C'est l'Obélisque que Napoléon Bonaparte a rapporté d'Égypte. Si vous le regardez de près, vous pourrez voir qu'il est couvert de signes.
(N'y touchez pas. Contentez-vous de regarder et surtout n'inscrivez rien dessus !)

Pour continuer, que pensez-vous d'une visite au Musée du Louvre ? Si nous traversons le Jardin des Tuileries, nous y sommes tout de suite. C'est là que se trouve un des tableaux les plus célèbres du monde, la Joconde, peint par Léonard de Vinci. Un peintre surréaliste s'est amusé à ajouter des moustaches au sourire troublant de Mona Lisa.
(Essayez, vous aussi, de dessiner des moustaches sur la reproduction du célèbre tableau.)

Que c'est agréable de marcher tranquillement le long de la Seine jusqu'à l'église Notre-Dame et d'admirer ses sculptures de pierre...
Mais vous semblez un peu fatigués. Allons donc nous asseoir à la terrasse d'un café du Boulevard St-Michel. Vous pourrez vous reposer et regarder les gens passer.
(Écrivez le mot café dans l'espace vide.)

Ah ! vous aimeriez découvrir ce fameux Quartier Latin. Bien Allons-y. En remontant le Boul'Mich', vous apercevrez derrière de hautes grilles les arbres du jardin du Luxembourg. Quel calme après la foule dans la rue ! Des étudiants assis sur un banc bavardent au soleil. Au centre du jardin, des enfants autour d'un grand bassin poussent dans l'eau des petits bateaux à voile avec de longues baguettes...
(Dessinez un de ces bateaux dans le bassin.)

Que préférez-vous prendre maintenant, l'autobus ou le métro ?
Je voudrais absolument vous emmener au Centre Pompidou. Le voilà, c'est ce bâtiment moderne à l'architecture fantastique. A l'intérieur ont lieu des manifestations culturelles très variées : expositions, concerts, ballets, films, conférences... Toute la culture de notre époque y trouve sa place. A l'extérieur, c'est aussi le rendez-vous des musiciens, des jongleurs, cracheurs de feu... Tout y est permis.
(Dessinez ce que vous voulez sur le toit pour rendre l'architecture encore plus extraordinaire.)

Continuez donc sans moi. Il y a encore tant de choses à découvrir, tant de gens à rencontrer !...

Unité 2

1

1 Apprendre une langue ? Eh bien, c'est... c'est... oh ! c'est bien simple ! C'est apprendre la grammaire. Oui, parce que... la grammaire, c'est le plus important.

2 Vous voulez que je vous dise ce que c'est apprendre une langue... c'est apprendre du vocabulaire, des mots, quoi ! Si vous ne savez pas de mots, comment voulez-vous parler ?

3 Apprendre une langue... apprendre une langue... Ah ben, j'sais pas, moi. Je ne parle... des langues étrangères, j'en parle pas. Mais je pense qu'il faut aller dans le pays et là, on est obligé de parler et de se débrouiller.

4 Apprendre une langue, c'est pas apprendre des règles de grammaire et des mots. Non, c'est pas ça. Apprendre une langue, c'est apprendre à se débrouiller tout de suite, c'est parler le plus possible. Si on sait pas les mots, on fait des gestes. Et puis, il faut aussi, tiens... écouter la radio, voir des films, regarder la télé, et ça vient...

5 Vous me dites « comment apprendre une langue ? »... mais on apprend pas toutes les langues pareil, hein ? Apprendre le chinois ou le français, c'est pas pareil, surtout si celui qui l'apprend est européen, y a des langues qui sont plus difficiles à apprendre, vous trouvez pas ? Moi, je suis Français, bon, alors si j'apprends le japonais ou l'italien, eh c'est quand même pas la même chose.

6 Apprendre une langue, c'est la parler, apprendre à la parler, un point, c'est tout. Faut parler, parler, le reste ? connais pas.

7 Apprendre une langue, mais mon cher monsieur, votre question est mal posée. Ça dépend pourquoi vous l'apprenez, la langue. Ça dépend de ce que vous voulez en faire. La question à poser c'est de savoir ce qu'on va faire avec cette langue : lire, écrire ? traduire ? parler pendant vos vacances ? enseigner cette langue ? Si un étranger veut être professeur de français ou passer ses vacances en France, il ne va pas apprendre la même langue... Non ? vous n'êtes pas d'accord ?

8 Moi, si je devais donner un conseil aux gens pour apprendre une langue, le français, tiens, je leur dirais d'aller vivre six mois en France, et... oh, pas seulement en France, on peut apprendre aussi ailleurs, je sais pas moi, en Suisse, en Belgique, au Canada, y a pas que la France pour le français, pas besoin d'aller à l'école, il n'y a qu'à vivre là où on parle français. Moi c'est comme ça que j'ai appris l'anglais : en Nouvelle-Zélande, et je le parle.

2 Situation 1 (hall de gare)
Situation 2 (cuisine d'un restaurant)
Situation 3 (salle d'examen)

3 Qui sont les deux personnages ?

6
Situation 1
A Pardon monsieur, est-ce que vous savez s'il y a un restaurant pas trop cher dans le quartier ?
B Attendez... il y a bien le... hon... oh non, c'est pas cher, mais, c'est pas bon non plus... attendez...
A Écoutez, ça ne fait rien, c'est juste pour...
B J'ai une idée, attendez, allez au Laurel, c'est tout près, à gauche, là, vous prenez la petite rue, c'est à deux pas...
A C'est pas trop cher ?
B C'est pas cher et c'est très bien, mais à midi, c'est bondé.

Situation 2
A A ce soir !
B A ce soir ! Oh... je voudrais bien y être à ce soir, je suis déjà crevée. Ah ! dis, tu penses à prendre du pain... et du beurre, y en a plus.
A D'accord ! je vais y penser... A ce soir.
B A ce soir.

Situation 3
A Alain, y faut me faire expédier les deux machines du 12 chez Garaud. Attendez... vous leur téléphonez avant ; je les veux dans dix jours ces machines. On est déjà assez emmerdés avec les histoires de l'autre atelier...
B Dans dix jours, dans dix jours, ça me paraît... chez Garaud, y sont débordés.
A J' m'en fous, je veux pas le savoir. J'ai dit dans dix jours, vous avez compris ?
Bon, c'est tout Alain. Je vous remercie. Ah ! soyez gentil, envoyez-moi Evelyne, voulez-vous ? Merci.

7
Situation 1
A Alors, le dentiste, qu'est-ce qu'il a dit ?
B Ça va. On peut attendre encore un peu pour l'appareil.
A Tant mieux. Tu vois, je préfère qu'on fasse ça juste avant les vacances. Tu vois, ce que je pense, c'est qu'elle aurait le temps de s'habituer à cet appareil pendant l'été. Ce serait mieux.

Situation 2
A Entrez.
B Madame, puis-je vous voir un instant ?
A Pas maintenant. J'ai pas le temps.

Situation 3
A Allô, c'est Claude.
B Ah ! Claude, comment ça va ?
A Ben, ça va pas très bien, enfin, moi, ça va. C'est Jacques, il a une sale grippe et on avait pris des billets pour aller au théâtre demain soir, mais malade comme il est, il pourra pas sortir. Moi, j'ai pas envie d'y aller seule, alors je me suis demandé si ça te ferait plaisir d'y aller.

B Oh.. ben oui. C'est quand ?
A Demain soir.
B C'est où ?
A Au théâtre municipal. On dit que c'est une bonne pièce, c'est une comédie, enfin marrant quoi...
B On fait comment pour les billets ?
A Ben, tu passes les prendre ce soir ?
B D'accord. Au fait, merci, hein. Au revoir, bonjour à Jacques.
A Salut. Je t'embrasse.

Situation 4
A C'est bien, t'as une bonne place.
B Oui, mais t'as vu le monde.
A Qu'est-ce que tu veux, c'est la Pentecôte.
B Oh ! qu'est-ce que ça m'embête d'aller à ce mariage ! Ben, t'aurais pu venir quand même...
A Oh ! écoute, je les connais pas et j'ai pas le temps...
B Oh, ben, c'est pas une raison.
A Allez, au revoir, appelle-moi ce soir. (...)
B N'oublie pas de téléphoner à Jacques. Il doit passer ce soir et ...

Situation 5
A Allô ?
B Bonjour madame, nous faisons une enquête concernant les programmes de la télévision et j'aimerais vous poser quelques questions...
A Excusez-moi, mais ça ne m'intéresse pas. Au revoir madame.

Situation 6
A Alors, y paraît que tu déménages ?
B Oui, dans un mois.
A T'as acheté ?
B Oui. On ne s'entend pas.
A Qu'est-ce que tu dis ?
B Je dis : on ne s'entend pas.
A Vous avez trouvé le fric ?
B Oui, sur quinze ans, enfin... si on ne se lance pas.
A Qu'est-ce que tu dis ?
B Rien. Enfin, on peut se revoir ?
A D'accord. On se fait signe ?

Situation 7
A Ça fait plus de deux mois que j'attends votre livraison. Vous m'aviez promis...
Allô ? allô ? Vous êtes là ?
B Allô ?
A On n'entend rien.
B Allô ?

Situation 8
A Tu sais j'en reviens pas, que toi, tu divorces...
B Qu'est-ce que tu veux, quand c'est plus possible...
A T'as pensé à tes filles ?
B Ah, s'il te plaît, Catherine, ne parle pas comme ma mère.
A Tu sais, on dit que les enfants de divorcés...
B Ah, je sais, je sais, on dit aussi...
A Allô, agence Radiame, bonjour.

9 Dialogues page 29.

Page 29, Repères pour communiquer
La porte !/La porte.../La porte ?
C'est beau !/C'est beau./C'est beau ?
Encore !/Encore !/Encore ?
Mange./Mange !
Non !/Non ?!/Non ?
On part./On part ?/On part ?
Il est malade./Il est malade ?

Unité 3

Page 32

1 Theme for Lover / 2 Piano mécanique / 3 Allergic to Hokum / 4 Gay Twenties / 5 Elles sont chouettes / 6 Enquête en fa majeur / 7 Coronation Fanfare / 8 Rue de Rivoli.

3 (Extraits d'une interview de F. Buache, directeur de la Cinémathèque Suisse, 1983.)

Début et développement de la Cinémathèque suisse

Alors, pour commencer, il faut peut-être dire comment sont nées les cinémathèques avant la guerre, puisque la Cinémathèque suisse est née après la guerre.

Alors, avant la guerre, dans les années 30, un certain nombre de jeunes gens qui aimaient beaucoup le cinéma muet ont constaté que le cinéma était, étant devenu sonore, il devenait très difficile de voir ou de revoir des films muets. Ces films muets ayant pour la plupart été détruits au moment de l'arrivée du sonore et c'est ainsi que se sont créées les cinémathèques dans les années 35, notamment la Cinémathèque française, celle de New York, Berlin, Moscou où euh des gens ont dit euh on aimerait pouvoir revoir les films d'autrefois et on aimerait pouvoir les conserver. [...] En 1945, par hasard — j'étais très jeune — mais par hasard je me suis retrouvé visitant une exposition au Palais de Rumine à Lausanne, cette exposition était organisée par la Cinémathèque française, je me suis rendu à cette exposition et euh, j'ai vu là deux ou trois films qui passaient dans une toute petite salle et, à la sortie, j'ai rencontré euh la personne qui était responsable de cette exposition et de ces projections qui était Langlois et tout de suite euh, on s'est trouvé euh une certaine sympathie [...] d'ailleurs [...] et nous nous sommes retrouvés grâce à Langlois à créer en 1946 le Ciné-club de Lausanne.

[...] Les Cinés-clubs étaient véritablement porteurs à ce moment-là d'une véritable culture populaire ; tous les tous les milieux se retrouvaient là et ça a été une espèce de foyer comme ça d'émulation culturelle et euh, de là est née tout tout naturellement l'idée que pour faire vivre le Ciné-Club, il fallait des copies, que pour avoir des copies, c'était mieux d'avoir une cinémathèque, que nous étions en relation avec la Cinémathèque française et en 1948 a été fondée la Cinémathèque suisse. [...] Moi, je m'en occupe depuis ce moment-là, mais à cette époque, je faisais, je ne faisais pas que ça, puisque ça permettait absolument pas de vivre, je faisais un peu de journalisme mais comme j'étais euh libre, donc je pouvais m'occuper de tout ça, mais à partir des années 50, j'ai pratiquement fait que ça et de la critique de cinéma. [...]

On faisait aussi venir des gens, on se mettait en rapport avec les cinéastes qui, à l'époque faisaient un peu parler d'eux. [...]

Situation du cinéma suisse

Moi, je pense qu'un cinéma ne peut — national — ne peut naître quand on que quand on prépare bien le terrain culturellement et c'est en fait ce que nous avons fait et c'était pas seulement une préparation culturelle, c'était aussi une préparation des esprits et c'était en même temps une préparation sur le plan de la législation puisque la Suisse vivait — je le répète — sans aucune loi sur le cinéma. [...] c'est-à-dire qu'on a vécu quand même quinze ans sans aucune aide euh fédérale, on a eu pour notre bonheur une un soutien de la ville de Lausanne, très faible, mais surtout moral qui nous a permis de traverser cette longue période et c'est à partir de 63 donc euh euh, il y a eu d'une part euh la loi d'aide sur le cinéma, c'est-à-dire aussi une loi d'aide à la Cinémathèque et 63 c'est vraiment une année tournante, je dirais 63, 64, là il y a un moment qui est un tournant dans l'histoire du cinéma suisse qui qui fait que la nouvelle loi entre en vigueur, que disons les jeunes qui ont pu faire un petit peu leur approche du cinéma à travers les Cinés-clubs arrivent à la maturité que euh la télévision commence de travailler et permet comme ça de temps en temps de de manipuler des caméras et 64, c'est l'année de l'Exposition nationale où en Suisse cette exposition nationale à Lausanne a été comme une sorte de prise de conscience sur euh la possibilité d'une présence du cinéma dans la vie culturelle et je crois qu'à partir de ce moment-là, on avait en somme gagné euh ce pari qui avait été pris vraiment euh quinze ans plus tôt, voilà, c'est qu'un peu comme ça que la Cinémathèque est née et que je me suis retrouvé, euh étant à cette place euh à conduire les destinées de cette Cinémathèque qui n'avait pas beaucoup d'argent qui n'avait pas non plus beaucoup d'aide et qui faisait un peu peur. [...]

Finalement, on s'est retrouvé dans ces années euh 70 qui sont des années où le cinéma suisse fait parler de lui, fait parler de lui parce que il est un phénomène tout à fait singulier dans l'histoire du cinéma mondial, des gens jeunes qui n'ont pas de formation particulière, je veux dire qui n'ont pas fait les Écoles célèbres comme l'IDHEC ou Moscou ou Prague, euh prennent une caméra, font des films bon marché et parlent en fait de ce qui est tout près d'eux, à savoir de la situation de la Suisse. [...]

Et ça, c'est peut-être le deuxième mouvement euh, dans le cinéma suisse, c'est de montrer que, de repartir dans un certain sens à la recherche d'une mémoire qui avait été volontairement mise de côté, [...] donc à ce moment-là il y a eu des films comme le ou un peu plus tard comme « La barque est pleine » enfin, etc. Je pense qu'il y a ces deux aspects dans le succès du cinéma suisse, d'une part qu'il a été fait avec des moyens adaptés à ce que l'on voulait dire c'est-à-dire des films relativement bon marché où finalement l'invention, le goût de l'expression euh, une certaine fantaisie si je pense à Soutter, un certain humour si je pense à Gorette ou à la *Salamandre* de Tanner euh permettaient de n'avoir pas besoin de très gros budgets mais où on s'était des films euh où un certain esprit comme ça passait. Et c'est ça qui a je pense, euh tout à coup imposé ce cinéma suisse notamment de Suisse romande d'abord, euh, au niveau international.

Et puis, euh pour parler du cinéma suisse et de son développement dans ces années-là et puis ce succès, je pense, lui a été fatal parce que les films à bon marché pouvaient sortir sur les écrans de Londres, de New York ou de Paris. [...] Il faut dire que euh cette espèce de conquête du marché ne pouvait se faire qu'au détriment d'une certaine originalité ou qualité d'images et de paroles et, euh lentement euh le succès appelant le succès, il a fallu faire des films un peu plus chers, et on se retrouve aujourd'hui dans une situation où euh, on fait des films qui coûtent cinq fois le prix euh de ces films des années 60 et, on n'a plus du tout les moyens de d'assurer les budgets. [...] Mais il faut faire avec les moyens qu'on a et donc si on peut pas faire des films moi, je ... dans ... je dis aux cinéastes une chose qui les fait pas toujours sourire ou qui leur fait pas toujours plaisir, je dis Picasso, il disait « quand j'ai pas de bleu, je mets du rouge et bien je dis quand euh, quand on peut pas faire un film d'un million 500 000, on essaie de le faire à 700 000 francs.

Rôle de la Cinémathèque suisse

[...] Enfin voilà. Voilà un petit peu pour le cinéma suisse et puis ben la Cinémathèque, dans ce domaine, ben maintenant elle a, je crois qu'elle a un peu joué son rôle dans ce mouvement de déclenchement euh de d'une production suisse, et surtout je dirais d'une création cinématographique suisse et maintenant, donc elle a un rôle surtout de de mémoire, il faut il faut conserver les choses, conserver le cinéma suisse d'abord, euh conserver tout ce qu'on peut conserver et en même temps de de poursuivre ce travail de d'éveil à ce qui peut se passer dans le cinéma contemporain qui n'arrive pas sur les écrans publics, montrer ce que font des gens qui sont un peu marginaux par exemple Marguerite Duras qui fait un cinéma plutôt de réflexion sur le langage en même temps, maintenir la présence des classiques [...]. donc la Cinémathèque, elle elle joue son rôle de de musée aujourd'hui, de musée, j'espère vivant [...] d'un certain autre côté, on peut se demander si c'est extrêmement utile d'avoir des cours très compliqués sur le cinéma [...] mais enfin disons que la Cinémathèque, c'est un endroit ou les gens se retrouvent, peuvent venir voir des films, discuter [...] c'est une, c'est un endroit qui me paraît, simplement parce qu'il existe euh, assez important, nous vivons avec des subsides

maintenant qui sont à peu près convenables mais qui nous permettent pas de faire tout ce qu'on devrait faire [...]
Mais enfin, ce que je constate, c'est que tout de même, il y a en Suisse, des gens qui continuent de faire des films dans tous les domaines. [...] Enfin, un peu partout il y a des gens qui font du cinéma puis en même temps, euh ben, la Cinémathèque essaie de garder le contact avec eux.

– Vous voyagez beaucoup ?
– Pour le moment, je fais un stage ici.
– Ça doit... Ça doit pas être très drôle d'être loin de son pays, de sa famille...
– Mes enfants sont grands et ma femme a repris... des études. Et vous ?
– Moi, j'ai quitté la province pour venir travailler ici.
– Qu'est-ce que vous faites ?
– Je suis dessinatrice en bâtiment.
– C'est bien.
Moi, j'aurais voulu être musicien, mais... je suis dans le marketing... pharmaceutique. J'ai abandonné la musique pour les tranquillisants.
– Dommage ! Ça doit être plus sûr... peut-être ?
– Sûrement et pour me consoler, je vais au concert. Vous aimez la musique ?
– Moi, j'aime bien.
(Extrait de *La Provinciale*, film de Claude Goretta, CITEL Films, avec Nathalie Baye et Bruno Ganz, © Phénix.)

A Alors, qu'est-ce que tu penses de la pièce de l'autre soir ?
B Oh, je sais pas, les comédiens sont pas mal, mais alors la la mise en scène, je, enfin je trouve qui, ils traitent pas vraiment le sujet, ils...
A Ah, moi je suis pas d'accord, moi j'ai trouvé ça très bien, alors.
B C'est marrant, mais.
A Tu l'as vue toi ?
C Non, je l'ai pas vue, justement, j'aimerais savoir ce que, parce qu'on m'a, on m'a proposé des places et...
A Ah tu y es pas allée, toi ? Ben écoute, moi, j'ai trouvé ça très bien, j'ai trouvé que ça partait très très bien, euh le jeu des acteurs, tout, moi, j'ai trouvé ça formidable, et même le le la mise en scène, moi je suis vraiment euh...
B Ouah, c'est une mise en scène gadget, y a des trucs pafs comme ça, bon, alors, ça plaît, ça fait rire, mais...
A D'abord, y avait des beaux costumes.
B Ah ça oui.
A Y avait des belles lumières, c'était très très bien, moi j'ai trouvé ça très beau ! Voilà.
C Et qu'est-ce que vous pensez du film, La valse des pantins ?
A Alors, moi, j'ai pas vu parce que...
B C'est le film de Jerry Lewis, ça ?
C Voilà Jerry Lewis, Robert de Niro.
A Oui, c'est ça, y paraît que c'est très très drôle, non ?
C Ah, écoute, ça, c'est formidable !
A Vraiment bien ?
C Ah, moi, j'ai trouvé ça formidable !
A Remarque, moi, j'adore le cinéma, je m'ennuie jamais au cinéma, alors...
C Par contre, par contre...
B Ils ont eu quelque chose à Cannes, ou pas ? ou justement, moi, j'ai l'impression qu'ils n'ont rien eu du tout
C Mais nor c'est pas ça, mais moi je je trouve, que d'abord, en tant que, pour les comédiens, ça doit foutre vraiment le moral à zéro quand t'en ressort, hein ?
A Mais pourquoi ?
B Oh, mais t'es, oh !
C Tu peux pas savoir, ce pauvre type, euh.
A Pourquoi ?
Ah oui...
B Mais il joue un rôle comique ou ou un rôle... ? plutôt tragique ?
C Non, non, Jerry Lewis là, est vraiment ce qu'on appelle tout à fait euh...
B Ben, dis donc c'est bien la première fois qu'il est calme et...
C Voilà !
A Qui fait pas de grimaces... ni de trucs comme ça...
C Il fait pas de grimaces ni rien...
A Cela dit, moi j'adore son comique. alors je trouve ça très drôle, moi...
B Moi, j'ai été voir « T'es fou Jerry ! » l'autre jour...
A Ah oui, c'est formidable, hein, c'est un vieux, c'est un vieux.

B Ben non, c'est, enfin, j'en sais rien, c'est, ça vient de sortir en tout cas, c'est peut-être vieux pour lui, mais...
A Oui, mais il a deux, trois ans, je crois quand même... non ?
B Oh, deux, trois ans... vieux, enfin, y sortait à Paris, quoi.
A Ben... Mais le le... son dernier, c'est celui-là...
B Ah, oui oui.

Unité 4

1
1 Quels sont vos horaires de travail ?
2 Le matin, combien de temps mettez-vous pour vous rendre à votre travail ?
3 Pour arriver à l'heure, à quelle heure vous levez-vous ?
4 En semaine, est-ce que vous mangez chez vous ou au restaurant ?
5 Généralement, à quelle heure vous couchez-vous ?
6 Etes-vous satisfait de votre travail ? Si vous n'êtes pas satisfait, pourquoi ?
7 Qu'aimeriez-vous changer dans vos activités profession-nelles ?
8 Y a-t-il une activité (sportive, musicale...) que vous ne faites pas et que vous aimeriez faire ?
9 Quel est l'événement de l'année dernière qui a été le plus important pour vous ?
10 A combien de jours de vacances avez-vous droit ? Les prenez-vous en une seule fois ? en plusieurs fois ? De quoi dépendent les dates de vos vacances ?

6
1 Y en a marre du temps !
2 Excusez-moi de me répéter mais je ne partage absolu-ment pas votre opinion.
3 Faudrait pas croire que je vais supporter ça longtemps.
4 Il est con, ce mec.
5 Dans la conjoncture actuelle, mon cher, il ne faut pas être trop exigeant.
6 A ta place, je ferais attention.
7 Puis-je vous demander de me passer le cendrier ?
8 T'as pas cent balles ?
9 Cela a assez duré : je propose que nous réagissions.
10 On se rappelle ? C'est d'accord ?

7
Dialogue 1
A Ça a commencé, il y a dix ans.
B Et vous n'avez jamais rien dit ?
A Non.
B Pendant dix ans ?
A J'ai jamais rien dit.
B Je peux vous demander pourquoi ? Je pense que ça peut intéresser nos téléspectatrices... et nos téléspectateurs, bien sûr.
A Si vous voulez, je vois pas très bien à qui j'aurais pu dire que mon mari me battait.
B Je ne sais pas, moi... à vos amis, à votre famille... Vous pouviez en parler à des collègues...
A Je n'en ai jamais parlé.
Dialogue 2
A Tu vois, j'ai qu'une envie, c'est de tout plaquer et rentrer à la maison.
B T'es folle ! Avec la situation que tu as...
A Situation... faut pas exagérer !
B Mais enfin, Régine... tu as...
A Je sais... je sais tout ce que j'ai.
B Moi, je te comprends plus. Moi, tu vois, mon travail, eh bien, ça passe avant tout. Enfin, Régine, on s'est pas battues pendant dix ans pour tout abandonner maintenant et rentrer à la maison...
Dialogue 3
A Tu me passes la page des Sports ?
B Minute, je l'ai pas regardée.
A Allez, passe-la-moi. Je voudrais y jeter un coup d'œil avant qu'elle arrive.
B Saint-Etienne a gagné.
A C'est pas trop tôt !...
Ah ! J'ai oublié de te dire, hier soir, la mère Dubois a laissé une note pour toi. Tu dois t'occuper du dossier Brésil en priorité.
B Elle me les casse ! Les bonnes femmes, je te jure !

9 [...] J'ai proposé à la dernière réunion des journalistes de langue française à Dakar – vous savez que c'est une organisation qui marche de mieux en mieux – [...] eh bien, voilà ce que je leur ai proposé : une exposition à Paris, très vivante accompagnée d'une fête de toute la presse de langue française dans le monde où tous les Français seraient invités à venir dialoguer avec ces journalistes. Et cette exposition, j'y compte beaucoup, je compte beaucoup sur elle, sur ce projet, je mettrai beaucoup d'énergie à ce que ce projet se réalise de même que je souhaite ardemment que les auteurs francophones du monde entier soient présents avec leur identité dans les programmes des des livres scolaires français.

J'ai demandé deux choses qui vont se réaliser : une fête va être organisée dans un grand lycée parisien, le 4 juin, et j'invite tous nos auditeurs à s'intéresser à cela. [...]

Dans un quartier de Paris, on entendra d'autres chants, d'autres paroles, d'autres voix, ceci à mon avis est très important. [...]

(*France Culture*, 16 avril 1983. « Corps et âme ». Extrait d'un entretien avec Stellio Farandjis, Secrétaire général du Haut Comité de la Langue Française. J. de Beer, F. Crémieux.)

Unité 5

5

1 Un palais de marbre gigantesque, perché sur l'une des sept collines de Yaoundé, du marbre entièrement importé de France et d'Italie et voulu par l'ancien Président Ahidjo, n'a pas empêché des propos sincères sur la remise en ordre des rapports Nord-Sud, autrement dit des rapports entre les pays riches et les pays pauvres.

(Bulletin d'informations sur *Europe I* reportage Gérard Jouany, de Yaoundé le 21 juin 1983.)

2 A Moi la Renault 5...
B Aujourd'hui, la Renault 5 se prend pour une étoile.
C On vous voit en ce moment dans un nouveau film, vous y êtes tout à fait remarquable.
A J'aime beaucoup interpréter mon rôle.
C Et comment ça se passe avec le metteur en scène ?
A Très bien ! Vous savez combien je suis souple.
C Dans vos films, vous n'avez jamais été doublée ?
A Je déteste être doublée.
C On parle de vous pour le prochain prix d'interprétation automobile.
A Automobile ! Automobile ! Est-ce que j'ai l'air d'une automobile ?
******
Moi la Renault 5, je peux interpréter tous les rôles.
(Publicité radiophonique Renault. © Musique originale Germinal Tenas, éd. Contre-ut Musique, production TS F-Publicis.)

3 A Moi, je trouve que pour les jeunes, surtout ceux qui savent pas où aller, hein c'est drôlement important d'avoir un lieu, une place quoi, parce que si t'es tout seul, rejeté, enfin pas même rejeté, mais en plus si ils en ont marre, alors si t'as rien du tout, tu vas où ?
B Ah, j'vois ce que tu veux dire...
A Tu vois moi, ce que je veux, je veux tirer un max... le maximum de la vie, alors, hein, quand ça va mal, je me dis que ça ira mieux...

4 Nous sommes dans le tie-break. Yannick Noah mène 2-7 0 6-3 dans le tie-break de la 3ᵉ manche. Noah au service. Va-t-il chercher l'ace. Oui, il serre au centre, il monte au filet. Il a gagné ! Il a gagné ! Oh ! quel moment. Yannick qui est à genoux au centre du court.
Il a 23 ans, Yannick Noah, il a eu 23 ans, Yannick Noah. Il embrasse son père Zacharie, son père Zacharie qui a été footballeur professionnel à Sedan, qui habite au Cameroun, et qui est venu – vous l'imaginez – pour vivre ce moment. Quel moment exceptionnel ! Deux heures, vingt-quatre minutes, 6-2...
(En direct de Roland Garros – *Europe I* – reportage Jean-René Godart le 5 juin 1983.)

5 Europe Plus

Où irez-vous en vacances cet été ou plutôt où pourrez-vous allez, où y a-t-il encore et vraiment de la place ? (...)

– Roger Arjuin à Marseille a fait le point avec M. Paul Coué le délégué régional au tourisme, pour le Midi-Côte d'Azur.
– Il y a encore de la place très largement, en haute saison su le littoral, si vous voulez, pour donner un ordre de grandeu en ce qui concerne le camping il reste — quels que soien les secteurs d'ailleurs — au moins 50 % d'emplacements alors en ce qui concerne l'hôtellerie même problème pou le littoral, c'est-à-dire qu'il y a déjà évidemment beaucou de demandes pour la haute saison mais il reste, même a littoral, des places en matière d'hôtellerie. Il reste à pe près 25 % de disponible, euh, c'est un chiffre moyen pou l'ensemble de la région...
– Même dans les secteurs chargés ?
– Même dans les secteurs chargés. Par contre, dans le Alpes de Haute-Provence et les Hautes-Alpes en matièr d'hôtellerie, comme pour le camping, il y a encore beau coup de place. Nous sommes très en retard par rapport au années précédentes en matière de réservations

(Émission «Europe Plus» avec Olivier De Rincquesen – *Europe I* – 9 juin 1983, "Le tourisme", avec M.D. Montel.)

6 Le roi a fait battre tambour

1 Le roi a fait battte tambour
Pour voir toutes ces dames,
Et la première qu'il a vue
Lui a ravi son âme.

2 — Marquis, dis-moi, la connais-tu ?
Qui est cett'jolie dame ?
Le marquis lui a répondu :
— Sire Roi, c'est ma femme.

3 — Marquis, tu es plus heureux qu'moi
D'avoir femme si belle.
Si tu voulais me l'accorder,
Je me chargerais d'elle.

4 — Sire, si vous n'étiez pas le roi,
J'en tirerais vengeance.
Mais puisque vous êtes le roi,
A votre obéissance.

5 — Adieu, ma mie, adieu, mon cœur,
Adieu, mon espérance !
Puisqu'il te faut servir le roi,
Séparons-nous d'ensemble.

6 La reine a fait faire un bouquet
De belles fleurs de lyse,
Et la senteur de ce bouquet
A fait mourir marquise...

(Chanté par Mouloudji - dans *Chansons et Poésies*, ''Brassens Gréco, Montand, Mouloudji chantent les poètes'', Prod. Sonore Hachette/Ministère des Relations Extérieures).

Unité 6

2

a A Il faut que je te voie, tu entends ? Il faut absolument que te parle, mais... pas par téléphone.
B ...
A Allô ? Allô ?
B Oui, je t'écoute.
A Tu as entendu ce que je t'ai dit ? Je dois te parler, mais pa au téléphone.
B ...

b Le problème du chômage ne touche pas seulement les pay européens. Actuellement...

c A Tu ne sais pas ce qu'il m'a dit ?
B Non.

A Il m'a dit textuellement — tu connais son air quand il, enfin cet air qu'il a quand, bon — enfin, il m'a dit...

B ...

A C'est toi ? Oh ! Je me demandais ce qui t'arrivait.

B Mais ce matin, je t'ai dit que je rentrerais tard. C'était le jour de la réunion du personnel.

A J'avais complètement oublié. Y avait qui ?

B On était à peine quarante.

A Les gens s'en foutent maintenant. François était là ?

B Ah oui, heureusement... parce que les autres, toujours les mêmes discours, le même bla-bla, pour rien finalement.

A Et Michel ?

B Confus comme d'habitude. Y mélange tout.

A Et Georges ?

B Ben la même déprime. Y s'en sort pas.

A Et Benoît ?

B Lui, y...

A Il est quinze heures, comme chaque jeudi, nous retrouvons votre ami, le docteur Gouvion. Bonjour docteur.

B Bonjour Nicole.

A Le thème de votre émission, docteur ?

B Eh bien, les vacances approchent et j'ai intitulé cette émission « Nos animaux prennent aussi des vacances ».

A Nous vous écoutons.

B Tout d'abord, si vous partez en voiture, essayez de calmer votre animal avant de partir. Un animal nerveux, un chien qui aboie dans une voiture est un danger pour le conducteur. Alors, donnez-lui des calmants, c'est préférable à un accident de voiture. Puis, arrêtez-vous souvent et sortez-le de la voiture. Si vous êtes obligé de le laisser dans la voiture, ne laissez jamais celle-ci au soleil, même si vous laissez les vitres ouvertes. Je répète jamais ! En été, ce qu'il y a de plus grave pour un animal, c'est le coup de chaleur, c'est extrêmement grave.
Quand vous arrivez à destination, n'oubliez pas de donner à boire à votre chat ou à votre chien.
Quant à l'alimentation, il est préférable de donner des conserves qui sont un excellent moyen de nourrir son chat ou son chien et souvent préférable aux restes des repas. En vacances, si votre animal mange peu, ne vous affolez pas, mais n'oubliez pas de renouveler l'eau fraîche plusieurs fois par jour.

A Une auditrice nous écrit que son chat et son chien sont souvent atteints d'eczéma lorsqu'elle se rend dans un pays chaud, et nous demande ce qu'il faut faire.

B Tout d'abord, connaître l'origine de la maladie, l'animal se gratte, cela peut être simplement des puces ; dans ce cas, il faut traiter le chat ou le chien, mais cela peut provenir aussi d'un tapis, d'une moquette en nylon, ou simplement l'ennui, eh oui, les animaux, comme nous, réagissent par leur corps ; un animal laissé seul dans une maison inconnue, tous les jours peut réagir par de l'eczéma. Je réponds aussi à cette auditrice, cette maladie n'est pas contagieuse pour les humains.
Un dernier mot : n'oubliez pas de vérifier les carnets de vaccination de vos animaux avant de partir et bonnes vacances à tous !

ge 71, Repères pour communiquer

A Si... enfin si... si maintenant les élèves parlent un français euh, euh, comment dire, euh euh, pas correct, euh ça ça vient de de ce que dans les lycées euh, je sais pas moi, les, les collèges, les écoles, euh, on parle un français qui qui qui qui n'est plus en usage, tiens, par exemple, le le le l'imparfait du subjonctif bon, on on on l'utilise plus euh, vous voyez ce que je veux dire ?

B Ben euh... moi, ce que j'aime le plus hein, euh, c'est c'est pas causer bien le français, non. Et dans ma conversation euh, ce que je préfère hein, euh, c'est mon argot. Moi, je trouve que je hyper bien, l'argot et pour moi, c'est comme ça que je communique le mieux, ouais !! Je veux pas faire de belles phrases, mais me faire comprendre, hein ? Ah, ça, ça, me faire comprendre, je trouve ça hyper bien, je trouve ça super génial !

ge 72 (Rythmes interrompus)

1 Un homme sort de chez lui pour aller à son travail. Il rencontre une personne qu'il connaît.
Écoutez tout ce qu'ils ont dit, ce qu'ils ont entendu et regardez ce qu'ils ont vu.

a A Salut !

B Salut !
Tu vas travailler à pied ?

A J'ai raté le bus... alors, je vais à pied.

B Quel beau moi de mai !

A T'aimes pas la pluie ?

B Si, mais pas en ville.

A Il y a quelque chose que je n'arrive pas à comprendre, c'est la manière dont les femmes s'habillent... il y a dix ans... qu'est-ce que je dis dix ans, seulement deux ans... si on leur avait dit de s'habiller comme ça... c'est curieux le phénomène de la mode.

B —...

A Tu trouves pas ?

B Oui, si... c'est peut-être parce qu'on devient vieux qu'on n'aime pas...

A Peut-être.

A Oh, pardon.

C Y'a pas de mal.

A Belle lecture !

B Oui.

A Tu devrais lire le dernier livre de Maschino.

B « Vos enfants ne m'intéressent plus » ? Je l'ai lu.

A Qu'est-ce que tu en penses ?

B J'aime bien, mais il y a des... dans une certaine mesure, enfin il y a... quand même, c'est...

A Tu es sûre que tu l'as lu ?

B Oui. Rapidement.

B Je vais à Paris demain.

A Moi, j'y vais à l'Ascension.

B Je croyais que tu détestais bouger.

A Je déteste.

B Alors, pourquoi t'y vas ?

A Pour Monique. Il y a longtemps que je lui ai promis qu'on irait ensemble à Paris. On va voir l'exposition Manet.

B C'est bien.

A Tu l'as vue ?

B Non, on m'a dit... J'espère pouvoir aller la voir demain.

A T'as vu le film, là, « Le choix de Sophie » ?

B Non, je vais plus au cinéma.

A C'est nouveau ça.

B Tu n'as toujours pas la télévision ?

A Non, je refuse.
Bonjour madame.

D Bonjour monsieur.

A C'est une de mes clientes. Elle vient de perdre son mari.

B Il est mort de quoi ?

A Je sais plus.
Pourquoi tu me demandais si j'avais la télévision ?

B Parce que t'aurais pu voir Maschino.

A Tu vois, moi, les écrivains, j'aime mieux les lire que les voir.

B Tu changeras jamais.

A J'espère.

B Je traverse. Au revoir.

A Au revoir. Bonne journée !

B A toi, aussi.

A A bientôt !

B Oui, faut qu'on se voie... il y a si longtemps qu'on le dit...

b Il continue seul son chemin. Écoutez. Par rapport à ce qu'il entend, dites ce qu'il peut regarder.

E Dans ce quartier, c'est incroyable ce que ça change, les boutiques...

F Tu aurais dû le voir, il avait l'air complètement idiot.

G Ça devient infernal, ces travaux.

H Moi, tu vois, ce que je voudrais pas, c'est faire du ski pour dire que je fais du ski.

I Pour être bronzée en février, quoi !

J Attention ! Mais... fais attention !

c Écoutez.

A Troisième ?
K Oui, troisième.
L Je me demande ce que ça doit faire de rester coincé dans un ascenseur.
K Ça t'est jamais arrivé ?
L À toi, oui ? Non.
K Non, jamais. Est-ce qu'il vaut mieux rester coincé dans un ascenseur ou derrière un guichet ?
L Au revoir, on mange ensemble ?
K Si tu veux. A midi ?
A Septième ?
K Oui.
A Ça m'est arrivé à moi.
K Pardon ?
A Je dis, ça m'est arrivé à moi d'être enfermé dans un ascenseur.
K Ah oui ?
A Oui.

A tour de rôle, par groupes de cinq, mettez-vous debout comme si vous étiez dans un ascenseur. Qu'est-ce que vous dites ?

5 A Qu'est-ce que vous pensez de ce sondage sur les jeunes ?
B Moi ? rien.
A Vous n'en pensez rien ?
B Enfin... ce que je voudrais dire quand même, c'est que tous les jeunes, y sont pas comme ça. Moi, j'ai un garçon de 17 ans, y travaille, le mien. Oh ! son travail, c'est pas le Pérou ! ce qu'il fait, il est dans.. il fait du carton, mais je vous assure, sa paie, il la met pas de côté pour s'acheter des habits, y me la donne. Faut dire que aussi j'ai encore deux gosses, sans l'aîné, je pourrais pas les élever.
A Vous travaillez madame ?
B Comment vous croyez qu'on vivrait si je travaillais pas ? J'ai mon mari, il est mort, je suis veuve. Alors ? Non, ça c'est des gosses de riches, c'est pas tous comme ça.

A Vous vous reconnaissez dans ce sondage ?
C Bof...
A Non ?
C Ça, c'est des trucs de journalistes et même de journalistes parisiens. Par exemple, la politique, moi, ça m'intéresse et fort. On n'est pas tous comme ça, non. Ici, on bosse, vous me direz, en province, c'est le pied mais ça fait rien, si j'étais à Paris, je travaillerais pareil.
A Qu'est-ce que vous faites ?
C Terminale. Je passe mon bac, non, je rectifie : j'aurai mon bac cette année.
A Est-ce que vous mettez de l'argent de côté, vous ?
C Ça me ferait mal ! D'ailleurs qui en met ? Mes parents, tous les deux ils travaillent, et ils râlent tout le temps qu'ils peuvent pas y arriver.

A Qu'est-ce que vous pensez de ce que disent les jeunes ?
D Excusez-moi, mais je sais pas lire.

A Monsieur, vous riez, ce sondage vous fait rire ?
E Madame, je ris pour ne pas pleurer. Les réponses de ces adolescents c'est... enfin, je sais que c'est un portrait fidèle de la jeunesse, mais tout de même, ils sont scandaleux. Le plus scandaleux, à mes yeux, ce ne sont pas tant les réponses, mais que l'on imprime de telles âneries.
Quant aux jeunes − pardonnez-moi l'expression, mais je n'en trouve pas d'autres − ils se foutent de tout. A leur décharge, je dirai que l'exemple que leur donnent les adultes, les parents, les enseignants, n'est pas...n'est pas. Enfin, c'est tout.
A Merci monsieur.

Unité 8

1
a A Vous avez vu la lettre de Marchand ?
B Oui.
A Il faut lui répondre que je ne suis pas d'accord avec se nouvelles propositions pour les raisons maintes foi développées et que tant qu'il persistera à faire des offre qui sont inacceptables, il est inutile d'insister. Enfin, vou formulerez cela en termes pas trop durs.
En ce qui concerne cette lettre, vous accusez simplemen réception en ajoutant que je reprendrai le cas échéan contact si je devais le juger opportun.
B Il y a toujours le dossier Mérinaud qui est en suspens.
A Ah ! oui. Mais pas aujourd'hui. Je n'ai pas le temps. Mai rappelez-le-moi sans faute demain.
B Je vous ferai remarquer que c'est au moins la cinquièm fois que vous me dites ça.
A Je sais, je sais. Mais pas aujourd'hui. J'ai une séance préparer.
Il faudra aussi réserver une place pour Paris pour le 17.
B Comme d'habitude ? Départ le matin et retour le soir ?
A Eh ! oui, hélas.

b Dans la situation mondiale actuelle, aucun pays ne peu rester isolé. Tous les habitants de notre planète sor solidaires les uns des autres. Une guerre au Proche-Orien en Afrique ou n'importe où nous concerne de très près d'une part parce qu'elle peut toujours déboucher sur un troisième guerre mondiale, d'autre part parce qu'elle aur toujours, de façon directe ou indirecte, une influence su notre économie. En effet, nous ne pouvons pas vivre de n seules ressources. Une grande partie sinon la totalité de biens que nous produisons et consommons ont un lie quelconque avec ceux d'autres pays. Tout est imbriqué. Le échanges de toutes natures, des marchandises, des pe sonnes, des idées sont une des caractéristiques de civilisation de la fin du XXe siècle. Nous ne pouvons aller contre-courant de sorte que nous ne pouvons plus vivre ave des mentalités et des attitudes qui datent du temps où l'o se déplaçait à pied ou à cheval. Notre parti est le seul qu offre un programme d'action cohérent et conséquen réaliste et réalisable, par rapport aux données inéluctables d monde d'aujourd'hui. C'est pourquoi je vous demande ave force de le soutenir et de vous engager totalement dans réalisation de nos objectifs.

c A Tu as vu tous ces accidents ?
B Oh oui, quelle série ! Ça fait peur.
A Ah, ça, on peut dire que c'est la série noire.
B Et partout.
A Le pire, c'est les gosses, l'accident de l'autocar, je veu dire.
B Je comprends pas les...
A Heureusement qu'on y pense pas quand on part...
B Bonjour madame.
C Bonjour ! Je vous présente ma fille.
B C'est la petite la connue haute comme ça ?
C La petite ! Elle va être maman !
Bon, eh bien au revoir mesdames.
B Elle a pas toujours été aussi fière de sa fille ! Tu la conna pas ? C'est la femme de Deschamps. Ils ont eu tous le problèmes avec leur fille.

d A Est-ce qu'on prend le charbon de bois ou on va cherche du bois mort ?
B Moi, je préférerais du bois, il doit y en avoir des masse dans la forêt.
A D'accord. Allons-y.
Vous venez avec nous, les enfants ?
Ils n'ont pas entendu. Laissons-les, ils ont l'air de s'amus comme des chefs.
Oh ! Jeanne, on va chercher du bois.
C Ah ! bon ! Vous nous quittez déjà. Mais il y a pourtant d charbon de bois.
B Oui, mais avec du bois mort, la grillade sera meilleure.
C Bon, mais ne faites pas trop long, nous avons besoin d vous pour préparer la viande.
D C'est chouette, ce coin.

C Oui, on vient souvent ici. Il n'y a personne. Moi ça me fait un bien du tonnerre, tout ce calme.
D Moi, ça m'angoisse. Je n'arrive plus à me décontracter.
C Allez. Essaye. Écoute le silence.

a L'autre soir, au Cheval Blanc, on a payé 55 francs par personne, c'est correct.
b Le tiercé n'a rapporté que 857 francs 65 dans l'ordre.
c Victor Hugo est né en 1802.
d Le match de basket s'est terminé par 89 à 72 pour Limoges.
e Le train de Paris arrive à 22 heures 38.
f Il doit bien gagner dans les 8 000 francs.

Quand Pierre est arrivé au bout de la jetée, il s'est assis, a regardé l'eau et s'est tout à coup souvenu des années soixante quand il s'est marié. A l'époque, il avait du travail. Oh ! c'était un travail modeste comme monteur dans une petite entreprise. Mais tout de même, il arrivait à joindre les deux bouts et à payer des vacances chaque année à sa femme et à ses deux enfants. Maintenant, c'est fini. Le chômage. Depuis six mois, il cherche du travail. Le matin tôt, il lit les petites annonces et puis, toute la journée, il fait la queue, attend des heures devant les agences d'emploi ou court n'importe où pour se présenter pour n'importe quoi. Chaque fois, c'est la même chose. C'est déjà pris. On vous fera signe. Le bruit de l'eau lui rappelle certaines vacances en Bretagne. Quand était-ce ? en 64 ou en 65. Ça devait être plus tard puisque Stéphanie n'était pas encore née. Que vont devenir ses enfants avec un père incapable de les nourrir ? Et sa femme qui devient de plus en plus impatiente, nerveuse, irritable. Pourvu qu'elle ne perde pas elle non plus son travail. Il n'ose bientôt plus rentrer le soir et lui annoncer qu'il n'a rien trouvé. Comment s'en sortir ? Ce n'est plus possible. Il faut trouver une solution. Évidemment, plonger dans l'eau, nager et disparaître. Pierre frissonne. Cette idée qui a passé comme un éclair dans sa tête lui fait peur.

Exemple :
Il y avait tellement de bruit que je suis partie.
Affirmation A — Les enfants jouent au ballon.
Affirmation B — Il y avait de l'orage dans l'air.
Affirmation C — *Mais je n'ai pas su où aller.*
1 Tant que les grandes puissances continuent à développer leurs armées, il n'y a pas d'espoir.
Affirmation A Une troisième guerre mondiale est inévitable.
Affirmation B J'adore la paix.
Affirmation C La France possède la bombe atomique.
2 Il m'a parlé sur un ton, tu ne peux pas te rendre compte.
  A Il avait une belle cravate.
  B Il était sûrement de mauvaise humeur.
  C Il a été opéré de la gorge.
3 Et avec ça, qu'est-ce que vous voulez boire ?
  A Il n'a jamais soif.
  B Combien ça coûte ?
  C Qu'est-ce que vous avez comme vin blanc sec ?
4 Quand j'aurai terminé mes études, je fais le tour du monde même si je n'ai pas un sou.
  A Voyager, c'est ma passion.
  B L'Amérique est un pays fascinant.
  C Pour voyager, il faut de l'argent.
5 Quand est-ce que vous passez nous voir ?
  A Vous, qui passez sans me voir...
  B Et vous ?
  C C'est trop tard.

A Allô !
B Allô !
A Est-ce que Monsieur Marchand est là ?
B Non, il est absent.
A Qui est à l'appareil ?
B Son fils.
A Ah bon. Et votre père est absent jusqu'à quand ?
B Jusqu'à samedi, je crois.
A Ah bon. C'est embêtant. Je vais partir demain pour quinze jours et j'aurais absolument voulu lui transmettre la nouvelle.
B Vous pouvez toujours me laisser un message.

A Oui... non... Écoutez, vous lui direz simplement que sa proposition a été acceptée, qu'il doit toutefois remplir encore le formulaire rouge et qu'il doit en tout cas rappeler Monsieur Dumoulin le plus rapidement possible.
B D'accord. Je transmettrai le mesage.
A Merci. Mais n'oubliez pas. C'est c'est très important.
B Ne vous en faites pas. J'ai noté.
A Merci encore. Au revoir. Vous féliciterez votre père, il sait de quoi il s'agit, et le saluerez bien de ma part.
B Je n'y manquerai pas. Au revoir. Et bon voyage.
A Merci. Au revoir.

Unité 9

1 A Ma jolie demoiselle, montrez-moi donc votre main, je vous dirai tout ce qu'il vous plaira.
B Non, laissez-moi...
A Oh ! Vous laisser... ! mais regardez-moi ça ! Quelle passion vous allez connaître ! Ah, mais c'est peut-être déjà commencé ? Il est où, votre amoureux ?
B J'en ai pas.
A Mais regardez, moi j'en vois un bientôt, là, sur le côté. Un grand amour, un beau mariage et attendez... un deux enfants. Et quel destin !... Ah ! Vous aurez des problèmes au départ, mais avec cette ligne du soleil, ça ne peut que s'arranger. C'est un signe de réussite.
B Dans mon métier ?...
A Oh, dans votre métier ce ne sera pas très facile... Il y aura des changements... Vous rencontrerez un homme influent qui vous aidera. Montrez-moi votre poignet... oui c'est ça... énergie, volonté. Vous avez ce qu'il faut pour vous défendre, oui... avec une ligne de tête comme ça... Voyons un peu la santé. Surtout faites attention à vos bronches et à la gorge...
B Est-ce que je voyagerai ?
A Oui, vous ferez même plusieurs voyages... Vous voyez ces petites lignes qui partent de la ligne de destin. C'est les voyages, un surtout, assez loin, entre trente et trente-cinq ans.
B Ah, oui !!!
A Quand est-ce que vous êtes née ?
B Le 26 août.
A Oui, alors évitez plutôt les longs voyages en train ou en voiture. Par contre, en bateau ou en avion vous ne risquez rien.

6 Exemple (le conducteur qui a trop bu)

1 « Attention, attention, on recherche le petit Cédric Lubain, Cédric Lubain — Agé de 4 ans, cheveux châtains, yeux bruns. Vêtu d'un maillot de bain rouge et d'un T-shirt blanc. Ses parents l'attendent au poste de surveillance des maîtres nageurs. »

2 A Alors pour les vacances, c'est arrangé ? On part début juillet.
B Non, c'est désespérant mais mon patron ne veut rien savoir, c'est toi qui dois faire quelque chose.
A Mais tu sais bien que c'est impossible. Il n'est pas question que je parte en août et puis on a tout organisé pour juillet.
B Écoute, il m'a fait comprendre que c'était août ou que je n'avais qu'à partir.
A J'en ai assez de ces histoires. Tu n'as qu'à arrêter de travailler et puis à la rentrée tu chercheras autre chose !
B Mais si j'arrête en ce moment, je ne retrouverai jamais une place comme celle-là.
A Ah Ah ! Parlons-en ! Une place comme celle-là. Ce type, il te fait travailler à des heures impossibles. Il faut que tu lui obéisses au doigt et à l'œil. Et en plus il te remercie jamais et quand tu lui demandes quelque chose de tout à fait naturel, il refuse.
Ah, non, alors. Si c'est ça, je pars seul en vacances !

163 cent soixante-trois

7

1 Patrick : Bon, t'as compris ? Quand ton frère sera juste en dessous, je sifflerai comme ça.

Stéphane : Oui, et à ce moment-là, moi je pousserai le seau d'eau, d'un seul coup.

Patrick : Oui, pis on court se cacher. D'accord ?

La mère : Stéphane ! Patrick ! Voilà le goûter. Mais qu'est-ce que... ?

2 A Allez. Bonne soirée. Amuse-toi bien, ça te changera les idées...

B Merci encore de me garder Isabelle. J'espère qu'elle ne vous ennuiera pas.

A ...

3 A Alors, ça y est, il paraît que vous l'avez trouvée, cette maison ! Ah, Nicolas doit être content. C'est où exactement ?

B A 15 kilomètres de Mortagne, à Cozes. C'est la dernière maison du village. Elle est grande et claire avec un grand pré derrière et des peupliers. C'est idéal pour les enfants.

A Et elle est dans quel état ?

B Oh, ça, il y aura du travail à faire. Justement, à propos...

4 A Bonjour Messieurs-dames, vous savez où habite monsieur Moraud, s'il vous plaît ?...

B Mais oui, c'est la maison juste derrière celle-ci, dans la rue piétonne, à l'intérieur du port.

A Ah oui, mais par où on peut y accéder ? Parce que, vous savez, je dois faire une livraison et avec mon camion, je passe pas facilement.

B Il est où votre camion ?...

5 A Chères collaboratrices, chers collaborateurs, bonsoir. Tout d'abord je vous remercie d'être venus si nombreux à cette réunion et d'avoir pris sur votre temps pour répondre à l'invitation de Monsieur Duponier, notre nouveau Président, que je suis heureux de vous présenter ce soir et à qui je vais, sans plus tarder, laisser la parole...

B Mesdames, Mesdemoiselles, Messieurs, bonsoir...

9 Évelyne courait depuis cinq minutes quand son regard s'est posé sur l'enseigne du magasin de montres. Il était déjà huit heures et quart ! Elle ne serait jamais à l'heure à son rendez-vous ! Et pourtant elle aimerait bien changer d'emploi et cette annonce paraissait intéressante. Elle venait de manquer le bus et... trouver un taxi à cette heure, il ne fallait pas y penser ! Tout à coup, la solution inespérée se présente !

A vous :

Le jeune commissaire qui lui souriait chaque matin lorsqu'elle passait devant le poste de police montait dans sa voiture. Elle court vers la voiture. La reconnaissant, le commissaire laissa la portière ouverte.

« Pardon, Monsieur, est-ce que par hasard vous iriez vers... en direction de la place de la Victoire ? Je viens de rater le bus et j'ai un rendez-vous très très important dans un quart d'heure.

– Je vous en prie, montez, mademoiselle, j'ai fini mon service et ce sera un plaisir pour moi de vous dépanner. » A bout de souffle, elle s'est laissée tomber sur le siège de la voiture.

Il était neuf heures moins ving-cinq quand Evelyne a appuyé sur le bouton de l'ascenseur du numéro quinze de l'avenue Albert Loyal. L'ascenseur a commencé à monter rapidement, mais brutalement il s'est arrêté et la lumière s'est éteinte...

A vous :

Évelyne, à peine remise du choc, a d'abord cherché à tâtons le signal d'alarme. Ne voyant rien, elle a appuyé sur tous les boutons les uns après les autres, mais rien ne s'est produit. Alors elle a tapé contre les parois de l'ascenseur et s'est mise à appeler. Quelques minutes plus tard, une voix lui a répondu : « N'ayez pas peur, Mademoiselle. c'est seulement une panne d'électricité dans l'immeuble. On est parti voir d'où elle venait. » Evelyne, rassurée, a encore attendu ce qui lui a semblé être une éternité ! La lumière s'est rallumée et dans un brusque sursaut, l'ascenseur est reparti.

Elle se tenait enfin devant la porte du quatrième et allait sonner quand...

A vous :

...un vieux monsieur à la barbe en pointe et aux yeux brillants descendant l'escalier s'est dirigé vers elle comme pour l'arrêter. « N'y allez pas. Ils sont fous, ces gens-là, et surtou monsieur Fayer... avec toutes ces machines diaboliques. Ça finira mal. Je vous aurai prévenue.

– Pardon Monsieur, mais qui est monsieur Fayer ?

– Vous ne le connaissez pas ? Ça vaut mieux pour vous. C'est lui le responsable de tout ça... » et le vieillard est rentré précipitamment chez lui.

De plus en plus inquiète, Évelyne s'est demandé si cette suite de mésaventures n'était pas un avertissement du destin à propos de ce rendez-vous problématique. Devait-elle vraiment y aller ?...

A vous :

Unité 10

8 Nous sommes 180 millions de francophones dans le monde.

On parle français au Kebek, à Rebec, à Flobecq, à Tahiti, à Haïti, au Burundi, au Togo, au Congo, à Bamako, à Madagascar, à Dakar, en Côte-d'Ivoire, en Haute-Volta, à Brazza, au Ruanda, en Guyane, à la Guadeloupe, au Sénégal, à la Martinique, à Saint-Pierre-et-Miquelon, au Gabon, en Nouvelle-Calédonie, en Tunisie, au Liban, dans les Nouvelles-Hébrides, dans l'île de la Désirade, dans l'île de la Marie-Galante, dans l'île Maurice, au Cameroun, en France, à Jérompont-petit-rosière à Sorinnes-la-longue, à Tourinnes-la-Grosse, à Jandrain-Jandrenoulle, on parle français, à Pondichéry dans les Indes, en Louisiane, à Matagne, dans les Fagnes ; les Indiens algonquins de l'Etat de New York parlent français et les Gros Ventres du Montana également.

Nous sommes en tout 180 millions de francophones dans le monde. « Voilà pouqwé no s'tons firs d'yesse wallons ».

(Texte de Julos Beaucarne, extrait du disque intitulé « Le Flaf ou Front de libération des arbres fruitiers », disque Libellule référence YBPL 468, distribué en France par RCA. © Société d'édition Louise Hélène France – 2 rue des Brasseries 5991 Tourinnes la Grosse – Wallon – Belgique.)

Unité 11

2 Ch. Baudelaire, *Enivrez-nous.*

3

1 L'histoire d'un peuple se définit par les fêtes qui rythment sa vie, par l'importance qu'il leur accorde.

Certains peuples aiment encore beaucoup les fêtes qui sont ainsi l'occasion pour les amis et les familles de se retrouve C'est aussi, pour les membres d'une communauté, le moyen de se sentir plus proches les uns des autres, plus forts contre les mille et un obstacles qu'un peuple ou une nation peut avoir à affronter.

Les Français, aujourd'hui, se distinguent en cela des autres peuples. Ils accordent de moins en moins d'importance aux fêtes, religieuses ou nationales, et sont souvent étonnés quand un ami étranger les félicite à l'occasion de l'une d'entre elles.

Cela est peut-être dû au fait que les Français ont un sens moins grand de la vie collective que les autres peuples. Les Français sont connus pour être individualistes. C'est peut-être être dommage car ainsi beaucoup de coutumes ont fini par disparaître. Mais d'autres sont en train de s'installer et le départ collectif pour les vacances, le 31 juillet ou le 1er août de chaque année, n'est-il pas une immense fête à laquelle participent des millions d'individus à chaque fois ?

(G. Vigner, *Savoir-vivre en France*, Hachette.)

A Alors, pour cette sortie au Mont Saint-Michel, là, qu'est-ce qu'on fait ?
B Le Mont Saint-Michel, c'est toi qui l'as décidé, moi, je suis pas d'accord...
A Ben, c'était bien, moi, c'était une bonne idée, le Mont Saint-Michel, non ?
C Tu voulais aller où, toi ?
A Où est-ce que tu aurais préféré aller ?
B Oooh ! je sais pas... on pourrait aller voir la maison de... à Giverny, là.
C Ah ! la maison de...
A Ah ! la maison de Monet, Ah, oui !
A Mais oui, ça vient de rouvrir.
B Surtout qu'il y a l'exposition, on pourrait voir l'exposition à Paris, et puis après les emmener là...
C Moi, j'y suis allé à Giverny, j'ai vu le l'atelier de Monet.
A Ah, ça serait bien.
C La maison, le jardin.
A ... le jardin.
B C'est très fleuri, il paraît.
A Surtout en cette saison, le jardin doit être superbe.
C Et y a y a les petits étangs là où il a peint les Nymphéas.
A Ah oui !
C Le petit pont, tout ça.
B C'est Clemenceau, paraît-il, qui lui avait...
A Ah oui ! C'est vrai ?
C C'est très beau, c'est à côté de Vernon.
A Ah ben, c'est une bonne idée, ben, on pourrait faire ça comme sortie, ah oui.
B Et puis, on peut déjeuner sur l'herbe là-bas, non ?
A Et on irait comment ? On irait en voiture ?
D Ah oui !
B Oui, en car, ça dépend...
C Ben, on peut aller en car ou en voiture, c'est à côté.
B L'essence, si on est trop...
A Si on est trop ?
C On peut aller en voiture, c'est juste à côté. C'est à côté de Vernon là, dans l'Eure.
A Mais si on est à quatre ?
B C'est à combien de kilomètres de Paris ? C'est pas très loin, non ?
C Je dis, à côté de Vernon, ça fait quatre-vingt-dix kilomètres.
A Quatre-vingt-dix kilomètres, ça vaut le coup.
B Tant qu'on peut faire euh, un jour, un jour l'exposition et puis...
A Et puis, on déjeune là-bas ?
Je fais un poulet froid, et puis on déjeune sur l'herbe, par exemple.
D Hon, hon.
A Hein ?
D Oui, je crois que c'est une bonne idée.
B Je crois qu'il y a un endroit où on peut pique-niquer...
A Ah ben, y a des petits restaurants sympas aussi à côté...
B Ah y a des petits restaurants aussi... à côté pas trop chers.
A Pas trop chers ?

E Et aussi je vais avoir la possibilité, j'espère, de d'aller à Paris pour trois trois mois en tout cas.
B Oui.
E Pour travailler là-bas, ça c'est aussi dans le programme de l'université, alors là, j'espère de d'avoir encore une possibilité de parler de faire pas partir trop de connaissances.
B Oui, et au Canada ?
C Je pense qu'il me sera facile de continuer d'appris le français parce que il y a des quatre ou cinq chaînes de télévision qui sont français, il y a beaucoup de journaux et il y a les gens qui parlent français.
B Oui, mais est-ce que vous avez envie ?
C Oui, parce que euh la famille de mon mari...
B Oui ?
C Sont Québecois, alors il faut que je parle français.
B Ça, c'est le bon argument.
B Et au Brésil, plus tard ?
D Plus tard, je seulement si si je travaille dans une chaîne d'hôtels, par exemple où on a besoin de parler le français tandis que ailleurs non.
B Sinon, vous l'oubliez ?
D Oui, oui.
B Complètement ?
D Non, non, j'espère que non.
B Et vous au Tiers-Monde ?
A Oui, si je dois partir ou je partirai pour dans un pays franco dans une région francophone, c'est c'est clair, je continuerai à parler et je chercherai aussi l'amé, amélioration en travaillant pour moi-même sur de les en lisant des de la littérature ou des livres, mais autrement en habitant en Suisse, c'est, on est chaque jour presque confronté avec la langue française et j'aurai certainement aussi, ici en Suisse, la possibilité de de continuer.
B Vous êtes privilégiés en Suisse. C'est un peu la situation que vous avez au Canada ?
A Oui.
B Et au Japon, en dehors de l'université, de la littérature, de la grammaire, est-ce que vous voyez une possibilité de continuer à parler...
G Oui, c'est comme, oui peut-être par exemple dans l'Institut franco-japonais...
B Oui.
G Mais chercher le travail avec le le français, c'est un peu difficile.
B C'est un peu difficile, oui.

ité 12

age 120
(Les personnes sont les mêmes qu'en Unité 1, activité 1)
B Je voulais vous poser une dernière question : vous allez repartir prochainement, tous, n'est-ce pas ? Est-ce que vous avez pensé comment, après, vous pouviez continuer à faire du français, dans vos différents pays. Est-ce que vous voyez une possibilité de continuer, seul, à faire du français ?
F Oui, je crois que je vas continuer.
B Oui ?
F Oui, bien sûr, à ce moment ça n'a pas que de demi-chemin d'ici euh, je voudrais avoir un cours comme ça une autre fois, oui...
B Revenir une autre fois ?
F Oui.
B Vous continuez dans vos... dans le cadre de vos études.

Dans les pages suivantes, vous trouverez tous les exerci ces personnels :

— soit des exercices écrits ; leur corrigé se trouve en ba de chaque page ;

— soit des exercices oraux qui sont enregistrés sur le cassettes pour l'élève. Le numéro de l'exercice es alors accompagné du signe ☘. Les réponses atten dues, qui sont aussi dans l'enregistrement, sont alor indiquées *en italiques* et signalées par ▷.

Prenez l'habitude de faire les exercices enregistrés livre ferm

Unité 1

1 Répétez.

☘ Tu pars quand ?
Dis-moi, quand est-ce que tu pars ?
Quand puis-je vous rappeler ?
Quand est-ce que je peux te rappeler ?

Où pouvons-nous nous rencontrer ?
Où est-ce qu'on pourrait se retrouver ?
Vous êtes où maintenant ?
Tu es où maintenant ?

Pourquoi est-ce que tu me demandes ça ?
Pourquoi est-ce que tu n'es pas venu ?
Puis-je vous poser une question ?
Pourquoi ne m'avez-vous pas répondu ?
Pourquoi ne l'avez-vous pas envoyé ?

2 Lisez les réponses. Entraînez-vous à poser le questions.

1 Le français ? Moi, je l'ai appris à l'école.
2 C'est en travaillant en France que j'ai appris l français.
3 Je l'ai appris il y a environ quinze ans.
4 J'apprends le français tout simplement parce que j'e ai besoin dans mon travail.
5 J'apprends le français tout simplement pour mo plaisir.
6 Moi, le français, je le parle depuis mon enfance.
7 J'ai besoin du français dans ma profession.
8 Non. Je n'apprends pas le français pour mon travai je suis médecin, mais j'apprends le français pour fair du bateau en Bretagne.

**3 Ecoutez bien les réponses. Après chaque répons
☘ arrêtez la cassette. Notez le mot ou l'expressio qui permet de poser la question.**

Exemple :
Le cours de français ? Salle 12. Vous écrivez : ▷ *Où ?*

1 Le cours dure deux heures.
2 La salle 12 ? C'est au premier étage.
3 Vous pouvez vous inscrire maintenant.
4 Votre professeur ? Oui, il est français.
5 C'est votre professeur qui vous donnera les livres.
6 Non, c'est un homme.
7 Il s'appelle Gérard Gallet.
8 Il y a douze ans qu'il enseigne.
9 Vous pouvez payer immédiatement.
10 Le cours se termine fin juin.
11 Vous êtes seize dans votre classe.
12 Il n'y a pas de bibliothèque.

---

2 1 Où avez-vous appris le français ?/Vous avez appris le français où ?/Où est-ce que vous avez appris le français ?/Le français, vous l'avez appris où ? (Cette forme est propr l'oral.)/ 2 Comment avez-vous appris le français ?/ 3 Quand avez-vous appris le français ?/Vous avez appris le français quand ?/Il y a longtemps que vous avez appris français ?/ 4 Dans quel but apprenez-vous le français ?/ 5 Pourquoi apprenez-vous le français ?/ 6 Depuis combien de temps parlez-vous français ?/Il y a longtemps q vous parlez français ?/ 7 Pourquoi l'apprenez-vous ?/ 8 Apprenez-vous le français pour des raisons professionnelles ?/pour votre travail ?
3 1 Combien de temps ?/ 2 Où ?/ 3 Quand ?/ 4 Est-ce que ?/ 5 Qui ?/ 6 Est-ce que ?/ 7 Comment ?/ 8 Depuis combien de temps ?/ 9 Quand ?/ Quand ?/ 1-1 Combien ?/ 12 Est-ce que ?

Complétez.

Je suis entré ... le café qu'il m'avait indiqué. Il était assis
... l'entrée, ... une petite table ; j'étais contente de le voir,
... parce que ... je vis ... France, je n'ai pu m'habituer
aux cafés français. Je ne comprends pas pourquoi les gens
restent debout, ... le bar, enfin, le zinc, comme on dit...
Moi, j'aime être assise ... une table. Si je vais ... un café,
ce n'est pas pour rester debout.

**Relevez dans le texte, toutes les expressions indi-
quant une direction, un lieu.**
**A l'aide des indications qui vous sont fournies,
essayez de reconstituer le plan.**

La maison étant particulièrement difficile à trouver, je
joins un petit plan à mes explications. En arrivant à
Grasse, vous prenez la direction de Cannes. Vous traversez entièrement la ville. A la sortie, aux feux de signalisa-
tion, vous tournez à gauche, direction Nice. Vous passez
devant la Banque de France. Ensuite, vous continuez tout
droit. Au carrefour, après la poste, vous allez à gauche,
direction Nice. Vous arrivez au chemin de St-Jacques.
Vous continuez quelques centaines de mètres, vous tom-
bez, à droite, sur un petit chemin. Suivez-le ; c'est là.

**Quelles questions pourriez-vous poser pour obte-
nir les réponses suivantes ?**

Mon nom est Louvier.   ▷ *Quel est votre nom ?*
Je suis arrivé hier soir.
▷ *Quand est-ce que vous êtes arrivé ?*
J'ai vingt ans.
▷ *Quel âge avez-vous ?*
Je resterai trois semaines.
▷ *Combien de temps resterez-vous ?*
Je suis italien.
▷ *Quelle est votre nationalité ?*
J'habite près de la gare.
▷ *Où est-ce que vous habitez ?*
Non, je n'ai pas mangé.   ▷ *Avez-vous mangé ?*
Non, je n'ai pas compris.   ▷ *Avez-vous compris ?*

**Ecoutez. Chaque fois que vous entendez une
question, arrêtez la cassette et notez la question.**
— C'est bien le cours.
— Tu trouves ?
— Moi, j'aime bien. *Pas toi ? Tu n'aimes pas ?*
— Si.
— *Tu viens d'où ?*
— De Finlande.
— *Finlande ?*
— Oui, Finlande. *Et toi ? Tu es de quel pays ?*
— De Hollande. *Tu connais ?*
— Un peu.
— *Tu restes longtemps ici ?*
— Un mois.
— Ce n'est pas très long.
— Non.
— *Pourquoi apprends-tu le français ?*
— Parce que je suis hôtesse de l'air.
— *C'est vrai ? Tu en as de la chance !*
— Si je parle bien français, après, je pourrai faire les vols
  Helsinki-Paris. Et toi, *qu'est-ce que tu fais ?*
— Je suis étudiante.
— *Qu'est-ce que tu fais comme études ?*
— Interprète.
— *Tu parles quelles langues ?*

— Allemand, c'est ma langue maternelle parce que ma mère
  est allemande, hollandais, ça c'est ma langue paternelle ! anglais et... j'apprends le français.
— Je trouve que tu parles bien français.
— Pas assez vite.

**8 Relisez les questions que vous avez notées à
l'exercice 7. Quand c'est possible, trouvez une autre manière de poser la question.**

**9 Pour chacune des réponses suivantes, trouvez
plusieurs possibilités de questions.**
   1 Je travaille dans une banque.
   2 Je travaille quarante-deux heures par semaine.
   3 Je suis photographe.
   4 Mon nom ? D.E.L.L.E.T.
   5 En train. J'ai pris le train, l'avion, c'est trop cher.
   6 Je resterai six mois.
   7 J'aimerais partir fin mai.
   8 Si, le 29 ou le 30 mai.
   9 Non, je n'ai qu'une carte d'identité.
  10 Je ne travaille pas, je fais un voyage d'études.

**10 Lisez et écoutez. Regardez bien les mots *en itali-
ques.***
A Et *maintenant* la météo ! A vous Patrice.
B Oui Christiane. Triste *mois de juin. Demain, sur toute la
   France*, les températures seront en baisse, dix degrés *en
   Bretagne dans la journée* — le thermomètre descendra mê-
   me à six degrés *pendant la nuit !* — On n'avait *jamais* vu ça
   depuis 1900 ! A Strasbourg, neuf degrés, onze degrés *à
   Paris. Dans le Sud*, les températures seront un tout petit peu
   plus élevées, quinze à dix-huit degrés *sur les côtes*, mais ce
   n'est pas du tout une température *de saison*, couvrez-vous
   bien si vous allez *à la plage.*
   Christiane, me croiriez-vous si je vous disais qu'il neige *en
   montagne ?*
A Mais je vous crois *toujours*, mon cher Patrice...
B Vous avez raison, eh bien oui, *depuis ce matin*, il neige *sur
   tous les sommets.*
   Pour mercredi et jeudi, aucune amélioration mais je vous
   annonce une belle *fin de semaine*. Nous aurons du soleil
   pendant deux jours ! A demain.
A Merci Patrice. C'est Marc Pingeot qui vous présentera votre
   journal *à 23 h 15.* Bonne soirée et *à demain.*

**11 Ecoutez encore une fois sans regarder l'exercice
10. A chaque pause, retrouvez le mot qui manque
et notez-le.**
A Et ... la météo ! A vous Patrice.
B Oui Christiane. Triste ... ..., ..., les températures seront
   en baisse, dix degrés ...— le thermomètre descendra
   même à six degrés ... ! — On n'avait ... vu ça ... ! ..., neuf
   degrés, onze degrés ... les températures seront un
   tout petit peu plus élevées, quinze à dix-huit degrés ...,
   mais ce n'est pas du tout une température ..., couvrez-
   vous bien si vous allez ... .
   Christiane, me croiriez-vous si je vous disais qu'il neige ... ?
A Mais je vous crois ... , mon cher Patrice.
B Vous avez raison, eh bien oui, ... , il neige ... .
   ... , aucune amélioration mais je vous annonce une belle ...
   Nous aurons du soleil ... ! ... .
A Merci Patrice. C'est Marc Pingeot qui vous présentera votre
   journal ... . Bonne soirée et ... .

---

dans – à côté de/près de – à – là – depuis que – devant – ici – à – dans.
En arrivant à – prendre la direction de – traverser la ville – A la sortie – aux feux – tourner à gauche – direction... – passer devant... – continuer tout droit – au carrefour –
ès la... – aller à gauche – arriver au chemin de... – continuer... mètres – tomber sur un petit chemin... – à droite – suivre – là.
1 Ça te plaît ?/ 2 Ça ne te plaît pas ?/ 3 D'où viens-tu ?/D'où est-ce que tu viens ? Tu viens de quel pays ?/ 4 Tu viens de Finlande ?/De la Finlande ?/ 5 Et toi,
ù viens-tu ?/ 6 Est-ce que tu connais ?/ 7 Tu restes combien de temps ici ?/Tu vas rester combien de temps ici ?/Combien de temps vas-tu rester ici ?/ 8 Pour quelles
sons apprends-tu le français ?/ 9 Vraiment ?/ 10 Tu travailles ?/Tu fais quoi ?/Quelle est ta profession ?/ 11 Tu es étudiante en quoi ?/Tu fais quelles études ?/ 12
elles langues parles-tu ?/Tu connais quelles langues ?
1 Où travaillez-vous ?/ Quelle est votre profession ?/Qu'est-ce que vous faites comme travail ?/ 2 Combien d'heures par semaine travaillez-vous ?/ Quel est votre
aire ?/ 3 Quel(le) est votre profession ?/votre métier ?/ 4 Pouvez-vous épeler votre nom ?/Comment s'épelle votre nom ?/ 5 Comment êtes-vous venu(e) ?/Vous êtes
nu(e) comment ?/ En avion ?/ 6 Combien de temps resterez-vous ?/Vous resterez longtemps ici ?/ 7 Quand aimeriez-vous partir ?/Vous aimeriez partir quand ?/ 8
us ne connaissez pas la date de votre départ ?/Vous ne savez pas quand vous partirez ?/ 9 Avez-vous un passeport ?/Est-ce que vous avez un passeport ?/ 10 Est-ce que
us travaillez ?/Faites-vous un voyage d'affaires ?
Corrigez en comparant avec le texte 10.

12 Répondez.

♣ C'est arrivé quand ? Pendant la nuit ?
▷ *Oui, c'est arrivé pendant la nuit.*

Vous partez quand ? En fin de semaine ?
▷ *Oui, on part en fin de semaine.*

Vous étiez où ? A la plage ?
▷ *Oui, on était à la plage.*

Ils sont où ? A la montagne ?
▷ *Oui, ils sont à la montagne.*

Qu'est-ce que tu dis ? Il a plu pendant quinze jours ?
▷ *Oui, il a plu pendant quinze jours.*

Il est là depuis quand ? Depuis hier ?
▷ *Oui, il est là depuis hier.*

Par ce froid ? Tu vas en Bretagne ?
▷ *Oui, je vais en Bretagne.*

Vous irez où l'année prochaine ? En Grèce ?
▷ *Oui, on ira en Grèce.*

13 Pour chacun des verbes soulignés, indiquez s'il faut employer l'auxiliaire *être* (= 1) ou *avoir* (= 2). Faites la liste des verbes qui, aux temps composés, sont conjugués avec *être*.

Elle (2) <u>été</u> très malade. Elle (1) <u>restée</u> plusieurs semaines à l'hôpital où on lui ... <u>fait</u> de nombreux examens. Lorsque je ... <u>allé</u> la voir, elle était un peu mieux. Elle avait l'air heureuse de me voir. Lorsque je ... <u>arrivé</u>, elle s' ... <u>levée</u>, <u>fait</u> quelques pas dans sa chambre puis s' ... <u>assise</u> dans un fauteuil. Nous ... <u>parlé</u> d'elle, de sa convalescence qui serait longue, de son mari, de ses filles, de son travail. Quand je ... <u>parti</u>, elle ... <u>voulu</u> me raccompagner. Elle ... même <u>venue</u> jusqu'à l'entrée de l'hôpital. Elle se sentait bien, disait-elle. Elle ... <u>sortie</u> sur le pas de la porte, s' ... <u>arrêtée</u>, s' ... <u>mise</u> à rire : "Je dois être affreuse !" J'ai dit que non, qu'elle était toujours aussi belle. "Tu reviendras ?" J' ... <u>promis</u>. Elle ... <u>rentrée</u> en me faisant un petit signe de la main.

liste
▷ *rester*

Comment pouvez-vous compléter votre liste ?
Regardez le corrigé et écrivez les auxiliaires à la forme correcte.
Exemples : *Elle a été — Elle est restée —*

14 Répondez.

♣ Vous ne les voyez plus ?
▷ *Non, on les voyait souvent, mais c'est fini.*

Tu ne fumes plus ?
▷ *Non, je fumais beaucoup, mais c'est fini.*

Vous ne sortez plus ?
▷ *Non, on sortait souvent, mais c'est fini.*

Il ne vous invite plus ?
▷ *Non, il nous invitait souvent, mais c'est fini.*

Tu ne manges plus ?
▷ *Non, je mangeais beaucoup, mais c'est fini.*

Vous ne voyagez plus ?
▷ *Non, je voyageais souvent, mais c'est fini.*

Tu ne lis plus ?
▷ *Non, je lisais beaucoup, mais c'est fini.*

Il ne t'appelle plus ?
▷ *Non, il m'appelait souvent, mais c'est fini.*

15 Lisez.

Le 10 avril 1936, il faisait beau, il faisait même très chaud. Les congés payés n'existaient pas encore, il y ava des grèves. Mon frère avait cinq ans. Je suis née à 17 h 04

Racontez par écrit ce qui se passait le jour d votre naissance : quel temps faisait-il ? Quell était la situation dans votre pays ?

16 Lisez les informations concernant la France e 1950. Donnez des informations concernant votr pays sur les mêmes sujets.

En 1950	
En France	Dans votre pays
Peu de jeunes filles allaient à l'Université.	....
Les jeunes ne voyageaient pas comme maintenant.	....
Une faible proportion de Français possédaient une voiture.	....
Peu de Français avaient une salle de bains.	....
La France avait un Président de la République.	....
On pouvait faire du camping sauvage.	....
Le nombre d'enfants par foyer était plus important.	....
Continuez la liste pour votre pays en ce qui concerne les points suivants.	
- les autoroutes	....
- la télévision	....
- le divorce	....
- les vacances	....
- le nombre d'agriculteurs	....
- les sports d'hiver	....
- les voyages en avion	....

17 Répondez librement.

♣ Quand tu l'as connu, quel âge avait-il ?
▷ *Quand je l'ai connu, il avait... trente ans.*

Qu'est-ce qu'il faisait ?
▷ *Quand je l'ai connu, il était... assistant social.*

Où est-ce qu'il habitait ?
▷ *Quand je l'ai connu, il habitait... chez ses parents.*

Comment est-ce qu'il s'habillait ?
▷ *Quand je l'ai connu, il s'habillait... mal.*

Qu'est-ce qu'il faisait comme sport ?
▷ *Quand je l'ai connu, il faisait... du ski et de la planche à voi*

Qu'est-ce qu'il lisait ?
▷ *Quand je l'ai connu, il lisait... des romans policiers.*

---

13 2 – 1 – 2 – 1 – 1 – 1 – 2 – 1 – 2 – 1 – 2 – 1 – 1 – 1 – 1 – 2 – 1 –
On lui a fait – je suis allé – je suis arrivé – elle s'est levée – a fait – s'est assise – Nous avons parlé – je suis parti – elle a voulu – elle est venue – elle est sortie – s'est arrê
– s'est mise – j'ai promis – elle est rentrée.
Liste des verbes du texte conjugués avec *être* : aller – arriver – se lever – s'asseoir – partir – venir – sortir – s'arrêter – se mettre – rentrer.
Vous pouvez compléter votre liste en cherchant dans la grammaire de référence, en vérifiant dans un dictionnaire, en ajoutant à cette liste chaque nouveau verbe que vo
rencontrez dans des textes. Vous avez sans doute découvert que les verbes pronominaux (se lever, s'arrêter, se mettre) se conjuguent avec *être*.
15-16 Demandez à votre professeur de vérifier votre texte.
17 *Autres réponses possibles :* Il habitait en France/à Lyon/à côté de la gare/rue de la poste./ – Il s'habillait bien/sport/jeune/horriblement./ – Il faisait du judo/d natation/du tennis/du cheval/de la boxe./ – Il lisait un peu/Il ne lisait pas.

18 Pour chacune des questions, indiquez si la réponse correcte est : a ou b / a et b.

1 Tu as aimé le film ?
   a. Oui, je trouvais le film très bon.
   b. Oui, j'ai trouvé le film très bon.
2 Tu as vu Pierre dernièrement ?
   a. Je voyais Pierre chaque jour.
   b. J'ai vu Pierre il y a une semaine.
3 Pourquoi tu ne m'as pas téléphoné ?
   a. J'étais malade.
   b. Je n'ai pas eu le temps.
4 Qu'est-ce que tu as fait cet été ?
   a. Je faisais du piano.
   b. J'ai fait beaucoup de sport.
5 Qu'est-ce que tu faisais quand je suis arrivé ?
   a. Je faisais du piano.
   b. J'ai fait du tennis.
6 Pourquoi tu ne m'as pas ouvert quand j'ai sonné ?
   a. Je ne t'ai pas entendu.
   b. Je dormais.

19 Cherchez d'abord dans un dictionnaire le sens des mots soulignés. Répondez.

Et la scarlatine ?
▷ *La scarlatine ? Ah oui ! J'ai eu la scarlatine.*

Vous n'avez pas eu d'accident ?
▷ *Un accident ? Ah si, j'ai eu un accident.*

Et la rougeole ?
▷ *La rougeole ? Ah oui ! J'ai eu la rougeole.*

Vous n'avez pas eu d'opération ?
▷ *Une opération ? Ah si, j'ai eu une opération.*

Et les oreillons ?
▷ *Les oreillons ? Ah oui ! J'ai eu les oreillons.*

Vous n'avez pas eu d'otite ?
▷ *Une otite ? Ah si, j'ai eu une otite.*

Et la varicelle ?
▷ *La varicelle ? Ah oui ! J'ai eu la varicelle.*

Vous n'avez pas eu d'anesthésie ?
▷ *Une anesthésie ? Ah si, j'ai eu une anesthésie.*

20 Qui a pu dire ou écrire ces phrases ? A qui ?

Exemple :
Arriverai 17.05.
Roissy. Baisers.

	Qui ?	A qui ?
▷	*femme*	*mari*
	mari	*femme*
	enfant	*parents*
	ami	*ami*

1 Vous m'excuserez, mais je dois partir.
2 Regarde le ciel, je suis sûre qu'il va pleuvoir.
3 Il pleuvra sur toute la France.
4 Je vous verrai demain.
5 Vous allez immédiatement refaire cet exercice.
6 Au troisième top, il sera exactement douze heures zéro minute.
7 Vous me convoquerez tout le monde pour dix heures.
8 La réunion commencera à quatorze heures précises.
9 Notre prochain invité sera M. Livon, jardinier à la ville de Paris.
10 Quand tu auras mon âge.

11 Ça y est, il va gagner, il a gagné.
12 Nous vous ferons parvenir cet ouvrage prochainement.

21 Vous promettez de faire.

Tu n'as pas pris ce rendez-vous ?
▷ *Non, mais je vais le prendre.*
Tu n'as pas écrit à ta mère ?
▷ *Non, mais je vais lui écrire.*
Tu n'as pas téléphoné à Paul ?
▷ *Non, mais je vais lui téléphoner.*
Tu n'as pas envoyé ce papier ?
▷ *Non, mais je vais l'envoyer.*
Tu n'as pas fait ces réservations ?
▷ *Non, mais je vais les faire.*
Tu ne lui as pas répondu ?
▷ *Non, mais je vais lui répondre.*
Tu n'as pas lavé la voiture ?
▷ *Non, mais je vais la laver.*
Tu n'as pas payé cette facture ?
▷ *Non, mais je vais la payer.*

22 Répétez.

Quand tu voudras   Quand tu viendras
Quand tu pourras   Quand tu sauras la nouvelle
Quand tu seras grand   Quand tu seras là
Quand tu auras le temps   Quand tu la verras...

23 Lisez les phrases de l'exercice 22 et retrouvez ce qui a pu précéder ou suivre chacune des phrases.

Exemple : ▷ *Je peux te voir quand ?*
              Quand tu voudras.

24 Répondez.

Pauvre vieux ! T'as pas de chance !
▷ *Moi, je n'ai jamais de chance.*
C'est possible, tu ne prends pas de vacances ?
▷ *Moi, je ne prends jamais de vacances.*
Enfin, tu ne prends pas ta voiture ?
▷ *Moi, je ne prends jamais ma voiture.*
Quoi ! Tu ne mets pas de cravate ?
▷ *Moi, je ne mets jamais de cravate.*
Tiens ! Tu ne manges pas de fromage ?
▷ *Moi, je ne mange jamais de fromage.*
C'est impossible ! Tu n'as pas d'augmentation ?
▷ *Moi, je n'ai jamais d'augmentation.*
Ça alors ! Tu n'as pas de whisky ?
▷ *Moi, je n'ai jamais de whisky.*

25 Trouvez une définition simple (ou un exemple) pour ces mots croisés.

HORIZONTALEMENT
I   III
II   IV
VERTICALEMENT
1
2   4
3   5

---

18 1 : b/ 2 : b/ 3 : a et b/ 4 : b/ 5 : a/ 6 : a et b.

19 1 – Une personne assistant à une réunion et s'adressant aux autres participants. – Un(e) invité(e) s'adressant à la maîtresse de maison. Une personne s'adressant à quelqu'un qu'elle ne connaît pas très bien pour prendre congé./ 2 Une personne s'adressant à quelqu'un de familier./ 3 Un spécialiste de la météo à la radio ou à la télévision, ou dans la presse écrite et s'adressant aux auditeurs, aux téléspectateurs, aux lecteurs./ 4 Un patron à son employé(e). Un collègue à un autre collègue. Un médecin à son patient hospitalisé./ 5 Un professeur s'adressant à ses élèves./ 6 L'horloge parlante à toute personne désirant connaître l'heure./ 7 Un supérieur à une personne ayant un statut inférieur./ 8 Un(e) secrétaire s'adressant à une personne demandant un renseignement (normalement, par téléphone ou par écrit)./ 9 Un présentateur ou une présentatrice de radio ou de télévision s'adressant aux auditeurs ou aux téléspectateurs./ 10 Une personne plus âgée s'adressant à quelqu'un de familier./ 11 Un journaliste sportif, à la radio ou à la télévision./ 12 Un libraire à un client, par écrit.

23 *Réponses possibles :* 1 Quand veux-tu que je vienne ?/Quand veux-tu partir ?/ 2 Quand veux-tu que je te rende ce livre ?/ 3 Quand est-ce que je voyagerai seul(e) ?/Quand est-ce que je conduirai ?/ 4 Tu veux que je fasse cela quand ?/Je n'ai jamais le temps. (après la phrase)/ 5 On en parlera quand ?/ 6 Quelle nouvelle ?/ 7 Qu'est-ce qu'on fera quand je serai là ?/ 8 Elle est comment ?/Raconte ! (après la phrase).

25 *Horizontalement :* 1 Le contraire de tout./ 2 Fait partie d'une forme négative./ 3 Permet de relier deux mots, deux phrases./ 4 Les hommes disent souvent qu'une femme ne l'est jamais.
Verticalement : I Note de musique ou île française./ II Métal précieux./ III Préposition ou pronom personnel./ IV Mot russe pour refuser./ V Pronom personnel.
Ces définitions sont des exemples. Faites vérifier les vôtres par votre professeur.

26 Ecoutez les dialogues.

🜨 **Pour chacun d'eux, relevez les formes négatives et indiquez pourquoi les personnes ont employé des tournures négatives.**

(Voir unité 2, activité 7, dialogues 5, 6 et 7).
Exemple : Ça ne m'intéresse pas : ▷ *Refuser l'offre.*

27 Avant de partir, vous laissez un mot à quelqu'un pour demander :

1 d'aller chercher un vêtement à la teinturerie. Décrivez le vêtement, donnez les indications pour aller au magasin.
2 d'annuler votre rendez-vous chez le dentiste. Indiquez la date, l'heure.
3 de faire les achats pour le dîner. Donnez la liste.
4 de bien vouloir déplacer votre voiture garée en zone bleue. Indiquez l'heure de fin de stationnement et l'emplacement de votre voiture.

Vous laissez un mot pour indiquer :

5 que vous rentrerez tard. Donnez les raisons.
6 que vous avez changé vos projets. Vous partirez directement du bureau sans repasser chez vous. Indiquez où l'on peut vous atteindre et l'heure de votre retour.

28 Pour chacune des phrases suivantes, dites si vous êtes *a) d'accord*
b) pas d'accord
ou indiquez si l'information est vraie ou fausse.

1 L'immeuble où vous habitez est très bruyant.
2 Les places de cinéma sont trop chères.
3 On devrait interdire le camping au bord de la mer.
4 Quand on apprend une langue, il faudrait beaucoup écrire.
5 Le sport, ce n'est qu'une question d'argent.
6 A la télévision, il devrait y avoir surtout des films.
7 Les téléspectateurs qui réclament beaucoup de sport sont des idiots.
8 Il y a trop d'étudiants, c'est pourquoi le chômage augmente.
9 Vous mettez une heure pour vous rendre à votre travail.
10 Les rencontres des dirigeants politiques ne servent à rien.

Unité 3

29 Répondez : vous exprimez votre étonnement.

🜨 Il n'est pas venu ?
▷ *Non, et pourtant, il avait promis de venir.*
Il n'a pas écrit ?
▷ *Non, et pourtant, il avait promis d'écrire.*
Il n'a pas téléphoné ?
▷ *Non, et pourtant, il avait promis de téléphoner.*
Il n'est pas passé ?
▷ *Non, et pourtant, il avait promis de passer.*

Il n'a pas rappelé ?
▷ *Non, et pourtant, il avait promis de rappeler.*
Il n'est pas revenu ?
▷ *Non, et pourtant, il avait promis de revenir.*

30 Répondez : vous exprimez encore votre étonne-
🜨 **ment.**

Elle est venue samedi ?
▷ *Non. Ça m'étonne, en général, elle venait toujours le samed*
Ils ont passé Noël à la montagne ?
▷ *Non. Ça m'étonne, en général, ils passaient toujours Noël la montagne.*
Il a gardé les enfants dimanche ?
▷ *Non. Ça m'étonne, en général, il gardait toujours les enfan le dimanche.*
Elle a invité Jérôme mercredi ?
▷ *Non. Ça m'étonne, en général, elle invitait toujours Jérôm le mercredi.*
Ils ont pris leurs vacances en juillet ?
▷ *Non. Ça m'étonne, en général, ils prenaient toujours leu vacances en juillet.*
Il a téléphoné vendredi ?
▷ *Non. Ça m'étonne, en général, il téléphonait toujours vendredi.*
Elle a appelé de Paris ?
▷ *Non. Ça m'étonne, en général, elle appelait toujours Paris.*

31 Choisissez dans la liste le temps du passé q convient.

a. Samedi soir, lors d'un contrôle, la police ... deux jeunes gens qui ... dans une voiture volée. Ils ... déjà ... quatre cambriolages avant leur arrestation.

| arrêtait |
| a arrêté |
| sont arrêtés |
| avait arrêté |
| roulaient |
| ont roulé |
| ont fait |
| faisaient |
| avaient fait |

b. Le pilote ... un atterrissage forcé à trente kilomètres de l'aéroport d'où il ...

| réussissait |
| a réussi |
| avait décollé |
| a décollé |
| décollait |

c. Mlle Leblanc ... depuis trois jours. La veille de sa disparition, elle ... tous ses collègues au restaurant pour une petite fête. Elle ... en pleine forme, nous ... l'un d'eux.

| avait disparu |
| a disparu |
| avait invité |
| invitait |
| a invité |
| a été |
| était |
| déclarait |
| a déclaré |

---

26 *Dialogue 6 : On ne s'entend pas :* ▷ Pour indiquer que la communication sera courte en raison du bruit./ *Si on se lance pas :* > Pour exprimer une opinion./ *Rien :* > Pa mettre fin à la communication qui ne peut se dérouler normalement. Le personnage refuse de répéter sa phrase.
Dialogue 7 : On n'entend rien : ▷ Pour constater à haute voix que la communication est impossible.
27 Vous pourriez écrire, par exemple :
1 Peux-tu aller chercher ma robe bleue (avec une ceinture rouge, à manches longues) à la teinturerie Propnet, s'il te plaît ? C'est 4, rue de France, à côté de la boulangerie, en f d'un café (*ou :* mon complet gris à rayures). 2 Je n'ai pas eu le temps d'annuler mon rendez-vous chez le dentiste. Pourrais-tu le faire pour moi, s'il te plaît ? Rendez-vous, mard 15 h 30./*ou :* Tu serais gentil d'annuler mon rendez-vous chez le dentiste. Je ne peux pas y aller car j'ai une réunion du personnel./ 3 Est-ce que tu pourrais faire les courses pou soir ? Une baguette, cinq tranches de jambon, une salade, une livre de carottes, du beurre et un camembert. Merci./ 4 Je suis en séance. Ma voiture est en zone bleue, Centrale en haut, à droite, près de l'église. Pourrais-tu déplacer avant 9 h, fin de l'heure de stationnement ? Les clés sont sur mon bureau ou dans la poche de mon mant Merci./ 5 Ne m'attendez pas pour dîner car je rentrerai tard ce soir, aux environs de minuit. Je dois voir un client qui travaille très tard./ 6 Je n'ai pas le temps de repasser maison. Je pars pour Marseille directement du bureau. Tu peux m'atteindre directement à l'hôtel La Fayette (32-24-12) ou chez Bergeronne, La Ciotat (42-10-12). Je rentrerai dem dans la soirée.
28 Faites vérifier vos réponses par votre professeur.
31 a. a arrêté – roulaient – avaient déjà fait/ b. a réussi – avait décollé/ c. a disparu – avait invité – était – a déclaré.
Dans ce genre de phrases, on emploie le *plus-que-parfait* pour indiquer qu'une action s'est déroulée avant une autre action passée.

2 Pour chacun des textes suivants, relevez tout ce qui s'est passé.

a) avant l'arrestation

La police a arrêté trois jeunes gens et une jeune fille assis paisiblement à une terrasse de café. Peu de temps avant, la police avait reçu un coup de fil anonyme lui signalant qu'une bande de jeunes étaient en train de fracturer des portes de voitures. On a découvert qu'ils avaient volé différents objets dont un manteau de fourrure.

b) avant la victoire

Hier soir à Bâle, le Brésil a battu la Suisse par 2-1. Gareca a marqué le but de la victoire. Auparavant, Egli et Socrates avaient marqué sur penalty.

c) avant la conférence de presse.

Rencontre internationale — Le Premier ministre français a donné, en début de soirée, une conférence de presse qui a réuni plus de deux cents journalistes. Dans la matinée, il s'était rendu à l'Hôtel de Ville où il s'était adressé à une foule nombreuse qui se pressait aux abords du Palais.

d) avant la disparition des voleurs

Ce sont les voleurs qui ont gagné contre les gendarmes ! Après une course folle, les gendarmes ont perdu la trace des voleurs. Auparavant, ceux-ci avaient promené leurs poursuivants à travers tout le département.

3 Regardez l'exemple. A votre tour, rédigez une annonce en employant des adjectifs.

Exemple :

A louer un appartement ——→ *A louer*
Il n'est pas moderne. ——→ *grand appartement*
Il a 7 pièces. ——→ *ancien*
Il reçoit beaucoup de soleil.——→ *très ensoleillé*

1 A vendre une armoire de 1750, 2 m de haut, 1,90 m de large.
2 A donner un chien : Il n'est pas méchant, donne beaucoup d'affection, n'entend pas très bien d'une oreille.
3 Hôtesse cherche emploi qui l'intéresse : Elle parle 3 langues, elle n'est pas mariée, elle a beaucoup de diplômes. Elle a seulement 25 ans.
4 Mariages : Un homme qui n'est pas laid, qui a déjà été marié mais ne l'est plus et dont les goûts ne sont pas compliqués.
Une femme venant du Canada, 24 ans, ses yeux ont la couleur du ciel, ses cheveux, celle des blés, sa passion : la musique qu'elle pratique 2 h par jour. Elle n'est pas bête.
5 A vendre un appartement, il a été construit il y a peu de temps. Il offre tout le confort.

4 Ecoutez.

Et puis après, moi, y a les quartiers, les quartiers que j'aime, y a... Ah, moi, je suis très, très la Pointe Courte *, parce que c'est un quartier tellement fantastique : alors c'est des petites maisons, rien que des rez-de-chaussée, y a pas du tout d'étage, c'est des petits, puis toutes les barques sont là devant la maison, à la porte, puis y a des filets qui sèchent partout, ça a un côté je sais pas comment dire, ça ressemble aux gravures italiennes et ça sent fantastiquement bon parce que ça sent la

marée dans ce... et tout le monde se connaît et puis y a des cafés, y a... c'est vraiment une vie à part.

* Pointe Courte = quartier de la ville de Sète.

(En passant par... le Languedoc-Roussillon - ECEP Edi 7.)

.A Les connaisseurs, y disent y faut que le cidre y soit grand goût, gouleyant et justificatif. Ah, je ne sais pas, moi, écoutez, je dis grand goût, eh ben, c'est qui n'a pas goût de fût, c'est que les tonniaux sont ben lavés, sans doute, hein ? gouleyant, c'est signe que ça coule, ça descend ben sûrement, je suppose, hein, ça fait du bien par où ça passe.
B Et justificatif ?
A Jusfiticatif... c'est juste, ça doit être juste ce qu'on dit, je suppose, parce que...

(En passant par... la Normandie - ECEP Edi 7.)

Bien sûr que ça existe la cuisine basque, vous rigolez, non ? Que ça n'existe pas, mais ça va pas, hé ? Et la piperade, elle existe, le poulet basquaise existe, mais nous avons mais mais mais mais des plats basques en pagaille, non pôvre ! La cuisine basque suit le rythme des saisons, parce que d'ailleurs, moi je vous l'ai déjà dit, au printemps, nous avons l'anchois, à St-Jean-de-Luz, l'été, y a le thon...

(En passant par... l'Aquitaine - ECEP Edi 7.)

A J'ai appris ça à la à la maison avec ma mère, le soir comme ça, à ce moment-là, y avait pas de télé, y avait pas de...
B radio ?
A y avait pas rien pour le pour nous distraire, alors on on se mettait à chanter comme ça, la nuit, en hiver, ça fait huit ans qu'on chante tous les deux. Le kan a diskan, c'est quelque chose qu'on chante à deux, à deux.

(En passant par... la Bretagne - ECEP Edi 7.)

35 Faites des phrases selon le modèle, oralement et par écrit.

titre → Le meilleur titre, c'est celui de Benoît.
la page...

Idée - proposition - explication - réponse - histoire - début - résultat - chanson - dessin - photo - spectacle - opinion - travail - dialogue - illustration.

36 Ecoutez les petits dialogues. Pour chacun d'eux, relevez comment la personne a exprimé son opinion.

1 A Qu'est-ce que vous en pensez ?
  B C'est une musique *vraiment superbe.*
2 A Votre opinion ?
  B C'est un livre *terrible !*
  C D'accord, mais *je dirais* que c'est un livre *qui vous laisse heureux.*
  A Et vous, Suzanne Nol ?
  D C'est un livre *qu'il faut vraiment lire, il est magnifique.*
3 A Comment vous la jugez, la société ?
  B *Pas drôle.*
  A Comment ça ?
  B *Artificielle.*
4 A Il est comment ?
  B *Con.*
  A Pour toi, tout le monde est con.
  B Tu me demandes mon avis ; je te le donne : *il est con.*
5 A Tu sais que Jocelyne part ?
  B Je sais. Je la regretterai, une fille *formidable, sympa, marrante.*
  A Et *vachement bosseuse !*

---

32 a. La police avait reçu un coup de fil : des jeunes étaient en train de fracturer des portes de voitures. Ils avaient volé./ b. Egli et Socrates avaient marqué sur pénalty./ c. Le ministre s'était rendu... il s'était adressé à...

33 1 A vendre grande armoire ancienne./A vendre armoire ancienne, 2 m de haut./ 2 A donner gentil chien affectueux, sourd d'une oreille./ 3 Jeune hôtesse trilingue, célibataire, diplômée, cherche emploi intéressant./ 4 Mariages : Bel homme, divorcé, goûts simples./Jeune Canadienne (24 ans), yeux bleus, cheveux blonds, musicienne, intelligente./ 5 A vendre appartement récent, confortable.

35 La meilleure idée/proposition/explication/réponse/histoire, c'est celle de.../Le meilleur début/résultat, c'est celui de.../La meilleure chanson, c'est celle de.../Le meilleur dessin, c'est celui de.../La meilleure photo, c'est celle de.../Le meilleur spectacle, c'est celui de.../La meilleure opinion, c'est celle de.../Le meilleur travail, c'est celui de.../Le meilleur dialogue, c'est celui de.../La meilleure illustration, c'est celle de...

37 Lisez les critiques. Soulignez les expressions qui permettent à l'auteur de donner son opinion.

1 22 h 35 Cinéma (le rire du lundi) : Comme un pot de fraises.
Film français de Jean Aurel (1974), avec M. Eggerickx, N. Courval, M. Grant, J.-C. Brialy, B. Menez (rediffusion). *Une fille, mannequin, est affligée d'un vilain nez. Sa sœur et une amie cherchent à gruger un industriel pour lui payer une opération de chirurgie esthétique. Une comédie de boulevard vulgaire, grivoise et ringarde. A fuir.*
Le Monde, 7 déc. 1982.

2 Edith et Marcel

"... Lelouch a réussi un vrai grand film spectaculaire et populaire qui devrait en toute justice attirer encore plus de monde que l'insignifiante histoire d'un vilain petit monstre nommé E.T...!"
Remo FORLANI – R.T.L.

"Des comédiens que nous avons rarement vu aussi justes, intenses, intelligents... Brialy inoubliable de finesse et d'élan..."
Claude BAIGNÉRES – LE FIGARO

"... C'est la fête... La distribution est dominée de la tête et des épaules par Evelyne BOUIX, étonnante de naturel. **Richard de LESPARDA – MINUTE**

"Si vous n'aimez ni la boxe, ni Piaf, ni le cinéma, ni les beaux sentiments, n'allez pas voir "Edith et Marcel". Dans le cas contraire, précipitez-vous."
Patrice BERTIN – FRANCE INTER
Le Figaro, 22 avril 1983.

3 *Des cornichons au chocolat*, par Stéphanie, Jean-Claude Lattès.
Ce livre est un regard fascinant sur notre époque. Ecoutez Stéphanie. Elle vous fera rire — les enfants d'aujourd'hui savent tirer des poèmes et des chansons de leurs larmes.
Monique Lange, dans *Le Nouvel Observateur.* 15.7.83.

C'était pourtant l'été, par Maeve Binchy, Sylvie Messinger.
« C'était pourtant l'été » est un beau roman sur la fragilité du bonheur. Yann Queffélec.

4 ● *J'ai épousé une ombre*, de Robin Davis. Film policier remarquable.

● *La petite bande*, de Michel Deville. Sept petits Anglais traversent la Manche sans papiers, sans argent. Arrivés dans la campagne française, ils traversent des aventures dignes d'un conte de fées. Un film comme on n'en voit guère, plein de fraîcheur. A voir absolument.

● *Fanny et Alexandre*, d'Ingmar Bergman. Un film poétique, sensible, du très grand Bergman.

● *Tootsie*, de Sydney Pollack. Dustin Hoffman dans le rôle d'une femme évite de tomber dans la vulgarité. Un film d'une grande drôlerie.

38 Pour exprimer votre opinion sur un film, un livre, un spectacle, que pourriez-vous :

	dire	écrire
un film	J'aime bien. J'aime pas du tout.	Le ton est étrange. A fuir.
un livre		
un spectacle		

Cherchez dans les critiques de l'exercice 37 et dans l'unité 3 des expressions que vous pourriez utiliser.

39 Répondez : vous donnez une opinion très favorable.

Toi, tu trouves qu'il est sympathique ?
▷ *Ah oui ! Moi, je trouve qu'il est très sympathique.*
Toi, tu penses que c'est utile ?
▷ *Ah oui ! Moi, je pense que c'est très utile.*
Toi, tu crois qu'elle était contente ?
▷ *Ah oui ! Moi, je crois qu'elle était très contente.*
Toi, tu trouves que c'est intéressant ?
▷ *Ah oui ! Moi, je trouve que c'est très intéressant.*
Toi, tu trouves que c'est bon ?
▷ *Ah oui ! Moi, je trouve que c'est très bon.*
Toi, tu crois qu'elle est intelligente ?
▷ *Ah oui ! Moi, je crois qu'elle est très intelligente.*
Toi, tu crois que c'est possible ?
▷ *Ah oui ! Moi, je crois que c'est très possible.*
Toi, tu penses que c'est bien ?
▷ *Ah oui ! Moi, je pense que c'est très bien.*

40 Trouvez des définitions simples et faciles pour ce mots croisés.

	1	2	3	4	5
I	L	A	I	D	■
II	■	M	■	I	D
III	L	I	B	R	E
IV	■	C	■	E	■
V	M	A	R	C	■
VI	L	I	T	■	■

HORIZONTALEMENT
I
II
III
IV
V
VI
VERTICALEMENT
2
3
4
5

Unité 4

41 Posez la question.

Un journal que je lis tous les jours ? Le Dauphiné Libéré.
▷ *Quel est le journal que vous lisez tous les jours ?*
Ce que je fais le dimanche ? Du sport.
▷ *Qu'est-ce que vous faites le dimanche ?*
Mon plat préféré ? Le gigot d'agneau.
▷ *Quel est votre plat préféré ?*
Où je passe mes vacances ? En Bretagne.
▷ *Où passez-vous vos vacances ?*
Des enfants ? Non, je n'en ai pas.
▷ *Avez-vous des enfants ?*
Mes loisirs préférés ? La boxe et les échecs.
▷ *Quels sont vos loisirs préférés ?*
Ma retraite ? Je la prendrai le plus tôt possible.
▷ *Quand prendrez-vous votre retraite ?*
Où j'aimerais vivre ? Dans un pays chaud.
▷ *Où aimeriez-vous vivre ?*

42 Reprenez toutes les questions de l'exercice 41 transformez-les en imaginant que vous vo adressez à quelqu'un que vous connaissez tr bien.
Faites cet exercice oralement.

---

37 1 Comédie de boulevard vulgaire, grivoise, ringarde. A fuir./ 2 Lelouch a réussi un vrai grand film spectaculaire et populaire. – Comédiens (...) justes, intenses, intellig Brialy inoubliable de finesse et d'élan. – C'est la fête... Evelyne Bouix étonnante de naturel. – Précipitez-vous./ 3 regard fascinant sur notre époque, beau roman./ 4 remarquable. Un film comme on n'en voit guère, plein de fraîcheur. A voir absolument. Film poétique, sensible. Très grand Bergman. – Film d'une grande drôlerie.
38 Comparez vos réponses avec celles de vos collègues et discutez-en avec votre professeur.
40 Ces définitions sont des exemples. Faites vérifier les vôtres par votre professeur.
Horizontalement : I N'est pas beau./ II Les deux premières lettres d'idée, d'identique. Abréviation d'*idem*./ III Ce que tout homme devrait être mais un prisonnier ne l pas./ V Prénom masculin./ VI Lieu de repos – 3ᵉ personne du verbe lire.
Verticalement : 2 Adjectif formé à partir du nom *ami*./ 3 Participe passé du verbe *rire*./ 4 Un train peut l'être, un coup de poing aussi./ 5 Préposition.
42 *Vous pourriez dire :* 1 Tu lis quel journal tous les jours ?/C'est quoi le journal que tu lis tous les jours ?/ 2 Qu'est-ce que tu fais le dimanche ?/ 3 Qu'est-ce que c ton plat préféré ?/C'est quoi ton plat préféré ?/ 4 Où est-ce que tu passes tes vacances ?/Tes vacances, tu les passes où ?/ 5 T'as des enfants ?/ 6 Tes loisirs préfé c'est quoi ?/ 7 Quand est-ce que tu prendras ta retraite ?/Ta retraite, tu la prendras quand ?/ 8 Où est-ce que tu aimerais vivre ?/T'aimerais vivre où ?

**43 Apprenez à vous exprimer d'une manière directe.
Lisez les phrases suivantes à haute voix.
Pour vérifier l'intonation, vous pouvez écouter cet
exercice sur la cassette. Répétez.**

Mes résultats ? Pas brillants...
Le film ? Pas extraordinaire.
Les collègues ? Pas solidaires.
Le menu ? Pas fameux.
Mon salaire ? Pas suffisant.
Mes notes ? Pas suffisantes.
Les vacances ? Pas réussies.
Le dessert ? Pas bon.
Le nouveau secrétaire ? Pas capable.
La pièce ? Pas originale.

**44 Transformez les phrases précédentes en phrases
plus complexes. Choisissez le temps des verbes.**

Exemple :
Mes résultats n'ont pas été brillants.

**45 Vous entendez ces phrases à la radio. Vous les
répétez à haute voix en vous posant la question.**

Il faut se demander pourquoi il y a autant d'accidents d'enfants.
▷ *C'est vrai ça, pourquoi est-ce qu'il y a autant d'accidents
d'enfants.*
Il faut savoir si nous sommes pour le changement ou pas.
▷ *C'est vrai ça, est-ce qu'on est pour le changement ou pas ?*
Il faut se demander qui va payer.
▷ *C'est vrai ça, qui va payer ?*
Il faut savoir ce que nous voulons pour nos enfants.
▷ *C'est vrai ça, qu'est-ce qu'on veut pour nos enfants ?*
Il faut savoir si nous pourrons prendre des vacances.
▷ *C'est vrai ça, est-ce que nous pourrons prendre des
vacances ?*
Il faut se demander où est la solution.
▷ *C'est vrai ça, où est la solution ?*

**46 Vous insistez pour obtenir l'information que vous
désirez.**

Non, je ne pense à rien.
▷ *Tu penses bien à quelque chose.*
Non, je ne connais personne.
▷ *Tu connais bien quelqu'un.*
Non, il n'y avait personne.
▷ *Il y avait bien quelqu'un.*
Non, je ne vois rien.
▷ *Tu vois bien quelque chose.*
Non, je ne comprends rien.
▷ *Tu comprends bien quelque chose.*
Non, je ne parle à personne.
▷ *Tu parles bien à quelqu'un.*
Non, je ne souhaite rien.
▷ *Tu souhaites bien quelque chose.*

47 Conseillez.

Non merci, je ne prends rien.
▷ *Allons, prends quelque chose.*
Je t'assure, je n'ai pas envie de boire.
▷ *Allons, bois quelque chose.*
Vraiment, je n'ai pas faim.
▷ *Allons, mange quelque chose.*

Je ne sais pas quoi écrire.
▷ *Allons, écris quelque chose.*
Je ne sais pas quoi dire.
▷ *Allons, dis quelque chose.*
Je ne pourrais rien avaler.
▷ *Allons, avale quelque chose.*

48 Encouragez.

Je n'ai rien appris.
▷ *Voyons, je suis sûr que tu as appris quelque chose.*
Je ne rencontrerai personne.
▷ *Voyons, je suis sûr que tu rencontreras quelqu'un.*
Vraiment, je n'ai rien compris.
▷ *Voyons, je suis sûr que tu as compris quelque chose.*
Je n'ai rien lu.
▷ *Voyons, je suis sûr que tu as lu quelque chose.*
Je ne verrai personne.
▷ *Voyons, je suis sûr que tu verras quelqu'un.*
Je n'ai rien su.
▷ *Voyons, je suis sûr que tu as su quelque chose.*
Je ne trouverai personne.
▷ *Voyons, je suis sûr que tu trouveras quelqu'un.*
Je ne saurai rien.
▷ *Voyons, je suis sûr que tu sauras quelque chose.*

**49 Dans le texte, page 47, ''La France vue par les
jeunes Allemands'', relevez des phrases qui
contiennent des éléments permettant de comparer. Soulignez ces éléments.**

Exemple :
Nous les supportons *mieux que* les parents...

50 Complétez le tableau.

Par rapport aux thèmes de la colonne de gauche, relevez
quelques opinions des jeunes Allemands sur les Français
et donnez votre opinion personnelle sur les attitudes des
habitants de votre pays.

Thèmes	Opinion des jeunes Allemands	Votre opinion sur votre pays
Famille	Les Français ont le sens de la famille. Ils aiment leurs enfants. Ils les supportent mieux que les parents allemands.	Dans mon pays, nous avons aussi le sens de la famille. Nous, les ..., nous avons moins le sens de la famille que les Français. ...
Attitude face aux étrangers	Ils sont accueillants.	
Attitude face à la voiture		
...		

44 1 J'ai trouvé que le film n'était pas extraordinaire./ 2 Les collègues n'ont pas été solidaires./ 3 Le menu n'était pas fameux./ 4 Mon salaire n'est pas suffisant./ 5 Mes notes ne sont pas suffisantes/Mes notes n'ont pas été suffisantes./ 6 Le dessert n'était pas bon./n'est pas bon./ 7 Le nouveau secrétaire n'est pas capable./ 8 La pièce n'était pas originale.

49 Cette nation nous est *supérieure* dans beaucoup de domaines./En France, c'est *aussi sale qu*'en Turquie./Cela ne rend pas les Français beaucoup *plus intelligents.*

50

Thèmes	Opinions des jeunes Allemands
Attitude face aux étrangers	accueillants, gentils, ouverts
Voiture	Les Français se moquent de l'état de leur voiture. C'est une qualité qui prouve que les Français ont une philosophie et un savoir-vivre supérieurs.
Travail	Les Français n'aiment pas le travail. C'est une qualité. Les Français travaillent pour vivre, ne vivent pas pour travailler.
Environnement	Aussi sale qu'en Turquie. Grâce aux Allemands, les Français ont appris à connaître l'ordre et la discipline.
Enseignement	L'enseignement est autoritaire. Discipline sévère. Régime d'étude exagéré. Maîtres très durs. Les Français n'osent pas critiquer leurs professeurs. Trop de devoirs. Les C.E.S. sont des casernes. Les Français ne sont pas plus intelligents surtout dans le domaine des langues.
France	Est devenue un pays industriel.

Demandez à votre professeur de relire ce que vous avez écrit dans la colonne « votre opinion sur votre pays ».

51 Recherchez dans cet extrait d'article tout ce qui se rapporte à chaque élément du titre.

Les étudiants de 1982 sont « plus nombreux, plus isolés, plus pauvres... et plus protégés »

M. Domenach explique d'abord que les étudiants « *sont plus nombreux, plus isolés et plus pauvres* ». Selon lui, l'étudiant 1982, coupé du monde extérieur, moins fortuné qu'avant, « *n'est pas malheureux car il est protégé. il vit un temps à part, dans un monde à part où il paie moins cher certains services : ses propres études, l'accès au sport, aux restaurants, aux bibliothèques, et, quand il peut y trouver une place, aux cités universitaires. Enfin son régime de Sécurité sociale est fortement subventionné* ».

Le Monde, 7 déc. 1982.

plus isolés   →   *coupé du monde extérieur.*

plus pauvres   →

plus protégés   →

52 Regardez les deux illustrations. Dites ce qui a changé sur la deuxième.

1

Kharbine/Edimedia

2

J. Niepce/Rapho

53 Pour chacune des phrases suivantes, trouvez :
- quelles personnes
- quelles choses

sont remplacées par des pronoms.

Exemple :
Vous la taperez en trois exemplaires.

Vous → Une secrétaire

la   → Une lettre, une communication / une note de service.

1 Tu lui diras qu'elle me téléphone.
2 Et si tu lui disais que tu ne veux plus le voir ?
3 Un steak bleu pour le 14 ! Attention, il le veut bleu
4 Fais-le, s'il te plaît.
5 J'aimerais bien que tu le fasses.
6 Vous le posez sur mon bureau.
7 Tu le mets à droite de l'assiette.
8 Tu lui écriras que je ne veux pas venir ; elle m'ennuie je te le dis entre nous.
9 Ils l'ont convoquée, elle les a regardés et leur a donné son congé.
10 Promis ? Vous me l'envoyez ce soir ?

54 Qu'est-ce que *le* remplace ?
Exemple :
J'aimerais bien que tu le dises à Paul.

      → ce que je viens de dire

le → que je ne veux plus le voir

      → que je l'aime

      …

1 Ne le répète surtout pas !
2 Il l'a promis.
3 Il me le permet.
4 Vous l'aviez oublié.
5 Jure-le-moi.
6 Comment ? Elle te le défend ?
7 Je te l'avais pourtant demandé.
8 Propose-le-lui.

55 Répondez avec assurance.

Tu lis cet affreux journal ?
▷ *Bien sûr que je le lis !*

Tu défends le patron, toi ?
▷ *Bien sûr que je le défends !*

Toi, tu lis le chinois ?
▷ *Bien sûr que je le lis !*

Comment, tu connais Paul ?
▷ *Bien sûr que je le connais !*

Et sa femme, tu la connais aussi ?
▷ *Bien sûr que je la connais !*

Tu sais ton texte ? Ça m'étonne !
▷ *Bien sûr que je le sais !*

Tu achètes cet horrible pantalon ?
▷ *Bien sûr que je l'achète !*

Après ce qu'elle t'a fait, tu l'aimes encore ?
▷ *Bien sûr que je l'aime !*

56 Vous demandez une information.

On a apporté un paquet pour vous, Monsieur.
▷ *On l'a apporté quand ?*

Tu sais, j'ai vu Louvier.
▷ *Tu l'as vu quand ?*

J'ai terminé le rapport, Monsieur.
▷ *Vous l'avez terminé quand ?*

J'ai su par Dumont que tu partais.
▷ *Tu l'as su quand ?*

J'ai relu votre texte.
▷ *Vous l'avez relu quand ?*

J'ai commencé mon régime. Et toi ?
▷ *Tu l'as commencé quand ?*

J'ai tapé ton article.
▷ *Tu l'as tapé quand ?*

On a appris que Luc était mort.
▷ *On l'a appris quand ?*

57 Ecoutez et relevez toutes les informations nécessaires pour rédiger ensuite, sous forme de brèves consignes, les ordres que vous transmettrez à quelqu'un.

Exemple :
Laissez un mot à Lecoin ; il doit appeler immédiatement le secrétaire de son Club.

▷ *Lecoin, appeler immédiatement secrétaire Club.*

▷ *Monsieur Lecoin*
Appelez immédiatement le secrétaire de votre Club.
ou
▷ *Monsieur Lecoin, il faut que vous appeliez immédiatement le secrétaire de votre Club.*

1 Faites une note pour Verdier, oui Verdier, V.E.R.D.I.E.R., j'aimerais qu'il passe me voir à cinq heures.
2 Dites à Mlle Renaud, enfin non, mettez-lui ça par écrit : je veux qu'elle cesse ses coups de téléphone privés. Catégorique, n'est-ce pas ?
3 Laissez un mot pour la femme de ménage, Mme Duval, oui, qu'elle fasse mon bureau un peu plus soigneusement.
4 Et pour la dernière fois, vous indiquez à Leblanc que-je-veux-qu'il-mette-une-cravate-quand il reçoit des clients.

58 Dans les phrases suivantes, certains verbes sont au subjonctif, d'autres à l'indicatif. Soulignez les éléments qui entraînent le subjonctif et indiquez la forme verbale à l'infinitif.

Exemple :
Je veux que tu cesses de téléphoner. → *cesser*.

1 J'aimerais tant que vous veniez.
2 Tu as le temps de prendre un bain avant qu'ils arrivent.
3 Si tu veux mon avis, j'aimerais vraiment qu'il s'en aille.
4 Je crois qu'ils arrivent.
5 Crois-moi, il ne faut pas que tu prennes ta voiture.
6 Il faut vraiment que j'aille le voir.
7 J'espère qu'il sait ce qu'il fait.
8 Il faut que tu le fasses.
9 Il se passera bien une heure avant qu'il sache de quoi on parle !
10 Pour que je le répare, il faut que tu me l'apportes.

59 Lisez les annonces. Pour chacune d'elles, indiquez quels sont les objectifs des associations.

1 Plurielles 15
Assoc. pour des femmes actives du changement dans le 15ᵉ arrond., informer les femmes et exprimer leurs besoins, interpeller les élus locaux, développer la solidarité
Contact Plurielles 15
15, rue Robert-de-Flers, 75015

2 Association gérée par des jeunes, pour des jeunes, propose stages pour 12-16 ans en Normandie avec activités autogérées : équitation, planche à voile, tennis, 4 au 24 juillet, 1er au 21 août, 800 F/sem. tout compris. L'A.J.I., 1, allée des Monégasques, 91300 Massy. Tél. : 011-01-19.

3 FAIRE SON JOURNAL DE A A Z
Apprendre à réaliser un journal : techniques journalistiques, secrétariat de rédaction, maquette. Stage de 6 jours du 4 au 9 juillet. Centre de formation pour la presse associative, 5, bd Voltaire, 75011 Paris Tél. : 357-71-04.

4 École mondiale de yoga, relaxation, méditation, pose de réceptivité universelle. Forme élèves pour tous les pays pour enseigner et avoir le statut de profession libérale. Renseignements dans la revue « Yoga, Psychologie et Diététique », en vente dans toutes les presses, ou écrire à :
CEDADY Mondiale École
B.P. 172
68003 Colmar Cedex.

Le Monde, 19 juin 1983

5 **INITIATIVES**
Environnement et langues

Le Centre écologique européen installé au château de Vaugran, près d'Alès, se consacre à la protection de l'environnement et à la promotion des énergies renouvelables, et à l'agriculture biologique. Il entend contribuer à la revitalisation des régions victimes de l'exode rural et organise notamment à l'intention des étudiants étrangers des stages internationaux dits « chantiers linguistiques », complétés par l'étude et la pratique du français.
★ Centre écologique européen, château de Vaugran, 30480 Cendras. Tél. : (66) 55-67-57.

Le Monde, 8 mai 1983

---

57 *Prise de notes :* 1 Verdier – passer 5 h./ 2 Renaud – cesser téléphones privés/ 3 Duval – nettoyer bureau – mieux/ 4 Leblanc – une cravate pour clients.
Consignes : 1 Monsieur Verdier. M. le directeur désire que vous passiez le voir à 5 h./ 2 Mademoiselle Renaud. M. le directeur exige que vous cessiez de donner des coups de téléphone privés./ 3 Madame Duval. M. le directeur souhaite que vous fassiez son bureau un peu plus soigneusement./ 4 Monsieur Leblanc. M. le directeur exige que vous mettiez une cravate quand vous recevez des clients.
58 *Vous avez souligné :* 1 J'aimerais que/ 2 Avant que/ 3 J'aimerais que/ 4 –/ 5 Il faut que/ 6 Il faut que/ 7 –/ 8 Il faut que/ 9 Avant que/ 10 pour que/Il faut que.
Formes verbales à l'infinitif : 1 venir/ 2 arriver/ 3 s'en aller/ 4 –/ 5 prendre/aller/ 6 aller/ 7 –/ 8 faire/ 9 savoir/ 10 réparer/apporter.
59 1 Pour informer les femmes. Exprimer.../interpeller... développer.../ 2 Pour proposer des stages/ 3 Pour apprendre à réaliser un journal/ 4 Pour former des élèves pour enseigner le yoga/ 5 Deux objectifs : la protection de l'environnement, l'étude et la pratique du français.

60 Lisez le texte et complétez le tableau.

RENCONTRES DU FUTUR
Femmes et technologie

Une cinquantaine de femmes en provenance de vingt pays se réuniront à Genève du 20 au 22 juin prochain pour participer à la première Conférence internationale sur le thème « Femmes et nouvelle technologie », conçue et préparée dans une perspective féministe. Il s'agit de chercheuses et de représentantes de groupes de femmes, qui travaillent, individuellement ou dans le cadre d'institutions, d'entreprises ou de syndicats, dans le vaste domaine de la micro-électronique. Seront présentes aussi des femmes de pays en voie de développement.

Le but de la réunion est de comparer des expériences, d'échanger idées et connaissances pour établir une stratégie commune d'action. La nouvelle technologie a des répercussions sur l'emploi, la santé, l'éducation des femmes, les communications et même leur foyer.

La conférence, organisée par ISIS (Service féminin d'information et de communication) aura lieu à l'hôtel Grenil, 7, avenue Sainte-Clotilde, 1205 Genève. Seules les femmes peuvent y participer.

★ *ISIS*, Suisse, C.P. 50, 1211 Genève, Suisse, tél. : 022-33-67-46.

Le Monde, 19 juin 1983

Participantes	
Combien ?	Qui sont-elles ?
Lieu et date de la conférence	Objectif/ but de la réunion
Quelle est la condition à la participation ?	

61 Répondez avec agressivité.

S'il te plaît, fais-le.
▷ *Quoi ? Qu'est-ce que tu veux que je fasse ?*
Dis-le-moi, s'il te plaît.
▷ *Quoi ? Qu'est-ce que tu veux que je te dise ?*
Raconte-moi...
▷ *Quoi ? Qu'est-ce que tu veux que je te raconte ?*
Donne-le-moi, s'il te plaît.
▷ *Quoi ? Qu'est-ce que tu veux que je te donne ?*
Ecoute...
▷ *Quoi ? Qu'est-ce que tu veux que j'écoute ?*
Réponds-moi, s'il te plaît.
▷ *Quoi ? Qu'est-ce que tu veux que je te réponde ?*
Explique-moi, enfin...
▷ *Quoi ? Qu'est-ce que tu veux que je t'explique ?*
Montre-le-moi...
▷ *Quoi ? Qu'est-ce que tu veux que je te montre ?*

62 Mettez les verbes entre parenthèses à la forme correcte. Relisez vos phrases et imaginez dans quelles situations elles ont pu être prononcées.

C'est
pour que tu me (croire)
pour que tu (s'habituer)
pour que tu (comprendre) bien
pour que tu me (ne pas oublier)
pour que tu (se préparer)
pour que tu (répondre)
pour que tu le (savoir)
pour que tu (faire attention)
pour que tu (être heureuse)

63 Lisez les réponses. De qui, de quoi parlent-ils ?
Exemple :
Non, je n'en ai pas ; je ne fume plus. → *cigarettes*
1 Je le lis quand on me le prête.
2 Je ne le vois plus ; depuis qu'il est chômeur, il se cache.
3 Non, je ne l'ai pas retrouvée, je ne la cherche même plus... mais c'était ma bague préférée.
4 Je n'en ai jamais entendu parler ; moi, les associations féministes, ça ne m'intéresse pas.
5 Si tu veux, moi, je lui téléphone et je lui dis qu'il t'appelle ?
6 Si tu n'en manges pas, comment tu sais que c'est pas bon ?
7 Elle en avait ras-le-bol de se faire engueuler, alors elle lui a dit tout ce qu'elle pensait de lui. Résultat : deux jours après, il la renvoyait.
8 Non, je suis désolé mais je ne peux pas vous le promettre.

64 Complétez le tableau selon l'exemple. Utilisez les éléments contenus dans les titres et les débuts des articles.

Exemple :

A Levallois-Perret
DEUX MALFAITEURS TUÉS PAR LE FILS D'UN BIJOUTIER

Deux malfaiteurs ont été tués vendredi 25 mars, au cours d'un hold-up dans une bijouterie à Levallois-Perret (Hauts-de-Seine). Un troisième homme a pu prendre la fuite.

Le Monde, 27 juin 1983

	Personnes Objets	Action	Auteurs des actions
Ex. :	*deux malfaiteurs*	*ont été tués*	*par le fils d'un bijoutier*
1			
2			
3			
4			
5			
6			
7			
8			
9			
10			

60 Combien = Participantes = 50
Qui = Chercheuses, représentantes de groupes de femmes travaillant dans le domaine de la micro-électronique.
Lieu = Genève, du 20 au 22 juin.
But = Comparer des expériences. Échanger des idées, des connaissances pour établir une nouvelle stratégie d'action.
Condition = Etre une femme.

62 C'est pour que tu me croies/...tu t'habitues./...tu comprennes bien./...tu ne m'oublies pas./...tu te prépares./...tu répondes./...tu le saches./...tu fasses attention./...tu sois heureuse. Discutez avec vos collègues des situations que vous avez imaginées.
63 *Réponses possibles :* 1 Un journal/ 2 Un homme (actuellement au chômage)/ 3 Une bague perdue/ 4 Une association féministe/ 5 Un homme que les deux personnes connaissent/ 6 Un plat ou un mets (fromage, poisson)/ 7 Un patron et son employée/ 8 Dans cette phrase, le pronom *le* remplace une expression comme « Je ne peux pas vous promettre *de vous augmenter, de faire ce que vous me demandez* », etc.

1 **40 personnes arrêtées après l'attentat d'Orly.**
La brigade criminelle française a arrêté plus de 40 personnes à la suite...

2 **Policiers blessés.**
Trois policiers ont été blessés dans la nuit de dimanche à lundi en Irlande du Nord. Des hommes armés s'étaient cachés...

3 **Deux kilos d'or découverts en Chine.**
Dans le centre de la Chine, deux paysans ont découvert deux kilos d'or...

4 **Indemnisation des victimes : Projet approuvé par l'Assemblée Nationale.**
L'Assemblée Nationale a approuvé le projet d'indemnisation des victimes.

5 **Pédalo : criminel inculpé.**
L'auteur du crime contre la danseuse sera donc inculpé dans les jours qui viennent.

6 **Avion retrouvé.**
Les restes du Boeing 747 ont été retrouvés par deux alpinistes dans le massif de ...

7 **Enfant écrasé.**
Un horrible accident s'est produit hier soir dans le village de Chapelle. M. D. au volant de son tracteur a écrasé son fils qu'il n'avait pas vu...

8 **Manifestation pour la paix autorisée.**
Le préfet a autorisé la manifestation pour la paix qui se déroulera...

9 **Mark Renaud : la foule.**
On attend plus de 10 000 jeunes qui viendront applaudir le chanteur rock Mark Renaud. Il sera accueilli par ses admirateurs à l'aéroport.

10 **Orage : ferme détruite.**
Une ferme a été entièrement détruite à la suite des violents orages de lundi.

65 Ecoutez les trois dialogues. Après chacun d'eux, réfléchissez et décidez de ce que vous voulez en faire.
Vous les écoutez une seconde fois en fonction de votre objectif.

Vous pouvez, par exemple :
● noter une information ;
● relever une forme grammaticale ;
● relever des formules pour protester, regretter... ;
● découvrir des marques particulières de l'oral ;
● . . . .

1
A Vous n'avez rien compris à mon projet, rien.
B Oh ! Si, j'ai compris ! J'ai compris que...
A Avant de venir ici, vous auriez dû lire mon texte et alors...
B Mais je l'ai lu votre texte, madame, je l'ai lu.
A Alors, vous ne savez pas lire.

2
A Moi, y faudrait pas me forcer beaucoup pour que je·dise à Jean ce que je·pense.
B Je sais pas si ça servirait à quelque chose...
A Ah, ben, ça serait trop facile...
B Ben... non... non. C'est pas ce que je voulais dire, vous avez mal compris, ce que je voulais simplement dire que tout va, maintenant, ça vaut plus la peine d'en parler, c'est du passé...
A Non, là, je ne suis pas d'accord, y faudrait qu'on en parle au contraire.
C Je peux encaisser ?
A Non, non, laissez... non, laissez, j'ai dit que je vous invitais... non, non, non, non. Non, il n'en est pas question... Alors laissez-moi au moins payer le vin. Merci.
B Je vous en prie.
A Ce que je voulais dire pour Jean, c'est que c'était quelqu'un d'extrêmement bien avant... alors que maintenant... Vous savez depuis 67, on était des intimes, maintenant, on se voit plus du tout.

3
A Moi, je suis né en France, j'ai été à l'école en France, j'ai toujours vécu ici, je suis d'ici quoi. Le français, je le parle mieux que l'arabe, alors, moi quand je retourne en Algérie, c'est comme si j'allais à l'étranger.
B Vous avez quelle nationalité ?
A Justement, je suis Algérien, c'est là où j'arrive pas à me décider : en France, je suis chez moi, mais je suis étranger, en Algérie, je suis aussi chez moi, puisque c'est mon pays mais je suis aussi étranger, et ça personne, les Français, je veux dire, personne il le comprend...
B Et vos parents ?
A Attendez parce que moi, je suis pas tout seul à penser comme ça, la différence avec nous les jeunes, c'est qu'on veut plus de ce système. Nos parents, y sont écrasés, ils ont jamais rien dit, toujours... y se taisaient quoi. "Fais ton boulot", on leur disait, "Tais-toi", alors y se taisaient. Après le boulot, à la maison, on les voyait plus, tiens, moi le soir, je les ai vus pleurer, alors nous les jeunes, on veut pas pleurer, on veut vivre quelque part où que ce soit chez nous, nos parents, avant c'était des ombres. Tiens, je veux encore dire quelque chose : vous voyez la différence entre mon père et moi, c'est que lui, vous l'auriez tutoyé...
B Mais non.
A Mais si, mais si, les journalistes y tutoyaient les Arabes, mais à moi, vous dites vous. Là, y a déjà une différence !

64 *Personnes/Objets*	*Action*	*Auteurs des actions*	*Personnes Objets*	*Actions*	*Auteurs des actions*
1 40 personnes	(ont été) arrêtées	par la brigade criminelle	6 Les restes du Boeing	ont été retrouvés	par deux alpinistes
2 Trois policiers	ont été blessés	par des hommes armés	7 Enfant	(a été) écrasé	par son père, M.D.
3 Deux kilos d'or	(ont été) découverts	par deux paysans	8 La manifestation pour la paix	(a été) autorisée	par le préfet
4 Projet	approuvé	par l'Assemblée nationale	9 Mark Renaud	sera accueilli	par ses admirateurs
5 Le criminel	sera inculpé	L'auteur n'est pas indiqué car il facile de deviner qu'il s'agit d'un juge.	10 Une ferme	a été détruite	par l'orage

Remarque : La forme passive s'emploie souvent dans les faits divers. On n'indique pas l'auteur de l'action quand on peut le deviner par le contexte, par exemple dans la phrase 5. Dans le titre, on supprime très souvent l'auxiliaire.

65 1 Vous pourriez noter les informations suivantes relevées dans le dialogue 3 : Les enfants d'Algériens, nés en France, gardent la nationalité algérienne. Ils se sentent aussi bien étrangers en France qu'en Algérie. Mais on remarque chez eux un grand changement de mentalité : ils refusent de se laisser traiter comme leurs parents.
2 Au niveau grammatical, vous pourriez revoir : ● dans le dialogue 1 : la négation, le passé composé ● dans le dialogue 2 : des formes verbales, par exemple l'emploi du conditionnel et de l'imparfait/● dans le dialogue 3 : des expressions pour indiquer une idée de lieu et de temps, des formes verbales, les pronoms personnels.
3 Vous pouvez relever des formules pour reprocher/protester comme : « Vous n'avez rien compris à mon projet. » « Nous les jeunes, on veut pas pleurer, on veut vivre. »/Pour regretter : « Jean, c'était quelqu'un d'extrêmement bien avant » « Quand je retourne en Algérie, c'est comme si j'étais à l'étranger. »
4 Quelques marques particulières de l'oral : 1 Le pronom « il » se prononce simplement « i » : « y faudrait » « y se taisaient »... 2 La première partie de la négation est souvent supprimée : « Je sais pas. » « J'arrive pas. »/ 3 La reprise du nom quand on emploie un pronom personnel : « Je l'ai lu, votre texte. » « Le français, je le parle. » 4 Les répétitions./ 5 L'emploi de « on » à la place de « nous » : « On les voyait plus ». 6 Des mots pour garder l'attention de la personne à qui l'on parle : « Tiens. » « Attendez »/ 7 La suppression du « e » muet : par exemple. 1 Avant d venir/2 m forcer – c'est pas c que j voulais dire – ce que je voulais simplement dire – j'ai dit que je vous invitais.
Vous pourriez compléter cette liste des marques particulières de l'oral en faisant l'exercice 72.

66 Recherchez dans les titres ou les articles suivants les causes et les conséquences des événements. Indiquez au moyen de quelles formes grammaticales l'événement est présenté.

	Causes de l'événement	Conséquences	Quelles formes grammaticales ?
1			
2			
3			
4			
5			

1

Selon « l'Humanité »

LES DIFFICULTÉS DES ENTREPRISES SONT DUES AUX TROP LOURDES CHARGES FINANCIÈRES

Le Monde, 8 juillet 1983

2 ● Jeudi, un accident de la circulation s'est produit sur la route de contournement d'Aigle à la suite d'un refus de priorité. Mme Flore Briaux, 79 ans, domiciliée à Lausanne, passagère d'un des deux véhicules a été grièvement blessés et transportée à l'Hôpital d'Aigle. Elle est dans un état désespéré. — (c)

Tribune le Matin, 30 mai 1983

3

Lac-Noir : marche de protestation renvoyée

La marche de protestation contre la construction d'une route militaire à la Geissalp (région du Lac-Noir), prévue dimanche matin, a été renvoyée à dimanche prochain en raison des importantes quantités de neige qui recouvrent le parcours. — dr

Tribune le Matin, 30 mai 1983

4 LA RÉDUCTION DES EFFECTIFS DANS L'ARMÉE DE L'AIR

Des bases aériennes vont être fermées

Certaines bases aériennes françaises seront fermées en raison des réductions d'effectifs dans les trois armées, imposées par la loi de programmation militaire.

Le Monde 8 juillet 1983

5

Tombé d'un pédalo au large d'Ouchy
Un homme coule à pic

Tribune le Matin, 17 mai 1983

67 Reliez les deux phrases par un mot ou une expression :
  a. Vous mettez l'accent sur la cause.
  b. Vous mettez l'accent sur la conséquence.

Exemple :
Je me réveillais toujours fatigué. On ne s'est jamais couché avant trois heures du matin.
  a. Je me réveillais toujours fatigué / *car* / *parce qu'* / on ne s'est jamais couché avant trois heures du matin.
  b. On ne s'est jamais couché avant trois heures du matin, / *alors* / *donc* /, je me réveillais toujours fatigué.

1 Je ne t'ai pas écrit. J'ai été trop occupée.
2 Je ne savais pas ce que tu voulais pour ton anniversaire. Je ne t'ai rien acheté.
3 Nous connaissons tous les pays méditerranéens. Nous allons en Suède.
4 Excès de vitesse : trois morts.
5 Brouillard sur l'aéroport d'Orly : les avions atterrissent à Lyon.

68 Trouvez rapidement une réponse à la question qu'on vous pose.

Exemple :
Pourquoi tu me demandes si je suis malade ?

Vous pourriez répondre, par exemple :
  ▷ *Je ne sais pas moi, parce que tu n'as pas l'air bien.*

Ou : ▷ *Parce que tu n'es pas venue hier.*

1 Pourquoi tu me demandes si je suis triste ?
2 Pourquoi tu n'y vas pas ?
3 Pourquoi y a pas de café ?
4 Pourquoi la séance est annulée ?
5 Pourquoi vous ne regardez pas la télévision ?
6 Pourquoi tu ne lis pas cette lettre ?
7 Pourquoi tu ne parles pas ?
8 Pourquoi tu ne dors pas ?
9 Pourquoi tu pleures ?
10 Pourquoi tu veux savoir ce que j'ai dit ?

69 Ecrivez un mot à des amis pour annuler le séjour que vous deviez faire chez eux. Donnez les raisons de votre décision.
Pour commencer et terminer votre lettre, regardez ''Repères pour communiquer'' page 58.

66 Texte	causes	conséquences	formes grammaticales
1	lourdes charges financières	difficultés des entreprises	sont dues aux—être dû à
2	refus de priorité	passagère grièvement blessée	à la suite de
3	importantes quantités de neige	marche de protestation renvoyée	en raison de
4	réduction des effectifs	bases aériennes fermées	en raison de
5	Tombé d'un pédalo	un homme coule à pic	

67 1 a. Je ne t'ai pas écrit car/parce que j'ai été trop occupée./b. J'ai été tellement occupée que je ne t'ai pas écrit./ 2 a. Je ne t'ai rien acheté pour ton anniversaire parce que je ne savais pas ce que tu voulais./b. Je ne savais pas ce que tu voulais pour ton anniversaire alors/donc/c'est pourquoi/je ne t'ai rien acheté./ 3 a. Puisque nous connaissons tous les pays méditerranéens, nous allons en Suède./b. Nous connaissons si bien tous les pays méditerranéens que nous allons en Suède./ 4 a. Trois morts par excès de vitesse./C'est à cause d'un excès de vitesse que l'on compte trois morts dans l'accident./b. Excès de vitesse, conséquence : trois morts./ 5 a. Comme il y a du brouillard sur l'aéroport d'Orly, les avions atterrissent à Lyon./Les avions atterrissent à Lyon à cause du brouillard sur l'aéroport d'Orly./En raison du brouillard sur l'aéroport d'Orly, les avions atterrissent à Lyon./b. Brouillard sur l'aéroport d'Orly, par conséquent les avions atterrissent à Lyon.
68 *Réponses possibles :* 1 Parce que tu ne me dis rien... Parce que tu as l'air triste./ 2 Parce que je n'en ai pas envie./Parce que je suis fatigué(e)./ 3 Parce que je n'ai pas eu le temps d'en faire./ 4 Parce que le secrétaire est malade./ 5 Parce qu'aucun programme ne m'intéresse./Parce qu'elle est en panne./ 6 Parce que je n'en ai pas envie./Parce que je n'ai pas le temps./ 7 Parce que je suis triste./(fatigué.)/Parce que j'ai assez parlé aujourd'hui./ 8 Parce que je me suis levé(e) tard./ 9 Parce que je suis triste./Parce que je pense à.../ 10 Parce que je veux connaître ton avis. Parce que tu ne dis rien/Parce que tu as l'air triste.
69 Demandez à votre professeur de relire votre lettre.

70 Cherchez des mots d'abord en français. Si vous n'en connaissez pas assez, pensez à des mots dans votre langue. Traduisez-les. Relisez ensuite votre texte à haute voix. Est-ce que les mots "sonnent" bien ?

Vacances
A comme Amérique
        amour
        André / Anne
B comme baisers
D comme détente
. . . .

Voyages
A comme . . . .
D comme départ
E comme escales
. . . .

Lettre d'amour
A comme absence
. . . .

Apprentissage du français
B comme besoin
D comme découverte
O comme objectif
F comme fatigue
. . . .

Musique
. . . .

Livre
. . . .

Jardins
. . . .
. . . .

Unité 6

71 Apprendre à deviner par le contexte.
Lisez les titres des articles. Si vous ne comprenez pas les mots, cherchez dans l'article des éléments qui vous permettent de deviner.
Tribune le Matin, 30 mai 1983
Exemple :

Gamin enlevé puis libéré contre rançon

Le fils d'un notaire de Thonon-les-Bains (Haute-Savoie), Bruno Bouvet, 12 ans, a été enlevé et séquestré durant quatre jours, avant d'être libéré par les policiers, dimanche en fin de matinée, au moment de la remise d'une rançon d'environ 200 000 francs suisses, a-t-on appris de source policière.

Avez-vous compris   → fils
le sens de *gamin* ?   12 ans

Avez-vous compris   → 200 000 francs
le sens de *rançon* ?   libéré

Quels mots vous permettent de comprendre
1 - copines ?
2 - exode ?
3 - embardée ?

1

URSS : elle endormait ses copines

La classe travaillait à un devoir de contrôle, quand le professeur s'aperçut que sept élèves dormaient le nez dans leur copie. Ni la chaleur ni la fatigue n'étaient en cause : les sept dormeuses avaient été hypnotisées par une de leurs camarades douée d'un talent exceptionnel.

Ce petit événement, que rapporte dimanche la « Komsomolskaia Pravda », a eu pour théâtre une école de la région de Tachkent (Asie centrale) et pour héroïne une jeune fille de 14 ans, Marina. Les médecins ont décelé à l'unanimité chez elle « un don d'hypnotisme » hors du commun.

Marina, qui avait participé deux mois auparavant à une séance d'hypnose, avait cultivé son talent en secret, ajoute l'organe de la jeunesse communiste. — (afp)

2

Quand s'arrêtera l'exode ?

La ville de Fribourg ne cesse de perdre de sa substance : selon la statistique de la population, le nombre d'habitants a sensiblement diminué entre le début du mois de décembre de l'année 1981 et le 1er décembre 1982. Fribourg, qui avait recensé plus de 42 000 habitants à fin novembre 1970, compte aujourd'hui moins de 35 000 personnes domiciliées dans la commune. C'est ce qui ressort du rapport de gestion du Conseil communal pour 1982.

3

TERRIBLE CHUTE DANS UN RAVIN
Embardée tragique près de Saint-Nicolas

Hier, une voiture valaisanne conduite par un habitant d'Eisten (vallée de Saas), a quitté la route de la vallée à la hauteur de Saint-Nicolas et est tombée dans un précipice d'une vingtaine de mètres. Le conducteur a été grièvement blessé. Son passager, M. Michael Furrer, lui aussi domicilié à Eisten, a perdu la vie dans l'accident. — (ats)

Proposez à votre professeur de lire chacun votre liste en classe.
1 *copines* : Ce sont les mots suivants qui vous permettront de comprendre le sens : classe – élèves –camarades./ 2 *exode* : perdre (de sa substance) – le nombre habitants a diminué – en 70 = 42 000 habitants, aujourd'hui = 35 000./ 3 *embardée* : terrible chute – quitté la route – tombé (dans un précipice) d'une vingtaine de mètres.
Remarque : Lorsque vous lisez un texte et que des mots sont inconnus, avant de chercher le sens de ces mots dans un dictionnaire, essayez de trouver dans le texte des indices vous donneront le sens du mot inconnu.

72 Lisez et écoutez. Relevez quelques caractéristiques de la langue orale.

(...) dans le domaine alors de du cinéma de recherche aujourd'hui.

(...) et là sur Marguerite Duras euh, je pense c'est assez important de ou de de montrer ce qu'elle fait parce qu'on se trouve là en présence d'une création originale en ce sens que c'est un écrivain qui a écrit des romans, que ses romans ont été portés à l'écran par des cinéastes.

(...) Et quand on voit les films euh bon — on peut ne pas aimer ses films — ce sont en général des films pas vraiment narratifs, c'est des films où les choses se passent un peu à l'extérieur de ce qui est montré sur l'écran ou de ce qui est dit dans la bande son.

(...) Je pense qu'elle occupe aujourd'hui, moi, une place tout à fait particulière dans l'histoire du cinéma, c'est un cinéma comme on n'en a jamais fait et je trouve que ça vaut la peine une fois de montrer ce qu'elle a fait et de la mettre en présence du public, alors elle sera à quelques jours, en tout cas, un soir elle sera là pour répondre publiquement et enfin les gens pourront la voir et pourront un peu discuter avec elle euh, je pense que c'est c'est notre rôle de faire ça quoi, de de montrer un un créateur aujourd'hui et qui en plus, dans son cas a la particularité de pouvoir faire le commentaire de son œuvre.

(...) Voilà un peu ce qu'on tente de faire, on a d'autres projets d'ailleurs dans ce domaine, je ferai venir d'autres gens parce que je trouve que c'est très bien d'avoir le contact personnel, que les gens se rencontrent, puissent poser des questions, etc., et pas toujours à des grands théoriciens mais aussi à des gens qui font du cinéma-cinéma quoi euh alors euh voilà, alors ça c'est ça fait partie de nos prochaines, nos prochains projets avec aussi une façon de montrer des choses qu'on ne voit jamais dans les salles publiques de notre pays par exemple on va faire une quinzaine de cinéma finlandais — les gens savent pas que le cinéma finlandais existe — or c'est un cinéma qui, à certains égards est assez proche du cinéma suisse mais qu'a même plus de difficultés parce que le finlandais n'est parlé qu'en Finlande ils ont même pas euh parlé le français comme nous à Paris alors euh bon, ça c'est une chose ou bien on on fera du cinéma québécois, on fera du ciné... du jeune cinéma allemand, ça c'est disons un travail d'information qui doit venir combler un peu les lacunes des programmes publics, je sais très bien que les cinémas ne peuvent pas passer tous les films très difficiles et donc là, on fera ça pour ça.

(Extraits d'une interview de F. Buache, directeur de la Cinémathèque Suisse - Lausanne, 1983).

73 Sur le modèle suivant, faites une liste de records.

Le plus grand pédalo du monde

74 Relevez dans les textes suivants tous les mots, toutes les expressions qui permettent d'exprimer une idée de futur.

DÉROULEMENT DE LA FÊTE

10 h. 30 : Rendez-vous au bois de Vincennes, pelouse de Reuilly (métro Porte-Dorée)./ **12 h. 30 :** Pique-nique géant. Les repas seront disponibles sur place vendus par l'Appel des Cent **14 h. 30 :** Salutation de bienvenue par Suzanne Prou au nom des Cent.
17 h. 30 : Adoption de l'Appel final. Désignation de la délégation des Cent et des délégués départementaux qui se rendront à Genève le 23 juin pour rencontrer les missions américaines et soviétiques. **18 h. 30 :** Jazz et lâcher de ballons.
Les spectacles se dérouleront sur quatre scènes. Sur les scènes 1, 2, 4, entre les spectacles, interventions et interviews d'artistes, de personnalités de l'Appel des Cent, de représentants d'organisations venant du monde entier. Présentation Yves Mourousi, Raoul Sangla.

Fête pour la paix, dans *Le Monde,* 17 juin 1983.

PARTI PRIS

Crèches

Au siècle dernier, les grandes familles du Royaume-Uni inscrivaient leur futur rejeton au collège d'Eton dès sa conception. Les places étaient rares — volontairement.

Aujourd'hui, en France, le dialogue suivant n'a rien d'exceptionnel :

« C'est pour un enfant déjà né ?

— Déjà né ?

— Oui. Si c'est pour un enfant à naître vers le mois de février de l'année prochaine, je vous inscrirai sur la liste d'attente. Mais je n'ai que cinquante places et vous aurez le numéro 75. Si votre enfant est né, pas question. Il fallait vous y prendre plus tôt... » ... *pour l'inscrire, non pas dans une école prestigieuse, mais dans une crèche de quartier.*

A peine assurées d'une grossesse, les femmes qui entendent, comme certains le leur conseillent viveme conserver leur travail rému — à condition d'en trouver doivent se précipiter pour crire dans une crèche l'enfa peine conçu. Certaines, ins cieuses des statistiqu qu'elles faussent ainsi, s'ins vent en plusieurs endro Compréhensible prudence.

On peut tirer de cette sit tion absurde — et qui tou parfois au drame — plusie conclusions. Les Français peu d'enfants et le déplor en chœur. Mais ceux qui on courage ou l'inconscience vouloir se perpétuer sont pe lisés. La contraception a o aux couples le moyen de p grammer l'amour. Libreme Non, car on les oblige à ac ter leurs projets non seulem à leurs désirs et à le moyens, mais à ceux que la ciété leur offre. Chichem Administrativement. Les bé dans le sein de leur mè avant même d'avoir des b et des mains, auront bientô avenir informatisé, un num de Sécurité sociale person une crèche, une école et, p quoi pas ? un avenir tout tra

JEAN PLANCHAIS

Le Monde, 19 juin 198

75 Ecoutez et prenez des notes. Le texte que vou allez entendre est un appel lancé sur une radi locale pour avertir les auditeurs d'une manifesta tion prochaine.
Prenez le plus de renseignements possible.

Je termine par la manifestation pour la paix qui aura lieu dimar che prochain, dimanche 3 juillet, grande fête de la paix à Ve bois.
Le matin, grand marché écologique, alors les amateurs de légu mes et de fruits biologiques, rendez-vous à Verbois. Vous trou verez également un grand marché des artisans. De la musique Bien sûr, il y aura de la musique pour tous les goûts : folklo musique folklorique, du jazz, du rock, des chanteurs, je ne vou en donne pas la liste ; elle serait trop longue.
Comment vous rendre à Verbois ? Si vous venez en voitur prenez la nationale 40. A la sortie du village de Fournet, vou prenez la direction Verbois, c'est à droite, à la sortie. U conseil : laissez votre voiture au parking à l'entrée de Verboi ne traversez pas le village en voiture. D'accord ?
Si vous venez en train, descendez à Fournet, un service d'aut cars assurera la navette avec le lieu de la fête.
Les courageux, ceux qui viendront à pied, ceux qui sont dé partis à pied, ceux qui viennent de toute l'Europe à pied, prenez pas la nationale ! Prenez la départementale 90. De flèches vous indiqueront l'itinéraire et sur le trajet, des buvette sont installées qui vous attendent.
Que la fête nous retrouve tous dimanche ! Nous serons là auss votre radio préférée sera sur place ! A dimanche !

---

72 Dans ce texte, on peut relever des caractéristiques de la langue orale telles que : 1 suppression du mot *que* dans des expressions comme « je pense », « je crois » (c'e assez important)./ 2 des répétitions : « de, de... », « qui a écrit des *romans,* que ses *romans* ont été portés à l'écran ». On écrirait : qui a écrit des romans qui ont été porté l'écran. « c'est, c'est... on, on... »/ 3 des hésitations : « euh... »/ 4 des mots inachevés : « on fera du ciné... du jeune cinéma ».
73 *Par exemple :* Le plus grand pain du monde./La plus grande chaussure du monde./Le plus ancien livre du monde./Le plus petit ordinateur du monde./La plus belle...
74 1 Les repas seront disponibles – qui se rendront à Genève le... – Les spectacles se dérouleront.../ 2 Leur futur rejeton – à naître vers le mois de février de l'ann prochaine – Je vous inscrirai... – Vous aurez le n° 75 – Les enfants auront bientôt un avenir.
Remarque : Si vous désirez comprendre ces textes d'une manière détaillée, utilisez la même méthode qu'à l'exercice 71.
75 Vous avez sans doute noté :
dimanche 3 juillet – Verbois – fête de la paix. Marché écolo./*en voiture* = nationale 40, sortie Fournet, à droite, direction Verbois/*en train* = descendre à Fournet + autocar/*à p* = départementale 90, flèches.

76 Reconstituez les titres à partir des éléments suivants. Mettez le verbe entre parenthèses () au futur.

Exemple :
Le Président / en / (se rendre) / en / Tunisie / octobre.
▷ *Le Président se rendra en Tunisie en octobre.*

1 Encore / 1984 / des / (augmenter) / chômeurs / le / en / nombre /

2 Nyon / rues / (avoir) / bientôt / piétonnes / ses /

3 / 4 millions / (livrer) / l' / de / pétrole / de / la Irak / tonnes / à / France /

4 / (être) / dans / nouvelle / mois / la / six / prête / fusée /

5 / de / il / l' / sur / beau / l' / ensemble / Europe / (faire) /

77 Répondez.

Promets-moi d'y aller.
▷ *Je te promets, j'irai, mais pas aujourd'hui.*
Promets-moi de lui téléphoner.
▷ *Je te promets, je lui téléphonerai, mais pas aujourd'hui.*
Allô ? Promets-moi de m'écrire.
▷ *Je te promets, je t'écrirai, mais pas aujourd'hui.*
Promets-moi de le faire.
▷ *Je te promets, je le ferai, mais pas aujourd'hui.*
Promets-moi de venir.
▷ *Je te promets, je viendrai, mais pas aujourd'hui.*
Promets-moi de m'accompagner.
▷ *Je te promets, je t'accompagnerai, mais pas aujourd'hui.*

78 Répondez.

Tu le prends, tu le prendras ou tu vas le prendre ?
▷ *Je crois que... je vais le prendre.*
Tu lui écris, tu lui écriras ou tu vas lui écrire ?
▷ *Je crois que... je vais lui écrire.*
Tu l'achètes, tu l'achèteras ou tu vas l'acheter ?
▷ *Je crois que... je vais l'acheter.*
Tu l'emportes, tu l'emporteras ou tu vas l'emporter ?
▷ *Je crois que... je vais l'emporter.*
Tu l'essaies, tu l'essaieras ou tu vas l'essayer ?
▷ *Je crois que... je vais l'essayer.*
Tu l'as, tu l'auras ou tu vas l'avoir ?
▷ *Je crois que... je vais l'avoir.*
Tu te couches, tu te coucheras ou tu vas te coucher ?
▷ *Je crois que... je vais me coucher.*

79 Protestez.

Enfin, ne prends pas mes clés !
▷ *Tes clés ? Mais ce sont les miennes !*
Arrête, c'est ma brosse à dents.
▷ *Ta brosse à dents ? Mais c'est la mienne !*
Fais attention ! Ma caméra.
▷ *Ta caméra ? Mais c'est la mienne !*
Pas mon stylo ! Je ne veux pas que tu prennes mon stylo.
▷ *Ton stylo ? Mais c'est le mien !*
N'y touche pas ! Ce sont mes papiers.
▷ *Tes papiers, mais ce sont les miens !*

80 Ecoutez (arrêtez la cassette après chaque phrase). Notez la forme verbale au subjonctif. Essayez de retrouver l'élément qui fait que le verbe est au subjonctif.

1 Il faut que tu l'apprennes.
2 Il vaut mieux que tu partes.
3 Qu'est-ce que tu veux que je réponde ?
4 Pourquoi veux-tu que j'y aille maintenant ?
5 Elle ne voulait pas que je vienne.
6 Qu'est-ce que tu veux que je dise ?
7 Je souhaite que tu arrives à lui faire comprendre ça.
8 J'ai peur qu'il soit malade.
9 Il faut que tu saches ce qu'il m'a dit : tu n'en reviendras pas.
10 Il vaut mieux en parler pour que tout soit clair entre nous.
11 Je le connais : avant qu'il arrive, on a le temps de finir.
12 Je ne voudrais pas qu'elle vienne avec lui.
13 Téléphonez-lui pour qu'elle apporte du pain.
14 Même si elle refuse, je veux que tu viennes.
15 Je ne sais plus ce qu'il faut faire pour qu'il comprenne.

81 Mettez les verbes à la forme correcte.

1 Un jour, tu ...	voir
On se ...	rencontrer
2 Je t' ... toute ma vie. Tu me ... déjà et tu me ... encore plus demain.	aimer / manquer manquer
3 Je ... sûre qu'il te ...	être / ressembler
4 Il ... demain sur la Bretagne et l'ouest en général.	pleuvoir
5 Tu ne ... jamais et nous ... ensemble éternellement.	mourir / vivre
6 La production de pétrole ... en diminuant.	aller
7 Je ne lui ... plus jamais confiance.	faire
8 J'ai l'impression que je ne ... jamais.	finir
9 Bientôt, les centrales nucléaires ... entièrement notre pays.	couvrir
10 Tu n' ... pas au Paradis.	aller
11 Je suis sûr que je ne ... pas les mêmes erreurs que lui.	faire
12 Nous ... par les champs, les forêts.	aller

82 Relisez les phrases de l'exercice 81. A votre avis, quels sont les phrases que vous pourriez
● chanter
● lire à haute voix à quelqu'un
● lire à voix basse, pour vous ?

---

76 1 Le nombre des chômeurs augmentera encore en 1984./ 2 Nyon aura bientôt ses rues piétonnes./ 3 L'Irak livrera 4 millions de tonnes de pétrole à la France./ 4 La nouvelle fusée sera prête dans six mois./ 5 Il fera beau sur l'ensemble de l'Europe.

80 a. Formes au subjonctif ; b. Éléments qui entraînent le subjonctif :
1 a. que tu l'apprennes/b. Il faut que/ 2 a. que tu partes/b. Il vaut mieux que/ 3 a. que je réponde/b. Tu veux que/ 4 a. que j'y aille/b. Veux-tu que/ 5 a. que je vienne/b. Elle (ne) voulait (pas) que/ 6 a. que je dise/b. Tu veux que/ 7 a. que tu arrives/b. Je souhaite que/ 8 a. qu'il soit/b. J'ai peur que/ 9 a. que tu saches/b. Il faut que/ 10 a. que tout soit clair./b. Pour que/ 11 a. qu'il arrive/b. Avant que/ 12 a. qu'elle vienne/b. Je (ne) voudrais (pas) que/ 13 a. qu'elle apporte/b. Pour que/ 14 a. que tu viennes. Je veux que/ 15 a. qu'il comprenne. Pour que.

81 1 verras – rencontrera/ 2 t'aimerai – manques – manqueras/ 3 suis – ressemblera/ressemble/ 4 pleuvra/ 5 mourras – vivrons/ 6 ira/ 7 ferai/ 8 irai/ 9 couvriront/ 10 n'iras/ 11 ferai/ 12 irons.

82 Comparez avec les réponses de vos collègues.

83 Répondez.

🜂 Tu peux venir ?   ▷ *Si tu veux, je viens.*
Tu peux me l'apporter ?   ▷ *Si tu veux, je te l'apporte.*
Tu peux m'accompagner ?   ▷ *Si tu veux, je t'accompagne.*
Tu peux m'aider ?   ▷ *Si tu veux, je t'aide.*
Tu peux m'emmener ?   ▷ *Si tu veux, je t'emmène.*
Tu peux venir plus tôt ?   ▷ *Si tu veux, je viens plus tôt.*

84 Répondez.

🜂 Vous finirez ce soir ?
▷ *Si j'avais le temps, je finirais.*
Vous m'emmenez ?
▷ *Si j'avais le temps, je vous emmènerais.*
Vous terminerez aujourd'hui ?
▷ *Si j'avais le temps, je terminerais.*
Vous venez ?
▷ *Si j'avais le temps, je viendrais.*
Vous passez, ce soir ?
▷ *Si j'avais le temps, je passerais.*
Vous sortez ?
▷ *Si j'avais le temps, je sortirais.*
Vous le recevrez ?
▷ *Si j'avais le temps, je le recevrais.*
Vous lui parlez ou non ?
▷ *Si j'avais le temps, je lui parlerais.*

85 a. Lisez les titres. Est-on sûr des nouvelles annoncées ? Justifiez votre réponse.

1   **Le Brésil signerait dans les prochains jours un accord avec le Fonds monétaire pour le déblocage de 411 millions de dollars**

2   **Un sommet maghrébin pourrait se réunir prochainement en Algérie**

3   **LE GOUVERNEMENT EXCLURAIT TOUTE PRISE DE PARTICIPATION AU CAPITAL DE PEUGEOT**

4   ● *Un nouvel accord international sur le sucre pourrait être signé*

Le Monde, 27 mai et 17 juillet 1983

b. Transformez les titres afin que les nouvelles soient réelles.

c. Par écrit, annoncez à quelqu'un les nouvelles suivantes :
1 vous en êtes sûr(e),
2 vous n'en êtes pas certain(e).
1   la mort de Georges lundi dernier
2   votre arrivée prochaine en Auvergne
3   le divorce prochain de vos amis Lavigne
4   le départ de Nicole pour les Etats-Unis
5   une fête.

86 a. Lisez.

A un fil du drame

L'avion militaire qui s'est écrasé hier à Vernayaz aurait pu provoquer une catastrophe sans précédent. A quelques mètres de l'appareil déchiqueté — dont le pilote, blessé, s'est extrait lui-même — l'entreprise Moderna abritait un million de cageots à fraises qui auraient flambé en un clin d'œil. Les câbles à haute tension coupés pendant l'atterrissage forcé auraient pu électrocuter des automobilistes et une dame en train d'étendre son linge. Bref, le DMF s'en tire à bon compte.

24 heures Lausanne, 19 juillet 1983

b. Répondez (x).

	oui	non
1 Une catastrophe a-t-elle eu lieu ?		
2 Les fraises ont-elles brûlé ?		
3 Des automobilistes ont-ils été électrocutés ?		
4 La dame a-t-elle été électrocutée ?		

c. Quels sont les éléments qui vous ont permis de répondre ?

d. Complétez les phrases.
Si l'avion ... , les cageots à fraises auraient flambé.
Si ... , des automobilistes auraient ... .

e. A votre tour, imaginez une catastrophe qui n'a pas eu lieu et rédigez un petit article.

87 Répétez.

🜂 Bon, ben, je le ferai quand même.
Tout de même, il aurait pu venir.
C'est pas mal, mais ... à mon avis ...
Quand même, il aurait pu faire mieux.
Il n'est pas très bien, mais il viendra quand même.
On y va quand même ?
Tout de même ... je l'aime bien.
T'exagères, quand même ...

88 Ecoutez et complétez par écrit.

🜂 1 Le match s'est déroulé ... .
2 ... , le coureur belge a réalisé les meilleurs temps.
3 On attendait Daumal à l'arrivée, ...
4 Les examens ont eu lieu ... .
5 ... , on attend de nombreux spectateurs.
6 ... , le projet a été accepté.
7 "... , je préfère vivre en ville", c'est ce que nous a déclaré M. Mauriond.
8 Il a tenu à se représenter ... .

Ecoutez encore une fois et corrigez. Comparez avec le corrigé.

---

85 a. Les nouvelles ne sont pas certaines, elles sont probables. C'est l'emploi du conditionnel qui indique que l'on est dans le domaine de l'hypothèse./b. Pour que les nouvelles soient du domaine de la certitude, il faut employer le futur, le présent ou le passé composé : 1 Le Brésil signera./ 2 Un sommet maghrébin se réunira./ 3 Le gouvernement exclut./ 4 Un nouvel accord sera signé. c. 1 a. Georges est mort lundi dernier./b. Georges serait mort./2 a. J'arriverai la semaine prochaine./b. Je pourrais arriver./3 a. Les Lavigne divorceront dans le courant du mois de juin./b. Les Lavigne pourraient bien divorcer prochainement/4 a. Nicole part/va partir/partira pour les États-Unis./b. Nicole partirait pour les États-Unis prochainement./5 a. Il y aura une fête chez Paul le 3 mai./b. Paul ferait une fête prochainement.
86 b. 1 non/2 non/3 non/4 non. c. L'emploi du conditionnel passé qui indique qu'une action n'a pu avoir lieu./ d. Si l'avion s'était écrasé sur l'entreprise Moderna... des voitures avaient circulé sous les câbles, les automobilistes auraient été électrocutés./ e. Demandez à votre professeur de relire votre texte.
88 1 malgré la pluie/ 2 Malgré sa chute/ 3 mais c'est Valon qui est en tête/ 4 bien que certains étudiants soient arrivés en retard/ 5 Bien que les conditions météorologiques ne soient pas favorables/ 6 Bien qu'il y ait eu une forte opposition/ 7 Malgré tous les inconvénients/ 8 malgré l'opposition des membres de son parti

89 Reprenez les phrases de l'exercice 88 et complétez le tableau.

Pour exprimer une idée d'opposition	Mots qui suivent
Malgré	....
Bien que	....

Qu'est-ce que vous remarquez quand vous employez des expressions comme *bien que* ou *malgré* ?

90 Trouvez des exemples selon les modèles.

Effort important → opposition ← Résultat zéro	
J'ai beau travailler comme un fou,	je n'arrive à rien
J'ai beau lui répéter dix fois la même chose,	il oublie tout
....	....
....	....

91 Répondez en exprimant l'étonnement.

♣ Non, merci, je ne veux pas de fromage.
▷ *Ne me dis pas que tu n'en veux pas.*

Non, je t'assure, je n'ai plus d'argent.
▷ *Ne me dis pas que tu n'en as plus.*

Non, je ne mange pas de poisson.
▷ *Ne me dis pas que tu n'en manges pas.*

Non, je ne mets jamais de sel.
▷ *Ne me dis pas que tu n'en mets jamais.*

Non, je ne bois jamais d'alcool.
▷ *Ne me dis pas que tu n'en bois jamais.*

Nom, je ne porte plus de cravate.
▷ *Ne me dis pas que tu n'en portes plus.*

Non, je n'achète jamais de journaux.
▷ *Ne me dis pas que tu n'en achètes jamais.*

Non, je n'ai plus de voiture.
▷ *Ne me dis pas que tu n'en as plus.*

92 Répondez.

♣ Moi, je crois qu'il faut lui parler.
▷ *Oh non, ne lui parle pas.*

Moi, je crois qu'il faut le prévenir.
▷ *Oh non, ne le préviens pas.*

Moi, je crois qu'il faut le prendre.
▷ *Oh non, ne le prends pas.*

Moi, je crois qu'il faut l'appeler.
▷ *Oh non, ne l'appelle pas.*

Moi, je crois qu'il faut lui téléphoner.
▷ *Oh non, ne lui téléphone pas.*

Moi, je crois qu'il faut la rendre.
▷ *Oh non, ne la rends pas.*

Moi, je crois qu'il faut la lire.
▷ *Oh non, ne la lis pas.*

Moi, je crois qu'il faut lui répondre.
▷ *Oh non, ne lui réponds pas.*

93 Supprimez toutes les répétitions contenues dans cette lettre.

Ma chère Aurélia.

Tu m'avais demandé de téléphoner à Chantal. J'ai téléphoné à Chantal hier soir mais je n'ai pu parler à Chantal car Chantal était sortie. J'ai transmis ton message à Jacques afin qu'il informe Chantal de ce message. Jacques m'a promis que Chantal écrirait (à toi ou à ta fille) dans le courant de la semaine prochaine. Jacques pense que Chantal sera contente de cette invitation, enfin Chantal te dira elle-même qu'elle est contente.

Ici, tout va bien. Les travaux continuent. Je pense que les travaux seront bientôt finis et je me réjouis que les travaux soient bientôt finis. Les enfants seront en vacances demain. Les enfants partiront avec moi à la montagne. Luc a besoin de la montagne pour ses poumons. Sa sœur n'est pas très contente, tu connais la sœur de Luc, ce que sa sœur aime, c'est la mer. Ensuite, nous irons en Provence, nous resterons quinze jours en Provence et j'espère que toi et moi nous nous verrons.

Je t'embrasse. Marie.

94 Répondez affirmativement ou négativement selon vos goûts.

Exemple :
Tu aimes la peinture abstraite ?
▷ *Oui, je l'aime beaucoup / je l'adore.*
▷ *Non, je ne l'aime pas du tout.*

1 Tu bois souvent de la bière ?
2 Vous allez souvent au cinéma ?
3 Vous lisez beaucoup de journaux ?
4 Vous aimez la cuisine française ?
5 Vous prenez souvent l'avion ?
6 Tu aimes le bleu ?
7 Tu lis souvent des romans policiers ?
8 Tu écris souvent à tes amis ?
9 Vous apprenez beaucoup de mots français ?
10 Tu aimes la musique brésilienne ?

95 Répondez négativement.

♣ Je t'ai demandé si tu avais vu Paul.
▷ *Si j'ai vu Paul ? non ...*

Je t'ai demandé si tu étais passé à la banque.
▷ *Si je suis passé à la banque ? non ...*

Je t'ai demandé si tu mangeais ici.
▷ *Si je mange ici ? non ...*

Je t'ai demandé si on partait ce soir.
▷ *Si on part ce soir ? non ...*

Je t'ai demandé si tu étais malade.
▷ *Si je suis malade ? non ...*

Je t'ai demandé si tu étais sorti hier.
▷ *Si je suis sorti hier ? non ...*

Je t'ai demandé si tu avais invité les Dumond.
▷ *Si j'ai invité les Dumond ? non ...*

Je t'ai demandé si tu avais acheté les journaux.
▷ *Si j'ai acheté les journaux ? non ...*

---

9 *Malgré...* la pluie/sa chute/tous les inconvénients/l'opposition. *Bien que...* certains étudiants soient arrivés/les conditions météorologiques ne soient pas.../il y ait eu... *Malgré* est suivi d'un nom précédé d'un déterminant. La phrase peut s'arrêter après ce nom. *Bien que* est suivi d'un nom ou d'un pronom sujet et d'un verbe obligatoirement au subjonctif.

0 Proposez vos réponses à votre professeur.

3 Tu m'avais demandé de téléphoner à Chantal, je lui ai téléphoné hier soir mais je n'ai pu lui parler car elle était sortie. J'ai transmis ton message à Jacques afin qu'il en informe Chantal. Il m'a promis qu'elle t'écrira (ou à ta fille) dans le courant de la semaine prochaine. Jacques pense qu'elle sera contente de cette invitation, enfin elle te le dira elle-même. Ici, tout va bien. Les travaux continuent, je pense qu'ils seront bientôt finis et je me réjouis qu'ils le soient. Les enfants seront en vacances demain. Nous partirons à la montagne. Luc en a besoin pour ses poumons. Sa sœur n'est pas très contente, tu la connais, ce qu'elle aime, c'est la mer. Ensuite nous irons en Provence/où nous resterons quinze jours,/nous y resterons quinze jours, et j'espère que nous nous verrons.

4 *Par exemple :* 1 Oui, j'en bois souvent. Non, je n'en bois jamais./ 2 Ah oui ! On y va (nous y allons) presque tous les jours./Au cinéma ? On n'y va jamais. (Nous n'y allons jamais.)/ 3 Des journaux ? J'en lis deux ou trois par jour./Non, je n'en lis jamais./ 4 Je l'adore./Je l'aime beaucoup. Je la déteste./Je ne l'aime pas du tout./ 5 Quand je voyage, je le prends toujours./L'avion ? Je ne le prends jamais. J'ai peur !/ 6 J'adore le bleu./ Vraiment, je l'adore ! Cette couleur, je la déteste./Je ne l'aime pas du tout./ 7 ...i, j'en lis très souvent. Non, je n'en lis jamais./ 8 Je leur écris toutes les semaines. Je ne leur écris jamais./ 9 J'en apprends une dizaine tous les jours. Non, je n'en prends pas beaucoup./Pas assez./ 10 Je l'aime beaucoup. Je ne l'aime pas.

96 Vous venez d'apprendre une nouvelle par téléphone. Quelqu'un vous demande de lui répéter l'information.

Qu'est-ce qu'il t'a dit ? Il est d'accord ?
▷ *Oui, il m'a dit qu'il était d'accord.*

Qu'est-ce qu'il t'a dit ? Elle est malade ?
▷ *Oui, il m'a dit qu'elle était malade.*

Qu'est-ce qu'il t'a dit ? C'est possible ?
▷ *Oui, il m'a dit que c'était possible.*

Qu'est-ce qu'il t'a dit ? Il a oublié ?
▷ *Oui, il m'a dit qu'il avait oublié.*

Qu'est-ce qu'il t'a dit ? Elle est partie ?
▷ *Oui, il m'a dit qu'elle était partie.*

Qu'est-ce qu'il t'a dit ? C'est grave ?
▷ *Oui, il m'a dit que c'était grave.*

Qu'est-ce qu'il t'a dit ? Il a déménagé ?
▷ *Oui, il m'a dit qu'il avait déménagé.*

97 Reconstituez les textes à l'aide des notes suivantes.

1 Secrétaire d'État américain tournée Proche-orientale - 4 h. d'entretien avec chef gouvernement israélien - pas permis rapprochement rapprocher positions américaines et israéliennes sur retrait Israéliens Liban.

2 Marine norvégienne oblige sous-marin inconnu faire surface - tire roquettes - pas de résultats.

3 Parlement israélien dissous aujourd'hui - élections mois prochain.

4 Président Mitterrand Népal → Chine - Grande importance pour dirigeant chinois

5 Fête travail en Suisse - demandent réduction temps travail hebdomadaire

6 Soldats vietnamiens retirés ce matin du Cambodge - 20 000 hommes. on évalue 16/18 000 nbre vietnamiens militaires au Cambodge.

98 Lisez les transcriptions.
Rapportez les paroles d'une personne :
a. Vous citez ses paroles.

b. Vous rapportez à la troisième personne ce qu'elle vous a déclaré.
● Supprimez les répétitions.
● Ajoutez des mots.
● Retrouvez le mot correct.
● Rétablissez la syntaxe.

Exemple :
"Je fais plus de vélo, j'ai ni le souffle, ni le temps. Du vélo, j'en fais plus, je l'ai pendu à un clou."

a. M. X nous a déclaré : "Je ne fais plus de bicyclette car je n'en ai ni le temps ni le souffle. D'ailleurs, j'ai suspendu ma bicyclette à un clou."

b. M. X nous a déclaré qu'il ne faisait plus de bicyclette car il n'en avait ni le temps ni le souffle. Il a ajouté qu'il avait suspendu sa bicyclette à un clou.

1 "Il a plu tous les jours, franchement, je crois qu'on a eu de la pluie chaque jour, et avec ça, un froid..."

2 "Moi, en vacances, j'y vais plus, trop de monde, trop cher, alors, je vais plus en vacances, d'ailleurs je suis pas le seul."

3 "Faudra quand même qu'on trouve une solution au chômage. Des chômeurs, y en a trop. Avec tous ces chômeurs, on va à la catastrophe."

4 "C'est pas un métier qui m'intéresse finalement, s'il fallait que je choisisse un métier maintenant, c'est pas ce métier-là que je prendrais."

5 "Un match comme ça, j'en avais jamais vu ! C'est vraiment le plus beau match que j'aie vu, des joueurs formidables, un arbitre sensationnel, ah ! ça c'est un beau match !"

99 a. Ecoutez.

A Allo, ici l'agence Sophie. Madame Ladin ?
B Oui, c'est moi-même.
A J'ai trouvé votre garçon au pair ! Pas facile, vous savez !
B Ah bon, formidable !
A Je vous donne les renseignements ?
B Attendez, je vais noter, une seconde s'il vous plaît. Matthieu ! Matthieu ! Va me chercher mon stylo, sur la table, s'il te plaît, vite ! Excusez-moi, voilà, je note.
A Comme vous me l'aviez demandé, il est Anglais, sportif, ne parle pas français, enfin, il parle quand même un petit peu.
B C'est ennuyeux, j'avais dit pas du tout.
A Qu'est-ce que vous voulez, il a appris le français quand était à l'école. Autre chose : il est végétarien...
B Végétarien ? Oh, mais ça complique tout... pour les repas.
A Et il est allergique.
B Allergique ?? Ah mais ça fait beaucoup... allergique à quoi ?
A Aux poils de chien.
B Ah, bon ! On a un chat, ça va !
A Vous voulez noter son nom et son adresse ? Alors, il s'appelle David Simms, S.I.M.M.S.
B Simms ?
A Oui, il habite rue du Prince, 17, et son téléphone, c'est 942.32.25, je répète : 942.32.25.

b. Ecoutez encore une fois et notez les renseignements.

---

97 1 Le Secrétaire d'État américain a fait (a effectué) une tournée Proche-orientale. Il a eu quatre heures d'entretien avec le chef du gouvernement israélien. Ces entretiens n'ont pas permis de rapprocher les positions américaines et israéliennes sur le retrait des Israéliens au Liban./ 2 La marine norvégienne oblige un sous-marin inconnu à faire surface. Aucun résultat malgré un tir de roquettes./ 3 Le Parlement israélien a été dissous aujourd'hui. Des élections auront lieu le mois prochain./ 4 Le Président Mitterrand a effectué un voyage au Népal d'où il s'est rendu en Chine. Ce voyage a une grande importance pour les dirigeants chinois./ 5 Fête du travail en Suisse. Les travailleurs (les participants) demandent une réduction du temps de travail hebdomadaire./ 6 Des soldats vietnamiens ont été retirés ce matin du Cambodge. On parle de 20 000 hommes. (On estime le nombre à 20 000 hommes). On évalue à 16 000 et même 18 000 le nombre de militaires vietnamiens actuellement au Cambodge.

98 1 *Il a dit* : « Il a plu tous les jours et il a fait très froid. »/Il a dit qu'il avait plu tous les jours et qu'il avait fait très froid.   2 *Il a déclaré* : « Je ne vais plus en vacances ; il y a trop de monde, tout est trop cher, d'ailleurs je ne suis pas le seul dans cette situation. »/Il a déclaré qu'il n'allait plus en vacances parce qu'il y avait trop de monde et que tout était trop cher. Il a ajouté qu'il n'était pas le seul dans cette situation.   3 *Il nous a déclaré* : « Il faudra qu'on trouve une solution au problème du chômage. Il y a trop de chômeurs et on court à la catastrophe. »/Il nous a déclaré qu'il faudrait qu'on trouve une solution au problème du chômage car il y a trop de chômeurs et on court à la catastrophe. 4 *Il nous a dit* : « Ce n'est pas un métier qui m'intéresse. Actuellement, s'il fallait que je choisisse un métier, ce n'est pas celui-là que je prendrais. »/Il nous a dit que ce n'était pas un métier qui l'intéressait et que si, actuellement, il fallait qu'il choisisse un métier, ce n'est pas celui-là qu'il prendrait.   5 *Il a déclaré* : « Un match comme celui-là, je n'en avais jamais vu ! C'est vraiment le plus beau match que j'aie vu dans ma vie ; les joueurs étaient formidables et l'arbitre sensationnel. »/Il nous a déclaré qu'il n'avait jamais vu un match comme celui-là et que c'était le plus beau match qu'il ait vu dans sa vie. Il a ajouté que les joueurs étaient formidables et l'arbitre sensationnel.

99 *Vous aurez peut-être noté* : Anglais – sportif – parle un petit peu français – végétarien – allergique aux poils de chien – David Simms, rue du Prince 17, tél. : 942-32-25

100 En utilisant les notes que vous avez prises à l'exercice 99, communiquez par écrit à quelqu'un que vous connaissez bien, le plus grand nombre d'informations sur le jeune Anglais.

101 Faites une liste de tout ce que vous diriez à ce jeune homme :
- Quelles consignes lui donneriez-vous ?
- Quels conseils ?
- Que souhaiteriez-vous savoir sur lui ?

102 Écoutez les phrases. Indiquez par une croix (✕) si l'action à réaliser est possible ou impossible.
1 Si tu étais raisonnable, tu accepterais.
2 Si tu pars tout de suite, tu attrapes le dernier train.
3 Il ne le saura jamais si tu ne lui dis rien.
4 Si vous me l'aviez demandé autrement, j'aurais accepté.
5 Si Catherine va mieux, on viendra vous voir dimanche.
6 Tu es intelligent... tu réussirais sûrement...si tu travaillais.
7 Si tu m'écris aujourd'hui, je recevrai la lettre au plus tard jeudi.
8 Si tu m'avais écouté, on aurait pris des chèques de voyage.
9 Si elle avait su, jamais elle ne l'aurait invité.
10 Si on économisait un peu, on pourrait changer de voiture.
11 Si tu t'étais couché plus tôt, tu serais moins fatigué.
12 Si Florence avait voulu, j'aurais invité son fils cet été.

[annotations manuscrites : conditionnel passé, perfect]

	1	2	3	4	5	6	7	8	9	10	11	12
possible	✕	✕	✕		✕	✕	✕			✕	✕	
impossible				✕				✕	✕			✕

103 Écoutez encore une fois les phrases 1, 2, 3, 5, 6, 7, 10 de l'exercice 102 et notez la condition.
Écrivez les numéros des phrases : 1, 2, 3, 5, 6, 7, 10.
Exemple : Phrase 1 ▷ *Condition = être raisonnable.*

104 Répétez.
Si elle vient, dis-lui que je ne suis pas là.
Si je le vois, je lui dirai ce que je pense.
Si on roulait toute la nuit, on y serait demain matin.
Si Pierre était venu, la soirée aurait été plus drôle.
Si j'avais su, je serais restée ici.
Saluez-le de ma part si vous le voyez.
Reste : si elle arrive, tu vas la manquer.
Si tu veux, on reste encore un jour.

105 Répondez.
Dis-le-moi.	▷ *Si je te le disais...*
Pars quelques jours.	▷ *Si je partais...*
Raconte-moi.	▷ *Si je te racontais...*
Va le voir.	▷ *Si j'allais le voir...*
Écoute-moi.	▷ *Si je t'écoutais...*
Parle-lui.	▷ *Si je lui parlais...*
Reçois-la.	▷ *Si je la recevais...*
Montre-le-moi.	▷ *Si je te le montrais...*

106 Complétez les réponses de l'exercice 105.
Exemple :
Si je te le disais, / tu serais si étonnée ! / tu ne serais pas très contente / ... /

107 Relisez les phrases de l'exercice 102 et retrouvez qui a pu les prononcer et dans quelle situation.
Exemple :
Phrase 8 : *Deux personnes qui se connaissent bien, en voyage. Ils ont perdu ou on leur a volé leur argent.*

108 a. Lisez les textes suivants. Pour chacun d'eux, indiquez le genre du texte.

1 C'est l'Américain qui se montra le plus habile. La chance ne sourit pas à son adversaire. En effet, la balle glissa dans la ligne de fond.

2 L'homme braqua un pistolet de gros calibre sur le caissier et lui ordonna de lui remettre de l'argent. Malgré tous ses efforts, le caissier ne put ouvrir la porte de la salle des coffres.

3 À minuit, dans la maison d'en face, toutes les lumières s'éteignirent. Coster attendit encore une heure, sans bouger, puis à pas lents, il se dirigea vers la porte qu'il ouvrit sans difficulté. "Haut les mains !" Devant lui, une jeune femme d'une beauté extraordinaire le menaçait d'un revolver. Coster lut dans ses yeux qu'il était perdu. Il leva lentement les bras.

4 La nuit était tombée. Une cloche sonna les douze coups de minuit. Un chien se mit à aboyer. (voir p. 22).

5

Je passais... Je suis venu prendre des nouvelles.

LORSQU'IL LA VIT, IL SUT QU'ELLE SERAIT SA FEMME

Millet, dans Cartes sur table 1

6 Un front de libération nationale (F.L.N.) se forma en 1954 et décida l'insurrection générale. La guerre d'Algérie commença. Cette guerre provoqua la chute de la IVᵉ République.

7 Le Prince se pencha sur la jeune fille endormie, il la regarda, l'embrassa. Elle ouvrit les yeux et lui sourit. Il se marièrent et eurent beaucoup d'enfants.

b. Soulignez tous les verbes et indiquez à quel temps chacun d'eux est employé. Vous pouvez consulter les tableaux de conjugaison pp. 140 à 154.

---

100 La lettre suivante n'est qu'un exemple de ce que vous pourriez écrire. Demandez à votre professeur de relire votre lettre.
Chère..., J'ai enfin trouvé un garçon au pair pour Matthieu. Il est Anglais, sportif. Il parle un petit peu français ; j'aurais préféré qu'il ne le parle pas du tout, mais enfin... Le plus curieux, c'est même ennuyeux, il est végétarien ! En plus, il est allergique aux poils de chien. Il s'appelle David Simms.

101 Comparez votre liste avec celles de vos collègues et proposez à votre professeur d'en discuter en classe.

102 *Possible :* 1, 2, 3, 5, 6, 7, 10/*Impossible :* 4, 8, 9, 11, 12.

103 *Conditions :* 1 être raisonnable/ 2 partir tout de suite/ 3 ne rien lui dire/ 5 Catherine doit aller mieux/ 6 travailler/ 7 écrire aujourd'hui/ 10 faire des économies (économiser un peu).

106 *Par exemple :* 1 Si je partais,/qu'est-ce que tu deviendrais ?/qui s'occuperait des chats ?/ 2 Si je te racontais,/tu serais furieuse/tu n'en croirais pas un mot./tu serais très étonnée/ 3 Si j'allais le voir,/je lui dirais ce que je pense./je lui casserais la figure./ 4 Si je t'écoutais,/on serait encore là demain matin./tu arriverais à me convaincre./ 5 Si je lui parlais,/je lui dirais ce que je pense./il ne serait pas content./ 6 Si je la recevais,/tu serais furieuse./elle reviendrait tous les jours./ 7 Si je te le montrais,/tu n'en croirais pas tes yeux./tu serais très étonnée./

107 Proposez à votre professeur de comparer et de discuter vos réponses en classe.

108 1 presse sportive/ 2 fait divers/ 3 roman policier, récit/ 4 bande dessinée/ 5 roman en bande dessinée/ 6 récit historique/ 7 conte.
Relisez aussi le texte d'Orwell p. 96. Vous pouvez rencontrer des verbes au passé simple dans les textes indiqués ci-dessus. Il vous suffit de les reconnaître. Vous ne les entendrez jamais dans une conversation. b. Passé simple sauf : est (présent), menaçait, était (imparfait), était tombée (plus-que-parfait), serait (cond. présent).

109 Mettez chacun des verbes suivant au passé simple.

pouvoir : il ...   regarder : il ...
sourire : elle ...   se lever : elles ...
avoir : ils ...   marcher : ils ...
danser : elle ...   être : ils ...
courir : il ...   glisser : il ...

110 Ecoutez et complétez.

a. On a appris ce matin que le Ministre de la culture ... le mois prochain en Afrique pour une tournée de quinze jours.
M. Gallois ... sa visite par le Sénégal où ... son homologue africain.
Ensuite, ... aux manifestations organisées à Dakar dans le cadre des rencontres francophones.
... ensuite quelques jours au Cameroun en visite privée.

b. A Et vous ?
B Cette année, ... en Afrique.
A Super, dis donc !
B Oui, Nicole ne connaît pas l'Afrique.
A ... où ?
B Au Sénégal, enfin ... par le Sénégal ; ... une quinzaine de jours, ensuite *on va* au Cameroun.
A ... à l'hôtel ?
B Au Cameroun, oui, mais au Sénégal, on a un cousin qui vit là, alors, ... chez lui.
A Eh bien, bonnes vacances, ... au retour.
B D'accord, bon été à toi aussi.
A Merci.

111 Répondez. Faites bien attention à l'intonation.

On part ?   ▷ *Oui, on va partir.*
Vous venez ?   ▷ *Oui, on va venir.*
Vous fermez ?   ▷ *Oui, on va fermer.*
Vous partez déjà ?   ▷ *Oui, on va partir.*
Tu viens ?   ▷ *Oui, je vais venir.*
Tu te lèves ?   ▷ *Oui, je vais me lever.*
On mange ?   ▷ *Oui, on va manger.*
On se met à table ?   ▷ *Oui, on va se mettre à table.*

112 On vous demande de faire quelque chose. Vous promettez, mais vous n'êtes pas sûr de tenir votre promesse.

Ecris cette lettre, enfin.
▷ *Mais oui, je vais l'écrire.*
Tu ne veux pas finir ce livre, je dois le rendre.
▷ *Mais oui, je vais le finir.*
Ecris à Paul.
▷ *Mais oui, je vais lui écrire.*
Tu devrais aller chez le médecin.
▷ *Mais oui, je vais y aller.*
Ecoute, va chez le coiffeur.
▷ *Mais oui, je vais y aller.*
Tu la répares, cette table ?
▷ *Mais oui, je vais la réparer.*
Réponds à Jacques : ça fait un mois qu'il a écrit.
▷ *Mais oui, je vais lui répondre.*
A ta place, j'annulerais immédiatement ce rendez-vous.
▷ *Mais oui, je vais l'annuler.*

113 a. Ecoutez tout le texte. Ne notez rien. S'il y a des mots que vous ne comprenez pas, écoutez quand même jusqu'au bout.

A Amis jardiniers, bonjour ! Commençons — si vous le voulez bien — par le jardin potager, par les légumes.
N'oubliez pas de semer les carottes en pleine terre, vous les récolterez en septembre et en octobre. Pour les variétés d'hiver, juin est le meilleur mois.
Semez aussi les choux en pleine terre, vous les planterez en juillet ou en août.
Et les petits pois... semez des petits pois, vous les mangerez en octobre. Faut-il vous rappeler qu'on les sème en terrain frais ? Non, vous le savez, n'est-ce pas ?
A l'ombre aussi, les épinards. Quant aux plants de tomates que vous avez semées en avril, il est temps de les planter.
A présent, vous pouvez récolter les asperges mais pas plus tard que le 20 juin.
Il fait beau, il y a des orages, alors l'herbe pousse, arrachez-la, et surtout arrosez, arrosez beaucoup et régulièrement, surtout le soir, rappelez-vous : jamais en plein soleil !
En ce qui concerne les fleurs, il n'y en a plus beaucoup que vous pouvez semer car la plupart n'auraient pas le temps de fleurir avant l'automne et ses premières gelées. Mais nous sommes en juin, le mois des roses ! Vous êtes récompensés de tous vos efforts, votre jardin est une merveilleuse corbeille de roses. Ah ! les roses de juin ! les roses roses, les roses jaunes, les roses rouges, les roses blanches, les ro...

B Quel poète vous êtes, M. Jardinier ! A propos de roses blanches, on n'en voit plus beaucoup, il me semble.

A Non, hélas et c'est dommage. Pour en revenir aux rosiers et à mes conseils, arrosez, arrosez beaucoup. Et si vous voulez avoir de grosses fleurs, enlevez les petits boutons.
Autour de vos rosiers, vous voulez avoir de belles pelouses ? Alors, il faut arroser, tous les soirs, arrosez copieusement.
Jeudi prochain, je vous parlerai des arbres, arbres fruitiers, arbres d'ornement et je vous expliquerai comment vous pouvez faire pousser des arbres sur vos balcons, eh oui, c'est possible, même un bouleau, cet arbre merveilleux, peut pousser sur un balcon, en ville.
Au revoir, amis jardiniers et merci à notre fidèle auditrice qui m'a envoyé une superbe rose qu'elle a créée elle-même.
A bientôt. Au revoir.

b. Ecoutez encore une fois. Notez quelques conseils donnés par M. Jardinier.

114 Marquez d'une croix les conseils que M. Jardinier n'a pas donnés.

1 Plantez les asperges.
2 Semez les petits pois.
3 Plantez les tomates qui ont été semées en avril.
4 Semez les épinards.
5 Semez les melons.
6 Plantez la vigne.
7 Arrosez le jardin potager, les rosiers, les pelouses.
8 Taillez les rosiers.
9 Taillez les arbres.
10 Enlevez les petits boutons des roses.

115 Lisez le texte. Entourez (O) les pronoms relatifs (qui, que, où).

Je regarde au loin un petit garçon qui joue sur la plage. Et je vois un autre petit garçon qui, autrefois, sur cette même plage, jouait à faire des châteaux de sable, que la mer, le soir, recouvrait et effaçait.
Parfois, il arrivait, le matin, accompagné d'un chien noir qu'il tenait solidement en laisse. Le chien aurait sans doute préféré dormir à l'ombre des grands arbres du jardin mais il suivait fidèlement le petit garçon — même dans la mer — où celui-ci l'entraînait en riant.
Puis, le petit garçon a grandi, c'est une jeune fille qui l'a accompagné à la plage et c'est elle qui le poussait en riant dans la mer.

---

109 il put/elle sourit/ils eurent/elle dansa/il courut/il regarda/elles se levèrent/ils marchèrent/ils furent/il glissa.
110. a. se rendra/conmmencera/il rencontrera/il participera/Le ministre passera/ b. on va/Vous allez/on commence/on y reste/on va/Vous allez/on va/on se voit.
113 ● semer les carottes, les choux, les petits pois en terrain frais./● semer les épinards à l'ombre. Planter les tomates./● récolter les asperges./● arracher l'herbe, arrose beaucoup, le soir./● arroser les rosiers et enlever les petits boutons, arroser les pelouses.
114 M. Jardinier n'a pas donné les conseils : 1 – 5 – 6 – 8 – 9.

C'est à tout cela que je pensais en remontant vers la maison où la jeune fille d'autrefois, qui est devenue ma femme, m'attend à l'ombre des arbres du jardin.

116 Exprimez votre opinion.

♠ Elle te va bien cette robe.
▷ *Oui, c'est celle que je préfère.*
De tous les films de Vernon, c'est celui-là le meilleur.
▷ *Oui, c'est celui que je préfère.*
Cette actrice... elle est... fabuleuse !
▷ *Oui, c'est elle que je préfère.*
Tu mets toujours le même parfum ?
▷ *Oui, c'est celui que je préfère.*
On est bien dans ce restaurant.
▷ *Oui, c'est celui que je préfère.*
Elle est belle, cette plage !
▷ *Oui, c'est celle que je préfère.*
Je crois que c'est son meilleur bouquin.
▷ *Oui, c'est celui que je préfère.*
C'est le meilleur enregistrement de Mozart.
▷ *Oui, c'est celui que je préfère.*

117 Ecoutez bien. Ne répondez rien.

♠ Vous avez mangé ?
— *Oui, on vient de finir.*
Il est là ?
— *Oui, il vient d'arriver.*
Elle dort ?
— *Oui, elle vient de se coucher.*
Tu devrais aller à la poste ; ça va fermer.
— *Mais je viens d'y aller.*
Il faudrait inviter les Dumas.
— *Oh, écoute, on vient de les inviter.*
Elle est sortie ?
— *Oui, elle vient de partir.*
Il y a six mois que je n'ai pas vu Jacques.
— *Tiens, moi, je viens de le voir.*
Tu devrais lire ce livre ; il est merveilleux.
— *Je viens de le lire.*

☁ **Répondez. Essayez de retrouver les réponses de l'exercice précédent. Si vous ne vous rappelez pas exactement la réponse, trouvez une forme voisine.**

118 Transformez les phrases selon le modèle.

Exemple :
J'ai reçu ta lettre il y a un instant.
▷ *Je viens de recevoir ta lettre.*
1 Je suis fatigué : j'ai fini à l'instant de ranger mon bureau.
2 Je ne retourne pas à la poste, j'y suis déjà allée.
3 Le concert ? C'est fini, depuis peu de temps, mais c'est fini.
4 Trop tard madame, l'avion a décollé depuis cinq minutes.
5 Des cigarettes ? Mais je t'en ai acheté trois paquets, il y a une heure.

119 Répondez en exprimant votre regret.

♠ Je suis restée un an aux Etats-Unis.
▷ *Aux Etats-Unis, moi, je n'y suis jamais allé.*
L'Afrique, c'est très à la mode.
▷ *En Afrique, moi, je n'y suis jamais allé.*
J'ai traversé le Portugal très vite.
▷ *Au Portugal, moi, je n'y suis jamais allé.*
J'ai adoré le Canada.
▷ *Au Canada, moi, je n'y suis jamais allé.*
Je connais la France comme ma poche.
▷ *En France, moi, je n'y suis jamais allé.*

J'ai découvert l'Italie il y a peu de temps.
▷ *En Italie, moi, je n'y suis jamais allé.*
La Suisse, c'est très beau.
▷ *En Suisse, moi, je n'y suis jamais allé.*
J'aimerais revoir l'Amérique du Sud.
▷ *En Amérique du Sud, moi, je n'y suis jamais allé.*

120 Après avoir lu des nouvelles dans la presse, vous en faites part à quelqu'un.
Faites d'abord l'exercice oralement.

Exemple :
Vous lisez : Un homme a été aspiré par un OVNI*.
Vous dites : *Je viens de lire* ⎱ *qu'un homme avait été*
⠀⠀⠀⠀⠀⠀⠀⠀*J'ai lu* ⎰ *aspiré par un OVNI.*

Vous lisez :
1 Le franc français baisse encore.
2 On annonce le beau temps.
3 Deux enfants se sont noyés dans un ruisseau.
4 C'est un Américain qui a remporté le tour du Colorado.
5 Les meilleurs cavaliers participeront au concours de saut à Londres.
6 Le Premier ministre n'ira pas aux Etats-Unis.
7 Nantes et Saint-Germain vont se retrouver dans le prochain match.
8 C'est un Américain qui est champion du monde des poids-lourds.
9 En Allemagne, trois personnes sont mortes à cause de la chaleur.
10 Velle cherche une secrétaire de direction.

*OVNI : objet volant non identifié.

121 Ecrire pour...
a. Ecrivez selon les indications contenues dans la grille.

destinataire	écrire pour...
1 Des Français rencontrés dans votre pays.	les informer que vous les invitez chez vous à Noël
2 Secrétariat d'un office touristique français.	vous informer des conditions de séjour dans la région de votre choix
3 Secrétariat d'un organisme scolaire.	vous informer des conditions d'admission, du prix, des diplômes préparés
4 Des amis.	les remercier à la suite d'une invitation
5 Des amis.	vous excuser de ne pouvoir accepter une invitation

b. Vous avez reçu cette lettre. Vous répondez. Vous acceptez ou vous refusez.

Chère Lotta / Cher Eric

Beaucoup de choses ont changé depuis l'année dernière ; tout d'abord, je me suis mariée et, ensuite, j'ai changé de situation. Actuellement, je travaille comme acheteuse pour un grand magasin de vêtements. Pour mon travail, je dois me rendre prochainement dans ton pays. J'aimerais bien te rencontrer et te présenter mon mari qui m'accompagnera dans mon voyage. Peux-tu me dire si nous pouvons passer quelques jours ensemble ?
J'attends ta réponse. Reçois toutes mes amitiés.

⠀⠀⠀⠀⠀⠀⠀⠀⠀⠀⠀⠀⠀⠀⠀⠀Evelyne.

---

15 *Entourez :* un petit garçon **qui** joue.../un autre petit garçon **qui**.../des châteaux de sable **que** la mer.../d'un chien noir **qu'**il tenait.../dans la mer **où** celui-ci.../une jeune fille **qui** l'a accompagné.../c'est elle **qui** le poussait.../à tout cela **que** je pensais.../la maison **où**.../la jeune fille d'autrefois **qui** est devenue...

18 1 Je suis fatiguée, je viens de ranger mon bureau./ 2 Je ne retourne pas à la poste : je viens d'y aller./ 3 Le concert ? Il vient de finir. 4 Trop tard madame, l'avion vient de décoller./ 5 Des cigarettes ? mais je viens de t'en acheter trois paquets.

20 1 Je viens de lire que le franc français baissait encore./ 2 J'ai lu qu'on annonçait le beau temps./ 3 Je viens de lire que deux enfants s'étaient noyés dans un ruisseau/ 4 J'ai lu que c'était un Américain qui avait remporté le tour du Colorado./ 5 Je viens de lire que les meilleurs cavaliers participeraient.../ 6 J'ai lu que le Premier ministre n'irait pas.../ 7 J'ai lu que Nantes et St-Germain allaient se retrouver.../ 8 J'ai lu que c'était un Américain qui était champion.../ 9 Je viens de lire qu'en Allemagne trois personnes étaient mortes.../ 10 Je viens de lire que Velle cherchait une secrétaire...

21 Vous trouverez p. 188 (corrigés) quelques formules pour informer, vous informer, vous excuser et remercier.

122 Le texte suivant est la transcription de l'enregistrement d'une séance de comité.
Vous êtes chargé(e) de rédiger le programme qui sera envoyé aux membres de l'association.

— Alors, la salle qu'on a trouvée, ça peut aller, mais faudrait pas qu'il y ait trois cents personnes, là, ça serait un peu serré, c'est à la Maison de la Culture, au premier étage, la salle C. L'adresse, bon, qu'est-ce que j'ai fait de l'adresse, ah! la voilà, alors je vous donne l'adresse, c'est 3 chemin, non c'est pas ça...

— La Maison de la Culture, c'est 4 avenue Victor-Hugo.

— C'est ça. On commence à 10 h, oui, c'est à cause des gens qui viennent de l'extérieur, ceux de Valence ne seraient pas là. On commence par les démonstrations des nouveaux programmes. Ça nous mènera à 12 h 30, déjeuner, on recommence à, quelle heure vous pensez ? 13 h 30 ?

— C'est trop juste, deux heures, je pense.

— Bon, à deux heures, le premier exposé, c'est Marcel Beau, du centre d'Informatique régional, attendez, j'ai son sujet là. C'est : Comment intégrer l'informatique dans l'enseignement ? Oui, c'est pas nouveau, nouveau, mais il faut pas décourager les participants, hein ?
A 15 h, on s'arrête, la pause, combien de temps ? Trente minutes ? Bon. Trente minutes.
On reprend à 15 h 30, deuxième exposé : Informatique, culture et techniques.
A 16 h 30, discussion, débat. On finirait à 18 h.

— Pour les inscriptions, par téléphone ?

— Non, ça marche jamais. On s'inscrit par écrit. On met l'adresse du Secrétariat. Pédagogie et Techniques, 6, rue Jean-Moulin, 26230 Grignan.

— On connaît la date ?

— Excusez-moi, j'ai oublié, le samedi, ben oui, c'est un samedi, on peut pas avoir la salle un autre jour, le 23 avril.

— Et qui c'est qui fait le deuxième exposé ?

— Je l'ai pas dit ? C'est le nouveau directeur du département d'informatique du Musée. J'ai son nom, François Fleury. Ben, c'est tout.

123 Classez toutes les phrases suivantes :
  a. Vous donnez une information.
  b. Pour expliquer un événement, vous exprimez une hypothèse.

Exemples : Je partirai quand j'aurai fini.   = a
        Il aura eu un accident.   = b

1 Ils se seront arrêtés en route.
2 Rappelez plus tard, mon mari sera rentré à sept heures.
3 Nous vous ferons parvenir l'ouvrage dès que nous aurons reçu votre commande.
4 Ce jour-là, les postes auront disparu.
5 Tout sera changé dans notre vie.
6 J'aurai fini à midi.
7 On déménagera quand on aura trouvé un appartement.
8 Il aura déménagé.
9 Je regrette mais je serai déjà partie.
10 J'irai me coucher quand j'aurai écouté les nouvelles.

124 En utilisant les renseignements suivants, décrivez Patricia Larmier et Paul Verdon.

état-civil	vie professionnelle	vie privée (aime = + n'aime pas = —)
Patricia Larmier 39 ans mariée 2 enfants	dentiste/11 ans cabinet en ville sur rendez-vous (9 h-12 h/14 h-18 h) pas le jeudi après-midi, pas le samedi de garde 1 dimanche par mois.	campagne + sports — (bicyclette +) chats + voyages — lecture + musique + (jazz, rock—), télévision — (concerts +)
Paul Verdon 28 ans célibataire fiancé (Anne Ribard, 25 ans, conseillère de vente)	employé de banque / 6 ans 40 h par semaine horaire libre 2 langues recyclage : informatique	ville + sports : planche à voile + ski + natation + boxe — football — sorties avec amis + chats — musique + (classique —) lecture — (romans policiers +)

▷ Patricia Larmier est âgée de 39 ans. Elle...

---

121 (suite) Demandez à votre professeur de relire les lettres que vous avez écrites.
a 1 Chers amis, Nous serions très heureux si vous pouviez venir passer Noël avec nous./Nous aimerions beaucoup que vous veniez passer les fêtes de Noël chez nous./Pourquoi ne pas faire, à Noël, le voyage que vous envisagez ? Nous pourrions passer cette fête ensemble, chez nous./ 2 Monsieur, Je désirerais connaître les conditions de séjour dans la région de (Nice/Bordeaux). Pourriez-vous m'envoyez une liste des hôtels ainsi que les prix/au mois de.... J'aimerais également savoir s'il y a une possibilité de loger chez l'habitant et à quelles conditions./ 3 Monsieur, j'aimerais suivre un cours de... pendant.../mois/an(s) dans votre institution. Pourriez-vous m'indiquer les conditions d'admission, le prix des études ainsi que la liste des diplômes que je pourrais préparer ?./ 4 Chers amis, Nous vous remercions de votre invitation et c'est avec grand plaisir que nous viendrons pour/le mariage d'Elisabeth/l'anniversaire de Marie/.../. 5 Chers amis, Merci de votre invitation. Malheureusement, nous ne pourrons pas venir car... (Donnez les raisons.)
b Vous acceptez : C'est avec un grand plaisir que je t'attends toi et ton mari/Il est évident que vous êtes les bienvenus à la maison. ...
Vous refusez : Félicitations pour ton mariage ! J'aurais été heureux/se de te revoir et de faire la connaissance de ton mari. Malheureusement, à Pâques, je serai absent(e) car prends mes vacances au mois d'avril et j'ai déjà fait mes réservations pour un voyage à au... C'est trop bête ! J'espère quand même que nous pourrons nous voir cette année.

122 « Pédagogie et Techniques » **PROGRAMME**
         10 h 00 Démonstrations de nouveaux programmes
         12 h 30 Déjeuner
Samedi 23 avril 1983   14 h 00 Exposé de Monsieur Marcel Beau – Centre d'Informatique Régional (C.I.R.) : « Comment intégrer l'informatique dans l'enseignement ?
Maison de la Culture de Grignan   15 h 00 Pause
Salle C, 1er étage   15 h 30 Exposé de Monsieur François Fleury, Directeur du Département d'Informatique du Musée : « Informatique, Culture et Techniques »
4, avenue Victor Hugo   16 h 30 Discussion. Débat
         18 h 00 Fin
         Prière de s'incrire à l'adresse suivante : Pédagogie et Techniques, Secrétariat, 6, rue Jean Moulin. 26230 Grignan.

123 1 : b/2 : a/3 : a/4 : b/5 : b/6 : a/7 : b/8 : b/9 : a/10 : a
124 Patricia Larmier est âgée de 39 ans. Elle est mariée. Elle a deux enfants. Elle est dentiste depuis onze ans. Elle a un cabinet en ville où elle reçoit sur rendez-vous de 9 h 00
12 h 00 et de 14 h 00 à 18 h 00 sauf le jeudi après-midi et le samedi. Elle est de garde un dimanche par mois.
Elle aime la campagne, elle n'aime pas le sport à l'exception de la bicyclette. Elle adore les chats. Elle n'aime pas voyager. Elle aime la lecture, la musique, elle va souvent au conce
mais déteste le jazz et la musique rock. Elle ne regarde jamais la télévision.
Paul Verdon est âgé de 28 ans. Il est célibataire, fiancé à Anne Ribard qui a 25 ans et qui est conseillère de vente. Il est lui-même employé de banque depuis 6 ans. Il travaille
heures par semaine. Dans sa banque, il pratique l'horaire libre. Il parle deux langues. Il suit un cours d'informatique pour se recycler. Il aime la ville. Il pratique des sports :
planche à voile, le ski, la natation. Il n'aime ni la boxe ni le football.
Il aime les sorties avec des amis. Il déteste les chats. Il aime la musique mais pas la musique classique. Il n'aime pas la lecture sauf les romans policiers.

125 Complétez. Vous trouverez les informations dont vous avez besoin dans les séquences suivantes.

Le 17 mai à 16 h 40, je me suis présentée à l'usine Fleurier. J'avais rendez-vous avec le directeur en vue d'un nouveau travail.

M. Fleurier me reçut immédiatement et me pria :
1 ... enlever ... manteau.
2 ... fermer la fenêtre.
3 ... m'asseoir.

Il me demanda :
1 où ... avant.
2 pourquoi ... changer d'emploi.
3 combien de temps ... dans mon ancienne place.

Je lui répondis :
1 ... j'avais travaillé ... Padon S.A.
2 ... je n'aimais pas ... ancienne patronne.
3 ... j'étais restée cinq ans à l'usine Padon.

Il me demanda encore :
1 si ...
2 si, parfois, j'... d'accord pour faire des ...
3 si j'... souvent malade.

Je lui répondis :
1 ... je ne fumais pas.
2 ... j'étais prête à faire des heures supplémentaires.
3 ... je n'étais ... malade.

Continuez librement.

Il me déclara :
1 ...
2 ...
3 ...

126 Vous voulez proposer un projet. A l'avance, vous notez tous les arguments pour défendre votre idée et vous imaginez les critiques de ceux qui ne seront pas d'accord avec vous. Préparez des arguments afin de les convaincre.

Exemple :
Vous avez proposé de faire plus d'écrit en classe.

projet	vos arguments pour	les arguments de ceux qui sont contre	les arguments pour convaincre
Faire plus d'écrit.	Quand on apprend une langue, il faut savoir l'écrire correctement.	Le français parlé est plus important.	Vous avez sans doute raison, mais cependant il faut aussi pouvoir écrire. Dans la vie professionnelle, l'écrit joue un rôle plus important.
....	....	....	....

Pour vous aider à convaincre, des mots et expressions...
- *A mon avis, il faudrait...*
- *Il est certain que...*
- *Il faut noter que...*
- *Il est important de dire...*
- *Je trouve que nous devrions...*

127 On vous propose de faire quelque chose.
Arrêtez la cassette et trouvez rapidement des réponses pour :
- **accepter**
- **refuser**
- **proposer autre chose.**

Exemple : On vous propose d'aller au cinéma :
''Si on allait au cinéma ce soir ?''

Vous acceptez :
▷ ''D'accord.'' ''Bonne idée.'' ''J'aimerais bien revoir la Provinciale.''

Vous refusez :
▷ ''Oh, non, ce soir je n'ai pas envie de sortir.'' ''Le cinéma ? Ça ne me dit rien.''

Vous proposez autre chose :
▷ ''J'aimerais mieux y aller demain.'' ''Si on allait plutôt écouter Sophie Labelle ?''

1 Je fais une petite fête pour mon anniversaire. Vous voulez venir, toi et ton mari ?
2 On pourrait aller voir ce match au lieu de le regarder à la télévision ?
3 Je vois Pierre à midi. Tu veux déjeuner avec nous ?
4 Laisse-moi faire la vaisselle, tu as l'air si fatiguée.
5 Je propose qu'on se retrouve plutôt devant le cinéma à sept heures. Qu'est-ce que vous en pensez ?
6 Si on faisait une demande à la direction pour avoir l'horaire libre ?
7 Prenons un taxi, à quatre ce n'est pas très cher.
8 Laisse-moi aller faire les courses à ta place.

128 On vous a demandé des suggestions, des conseils pour apprendre le français. Vous répondez :

Exemple : *Il faut que vous lisiez / tu lises / beaucoup.*

1 Il serait bon que ...
2 Je pense que ...
3 Il me semble que ...
4 Il faudrait que ...
5 Je crois que ...
6 Je ne pense pas que ...
7 Il serait étonnant que ...
8 Il est nécessaire que ...
9 Il vaut mieux que ...
10 Il est préférable que ...

125 1 d'/mon/ 2 de/3 de – 1 j'avais travaillé 2 je voulais 3 j'étais restée – 1 que/chez 2 que/mon 3 que – 1 je fumais 2 j'étais/heures supplémentaires 3 j'étais – 1 que 2 que 3 que/jamais.

126 Proposez à votre professeur de comparer, en classe, vos projets, vos arguments.

127 *Vous pourriez dire :* 1 *pour accepter :* « C'est gentil. Nous viendrons avec plaisir. »/*pour refuser :* « Je suis désolée mais en ce moment, nous ne sortons pas beaucoup. »/*pour proposer autre chose :* « Et si on faisait cette fête au restaurant ? »/ 2 *pour accepter :* « Ça, c'est une bonne idée ! »/*pour refuser :* « Ah non ! On est beaucoup mieux devant la télévision. »/*pour proposer autre chose :* « Moi, j'aimerais mieux aller au cinéma plutôt que d'aller voir ce match. »/ 4 *pour accepter :* « Tu es gentil. Je suis vraiment très fatiguée. »/*pour refuser :* « Non merci, mais ça ne me fait rien de la faire . »/*pour proposer autre chose :* « J'aimerais mieux que tu descendes la poubelle. » 3 *pour accepter :* « D'accord, ça me fait plaisir de revoir Pierre. »/*pour refuser :* « Ça m'aurait fait plaisir de revoir Pierre, mais à midi, je ne peux pas »/*pour proposer autre chose :* « Je viendrai seulement prendre un café avec vous, si tu es d'accord »/ 5 *pour accepter :* « D'accord. »/*pour refuser :* « Sept heures, c'est trop tôt pour moi. »/*pour proposer autre chose :* « Et si on se retrouvait tous chez moi ? »/ 6 *pour accepter :* « Ah, moi, je suis pour. »/*pour refuser :* « L'horaire libre, moi, je suis contre. »/*pour proposer autre chose :* « Moi, je trouve qu'il faudrait plutôt demander une réduction du temps de travail. »/ 7 *pour accepter :* « Bonne idée ! »/*pour refuser :* « Ah non ! Même à quatre, ce sera cher. »/*pour proposer autre chose :* « Il vaut mieux prendre le bus, on ira plus vite. »/ 8 *pour accepter :* « Tu es sûr que ça ne t'ennuie pas ? »/*pour refuser :* « C'est gentil, mais je dois aller à la banque, alors, je ferai les courses après. »/*pour proposer autre chose :* « Pourquoi ne pas y aller ensemble ? »

128 Par exemple : 1 Il serait bon que vous vous inscriviez à un cours du soir./ 2 Je pense que tu devrais aller en France./ 3 Il me semble que vous pourriez chercher un travail en France./ 4 Il faudrait que tu apprennes beaucoup de vocabulaire./ 5 Je crois que vous devriez voir des films français./ 6 Je ne pense pas que vous puissiez travailler seul(e)./ 7 Il serait étonnant que tu ne parles pas français très vite si tu vas passer six mois au Québec./ 8 Il est nécessaire que vous fassiez beaucoup d'exercices./ 9 Il vaut mieux que tu suives un cours intensif./ 10 Il est préférable que vous commenciez par écouter la radio française./
Proposez à votre professeur de corriger vos phrases.

129 Répondez.

🔴 Il faudrait lui dire de venir.
▷ *Tu le connais ! Avant qu'il vienne...*
Il faudrait lui dire de faire ces réparations.
▷ *Tu le connais ! Avant qu'il les fasse...*
Il faudrait lui dire de partir.
▷ *Tu le connais ! Avant qu'il parte...*
Il faudrait lui rappeler d'être ici assez tôt.
▷ *Tu le connais ! Avant qu'il soit ici.*
Il faudrait lui dire de revenir.
▷ *Tu le connais ! Avant qu'il revienne...*
Il faudrait lui dire de téléphoner.
▷ *Tu le connais ! Avant qu'il téléphone...*

130 Essayez de convaincre la personne qui vous de-
🔴 mande conseil.

A ton avis, est-ce que je dois prendre des vacances ?
▷ *Il faut absolument que tu en prennes.*
A ton avis, est-ce que je dois inviter mes collègues ?
▷ *Il faut absolument que tu les invites.*
A ton avis, est-ce que je dois lui apporter des fleurs ?
▷ *Il faut absolument que tu lui en apportes.*
A ton avis, est-ce que je dois aller chez le médecin ?
▷ *Il faut absolument que tu y ailles.*
A ton avis, est-ce que je dois vendre ma voiture ?
▷ *Il faut absolument que tu la vendes.*
A ton avis, est-ce que je dois répondre à Jacques ?
▷ *Il faut absolument que tu lui répondes.*
A ton avis, est-ce que je dois aller chez les Duval ?
▷ *Il faut absolument que tu y ailles.*

Unité 12

🔴 **Page 124. Ecoutez d'autres conseils.**

A Qu'est-ce que tu conseillerais pour apprendre ce fran-
çais-là ?
B Quel genre de conseils tu donnerais aux étudiants le
premier jour, par exemple ? Si tu donnes des conseils,
qu'est-ce que tu leur dis ?
C Je leur dis...
D Ecoutez, écoutez.
C Je leur dis d'écouter.
E Tout écouter et tout lire.
C Tout écouter, tout lire, ça dépend évidemement de leur
niveau mais dans la mesure où ils peuvent écouter la radio,
où ils peuvent regarder la télévision...
D C'est difficile la radio.
C De lire au maximum.
D Mais dans le bus être toujours en situation d'apprendre
quelque chose, essayer de piquer dans les conversations ce
qu'on peut comprendre et...
C Toujours.
A Je pense surtout si on... pour les gens qui vivent dans un
milieu, qui apprennent le français dans un milieu francophone de pouvoir, de s'ouvrir un peu au monde qui est autour
d'eux en en lisant les... ce qui est affiché dans les rues, ce
qui est inscrit sur un certain nombre de pancartes, de d'essayer d'ouvrir les yeux pour euh...
F Et les oreilles, hein.
A Et les oreilles bien sûr, pour pouvoir, je sais pas, après utiliser
tout ce qui a été vu et entendu.
C Et puis d'essayer surtout - et c'est peut-être la chose la plus
difficile mais c'est d'avoir des contacts avec les gens du
pays où ils sont, les francophones, c'est pas facile parce
qu'il faut, il faut briser les barrières...

(Extraits d'un entretien avec Mlle Padovani, MM. Gagnère, Lacoin, Richard,
Vernet et Voumard.)

Réponses pour les Unités 1, 4 et 8

Unité 1

3 1 Affirmations : b,c,h/Questions : a,e,f/Ordres : d,g./ **2** a : 2,b : 2,
c :3/ **3** a : oui,b :oui,c : non./ **4** rentré – année – pays – étudier – est – en
– vu – au – quels – vrais – cherchent – leur/ **6** 1 : c, 2 : c, 3 : b, 4 : 1,
5 : 1/ **7** a : 3, b : 1, c : 2/ **8** tous – sont/seront – avenir – ce – aux – chose
– n' – il – les/des – plus – par – leurs/les – que – est/constitue/devient –
leur/la – a – valeurs/vertus – offrir/donner/réserver/apporter – une/la – des
– qui – pour – non – qu' – peut.

Unité 4

2 Questions possibles : 1 D'où venez-vous, Monsieur/Madame ?/ 2
Qu'est-ce que vous faites maintenant ?/Vous travaillez dans quel secteur
actuellement ?/ 3 Tu peux me donner/J'aimerais bien avoir ton nouveau
numéro de téléphone./ 4 Vous êtes marié (e) ? Vous avez des
enfants ?/ 5 Excusez-moi, est-ce que vous pourriez m'emmener à la gare ? Je
vous demande pardon mais vous seriez très aimable si vous pouviez m'emmener
à la gare./ 6 Qu'est-ce que t'as fait hier soir ?/ 7 Qu'est-ce que vous ferez cet
été ? / Où est-ce que vous irez en vacances ?/ 8 Quelles langues est-ce que vous
parlez ?
3 Réponses à la forme négative, par exemple,
● **pour refuser :** – Non./Non, je ne peux pas./Ce soir ça ne va pas./C'est
impossible./Je ne crois pas./Je ne sais pas encore. – Non merci./Non, je n'en
veux plus./Non, je crois que j'ai assez bu.
● **pour dire que vous ne savez pas :** – Je ne sais pas./Je l'ignore./Je n'ai pas
de montre./Je n'ai jamais de montre./Ma montre ne marche plus. – Je n'en sais
rien./Ça ne m'intéresse pas./Je n'ai pas vu le dernier match./Je n'ai pas vu les
résultats.
● **pour désapprouver :** – Pas moi !/Moi, je ne l'aime pas du tout./Je ne te
comprends pas, ce dessin, il est horrible. – Ça alors ! non./Je ne suis vraiment
pas d'accord avec toi./ **5** 2/ **6** 1 : a/2 : c/3 : a/4 : a/5 : c/6 : b/7 : c/
8 :a / 9 : c / 10 : b/
7 1 Qui : une journaliste, une femme/Où : télévision/De quoi : femmes
battues/ 2 Qui : deux amies/Où : train/De quoi : travail des femmes/ 3 Qui :
deux collègues/Où : bureau/De quoi : sport, travail/ **10** **A** Comprendre une
règle et l'appliquer. **1** 1 Oui, c'est le mien./ 2 et 3... ce sont les miens./ 4 ...
c'est la mienne./ 5 ... ce sont les siens./
2 1 Je fais tous mes vœux pour que Pierre réussisse./ 2 Il travaille comme un
fou pour réussir./ 3 Je n'ai pas le temps de lire le journal, alors pour m'informer
je regarde.../ 4 Elle se met toujours au premier rang pour être
regardée./ 5 Les ministres de la C.E.E. vont se réunir pour étudier les
propositions...
B Découvrir une règle à partir de textes. a. Vous pouvez découvrir : – les
emplois de : *plus...aussi...que* avec un adjectif (1,3,8)/*moins... que* avec un
adverbe (4)/*moins* que avec un nom (2)/*plus* (5), *autant... que* (7), *moins...
que* (9) avec un verbe ; – comparatifs de supériorité : *bon→meilleur* (10),
bien→mieux (6)./b. Regroupez 1,3,7 et 2,4,5,6. Dans 1,3,7, où l'on emploie *avant
que+* le subjonctif, il y a deux sujets différents ; dans 2,4,5,6, c'est la même
personne qui réalise les deux actions./ c. Pronoms *le* (masculin), *la* (féminin)
s'emploient avec verbes sans préposition (connaître, voir, rencontrer, féliciter,
3,4,7,8). Pronom *lui* (masculin ou féminin) s'emploie avec verbes avec préposition
à (écrire, téléphoner, offrir, parler, envoyer, 1,2,5,6,7,8).

Unité 8

1 1 b/2 d/3 a/4 c/ **2** a : 55/b : 857,65/c : 1802/d : 89 – 72/e : 22,38/
f : 8000/ **3** vrai : b,e,i / faux : a,c,d,f,g,h, / **4** 1A / 2B / 3C / 4A / 5B
/ **5** 1 proposition acceptée/ 2 remplir le formulaire rouge/ 3 rappeler M.
Dumoulin le plus rapidement possible./ **6** 1 a/2 d/3 b/4 c/5 c/6 d/7 a/8
c./ **7** a il a dit qu'il ne pourrait pas venir parce que sa voiture était tombée en
panne./b J'ai pris l'avion car je perdais trop de temps, avec le train./Est-ce que tu
crois que nous pourrons terminer dans les délais ?/ **8** de – me – qu' – ne –
mais – et – rien – le – ce – qu' – personne – de – en – ai/ **9** 2 – 5 – 1 – 4
– 6 – 3/ **10** a deux/b dans un café/c chaud/d serveuse/ e elle attend minuit
pour prendre un bain/ f roman ou nouvelle/ **11** 1 b/2 a/3 b/4 c/5 a/ **12** Par
exemple : a J'ai l'habitude/il avait l'habitude de faire une pause d'une heure au
milieu de l'après-midi./b Quand tu rentreras, n'oublie pas de fermer la porte à clé
et d'éteindre la lumière./ c Je voudrais/il aimerait/ savoir le français pour gagner
plus d'argent./d La France est un pays qui a beaucoup/de nombreux paysages
différents. e Les français croient qu'ils sont le peuple le plus intelligent du
monde./ **13** Montrez votre texte à votre professeur.

Lexique

Cette liste reproduit environ 750 mots courants de la langue française utilisés dans *Cartes sur table 2*.

— Le numéro renvoie à la page où le mot apparaît pour la première fois

● soit dans un texte écrit ;

● soit dans un texte oral ; dans ce cas, se reporter aux textes des enregistrements, pages 155 et suivantes (exemple : **absolument 16** renvoie au texte enregistré utilisé page 16 mais dont la reproduction écrite est à la page 156) ;

● soit dans un exercice personnel ; dans ce cas, se reporter aux textes des exercices, pages 166 et suivantes (exemple : **l'absence 62** renvoie à l'exercice personnel 70 proposé page 62 mais dont le texte est reproduit à la fin du livre).

— Les noms sont toujours accompagnés d'un article qui indique leur genre, féminin ou masculin (voir paragraphes 4 et 5 de la grammaire).

— Le féminin des adjectifs est donné chaque fois qu'il est différent du masculin. Regardez aussi le paragraphe 9 de la grammaire.

— Les mots importants exprimant le lieu et le temps figurent dans la grammaire aux paragraphes 21 à 28.

A

abandonner 39
un abonnement 52
d' abord 53
absent, absente 85
– l'absence 62
absolument 16
un accent 35
accompagner 71
accorder 29
un achat 28
un acteur 36
actif, active 56
une action 84
une activité 74
admirer 16
un adolescent 63
s' adresser à 18
un aéroport 115
affreux, affreuse 21
agir 90
– il s'agit de 52
un agneau 43
un agriculteur 21
– l'agriculture
ailleurs 83
– d'ailleurs
ajouter 16
l' alcool 54
– *l'alcool est cher*
– l'alcoolisme 63
allumer 88
amoureux, amoureuse 94
– un amoureux
amusant, amusante 41
s' amuser 16
un anniversaire 117
un apéritif 51
l' appétit 96
– *bon appétit !*
apporter 66
un apprentissage 31

approcher 68
une arme 62
– une armée 85
s' arranger 25
un article 12
un ascenseur 17
une asperge 103
une assiette 51
une association 53
– associer 11
une assurance 54
– assurer
un atelier 27
atomique, – 85
attacher 95
attaquer 125
atterrir
– un atterrissage 33
une attitude 84
aucun, aucune 84
augmenter
– une augmentation 23
auparavant 33
un auteur 8,9
un autobus 51
– un autocar 68
une autorisation 115
une autoroute 21
autrefois 53
autrement 61
avaler 44
avancer 8,9
un avantage 52
– avantageux, avantageuse
une aventure 33
une avenue 16

B

le bac, bachot 83
baccalauréat

les bagages 119
– *de lourds bagages*
un bain 88
– une salle de bains 21
un baiser 25
un balcon 103
une balle 62
– un ballon
un banc 16
une barbe 39
un bâtiment 16
la beauté 96
une bêtise 125
le beurre 23
un bijou 24
la biologie 68
– biologique, – bizarre, – 41
le blé 39
blesser 54
– une blessure
blond, blonde 125
le bois 84
une boisson 24
une bombe 85
le bord 121
– au bord de
une boucherie 101
un boulevard 62
le bout 15
– au bout de
une boutique 76, 77
un bouton 101
brillant, brillante 101
– briller
brun, brune 88
brusque, – 101
bruyant, bruyante 51

C

cacher 98
un cadeau 52
une caisse 55
un calmant 68
– calme, – 41
un camarade 27
un cambriolage 33
un camion 73
le camping 88
un canal 25
capable, – 47
une capitale 24
le caractère 37
une carotte 103
un carnet 68
un cas 29
– dans ce cas
casser 95
un catalogue 28
la cave 67
une ceinture 95
– une ceinture de sécurité
célèbre, – 111
cependant 79
un certificat 55
cesser 51
une chaîne 61
une chaise 31
la chaleur 68

la chance 8, 9
un chanteur 81
le charbon 84
la chasse 62
– chasser
un chemin 17
une cheminée 95
une chemise 88
un cheval 84
la chimie 28
– chimique
le chinois 51
– chinois, chinoise
– la Chine
le chocolat 61
un chou 103
le cidre 34
le ciel 121
une circonstance 125
la civilisation 84
une clé 67
un cochon 125
un coin 84
un collège 71
un collègue 33
une comédie 25
comique, – 41
le commerce
– un commerçant 12
– commercial,
commerciale 30
commun, commune 19
un complément 54
– complémentaire, –
concerner 84
une condition 54
une conférence 30
le confort 81
– confortable
un congé 21
– donner son congé 51
un conseil 11
– conseiller 56
conserver 68
– une conserve
consommer 84
– la consommation
construire 39
– une construction
le contact 71
un contrat 51
contrôler 89
– un contrôle 33
convaincre 117
un copain 124
le corps 68
correct, correcte 85
corriger 84
un costume 41
la côte 19
couler 65
la couleur 55
un couloir 67
un coup 52
– un coup d'œil
une cour 67
le courage 68
– courageux,
courageuse 68
une course 16

– faire des courses 17
court, courte 39
couvrir 16
une cravate 85
une critique 41
– critiquer
le cuir 88
curieux, curieuse 76, 77

D
un danger 68
la date 42
une décision 50
déclarer 15
défendre 100
– la défense
définitif, définitive 96
le degré 71
dehors 19
déjà 62
délicat, délicate 96
délicieux, délicieuse 27
déménager 25
un département 33
dépendre 20
se déplacer 53
– déplacer 99
désert, déserte 12
– un désert
un désir 114
dès que 54
un détail 82
développer 84
diminuer 96
un diplôme 39
direct, directe 52
– directement
la direction 101
diriger 33
– se diriger 101
disparaître 62
un document 27
un doigt 98
le domaine 31
c'est dommage 39
la douleur 28
le doute 62
– douter
– sans doute
un drame 54
avoir droit 42
avoir le droit 45
dur, dure 84
durant 55
durer 55
– la durée

E
échanger 84
– un échange
un éclair 85
éclairer 96
éclater 111
économiser 81
– l'économie 84
un écrivain 76, 77
en effet 54
un effort 44
également 41
une église 16

l' électricité 101
– électrique, –
un élève 47
élever 83
embêtant, embêtante 85
– c'est embêtant
empêcher 53
un emploi 85
s' endormir 95
l' enfance 10
– une enfance
heureuse
enfermer 76, 77
l' énergie 94
– l'énergie naturelle
enlever 75
s' ennuyer 68
– l'ennui
enregistrer 11
entier, entière 16
– entièrement
entraîner 56
une entreprise 85
un entretien 58
les épinards 103
– des épinards frais
une époque 16
épouser 33
un escalier 17
un espace 102
une espèce 102
l' esprit 105
– un petit esprit
essentiel, essentielle 48
un état 98
– l'État français
éteindre 101
une étoile 114
évident, évidente 56
– évidemment
éviter 55
exact, exacte 88
– exactement
exagérer 47
– une exagération 100
un examen 28
excellent, excellente 15
exister 96
– l'existence
une expérience 18
une exposition 76, 77
extérieur, extérieure 16
– à l'extérieur

F
une facture 55
faible, – 62
un fait 114
– un fait divers 61
fameux, fameuse 43
familier, familière 45
fantastique, – 34
la fatigue 61
il faut, fallait, faudra 68
une faute 84
un fauteuil 21
faux, fausse 85
féliciter 51
– toutes mes
félicitations 53

le fer 16
une feuille 55
un feuilleton 41
fidèle, – 96
la fièvre 21
la figure 95
final, finale 96
fixer 53
une fleur 102
la fonction 62
– en fonction de 58
la force 84
– forcer 33
un formulaire 85
– une formule 58
la foule 33
la fourrure 33
frais, fraîche 68
frapper 111
fréquent,
fréquente 100
la frontière 53

G
garantir 55
– la garantie
garer 67
la gendarmerie 95
– un gendarme
gêner 25
le genre 55
un geste 20
la glace 61
la gorge 85
le goût 125
– goûter
grâce à 53
la grandeur 58
la grève 21
gris, grise 17
un guichet 76, 77

H
s' habiller 39
un habit 83
un habitant 84
s' habituer 25
le hasard 61
l' herbe 64
– l'herbe verte
hésiter 42
– une hésitation
un horaire 42
horrible, – 114
l' huile 67
– une huile chaude
humain, humaine 68
l' humour 73
– l'humour français

I
idiot, idiote 76, 77
une île 12
imbécile, – 95
– un imbécile
immédiatement 81
– immédiat,
immédiate
immense, – 117
un immeuble 101

n' importe 85
   incapable 85
   inconnu, inconnue 11
   indispensable, – 61
une influence 84
   s' inscrire 10
   insister 84
   s' installer 17
une institution 31
un instrument 24
   interdire 67
   intéresser 25
   intérieur, intérieure 16
   – à l'intérieur
   international,
   internationale 33
   interrompre 25
   intime, – 58
   inventer 41

J
   jaune, – 55
   jeter 56
la jeunesse 83
la joie 61
un joueur 99
une journée 88
   juger 62
   juste, – 33
   – justement

L
un lac 110
   laid, laide 39
une lampe 89
   lancer 17
un langage 96
   large, – 16
la liberté 44
une ligne 100
un lion 64
un lit 39
la littérature 16
   local, locale 56
   – un local
un locataire 67
   lointain, lointaine 100
le loisir 43
   lorsque 55
la lumière 41
la lune 104
   lutter 100
le lycée 61

M
   malgré 61
le malheur 53
   – malheureusement
   – malheureux,
   malheureuse
la maman 84
la manière 30
une manifestation 48
   manquer 41
un manteau 33
une marchandise 84
   – un marchand
un marché 17
   marcher 100
   – la marche à pied

une marguerite 46
   marquer 8, 9
   – une marque 99
   marrant, marrante 41
le matériel 10
une matinée 53
un médicament 125
   mélanger 67
un membre 33
la mémoire 73
le ménage 51
   – une femme
   de ménage
un meuble 125
le milieu 16
   – au milieu de
   mince, – 96
un ministre 33
la misère 110
la mode 105
   moderne, – 16
la moitié 81
la montagne 19
une montre 53
une moto 101
un morceau 67
   mordre 96
un mouchoir 65
une moustache 39
un mouvement 95
   mûr, mûre 95

N
la naissance 73
un navire 67
   né, née 84
un nerf 68
   – nerveux
le nord 36
   nourrir 68
   – la nourriture
   nu, nue 64
un nuage 71
   – nuageux
le nylon 68

O
un objectif 50
un objet 8, 9
   obtenir 36
une occasion 117
une odeur 103
un oignon 67
un oiseau 89
un opéra 8, 9
   opérer 85
   – une opération
un orage 85
   ordinaire, – 105
un ordinateur 114
une oreille 39
   original, originale 43
un ouvrier 81

P
le paiement 55
un pantalon 51
   paraître 16
   pareil, pareille 20
   parfois 30

le parfum 105
un parking 68
   à part 15
   partager 61
un parti 74
   participer 53
   – la participation 56
   particulier,
   particulière 54
   à partir de 53
   partout 34
un pas 88
un passage 81
une passion 85
une pause 19
la pauvreté 110
un paysage 125
la peau 16
   peindre 16
   – un peintre 16
   à peine 67
   pénétrer 53
une période 28
la permission 44
un peuple 19
un piano 21
   – faire du piano
la pierre 16
   placer 99
   se plaindre 88
un plan 17
   planter 103
   – une plante
la plupart 89
   plutôt que 88
une poche 61
la poitrine 64
le poivre 67
la police 54
   – policier, policière 21
la politique 19
   – politique, – 74
la pollution 95
la population 110
le porc 125
un port 98
   posséder 21
un poste 18
un poulet 67
   poursuivre 30
   pourtant 84
   pourvu que 85
   pousser 16
le pouvoir 19
   pratiquer 39
   précédent,
   précédente 58
   précis, précise 53
   – précisément
   préférable, – 68
   presque 33
la presse 33
   prêter 86
une preuve 47
   prévoir 17
   – la prévision 71
   principal, principale 47
   privé, privée 30
   profond, profonde 125
un projet 61

   promettre 25
   à propos de 101
une proposition 37
   propre, – 125
un prospectus 56
   protéger 51
   protester 53
   prouver 117
la province 83
   prudent, prudente 81
le public 53
   – public, publique
   pur, pure 125

Q
   quand même 76, 77
la qualité 47
un quartier 23

R
le rang 50
   rapide, – 50
   – rapidement 76, 77
le rapport 16
   – par rapport à
   rapporter 16
   rater 76, 77
une réaction 78
   réaliser 36
   – un réalisateur
la réalité 96
une recette 86
   rechercher 115
   – la recherche
   réclamer 27
   réel, réelle 96
   – réellement
le regard 101
une règle 51
   régler 55
   – un règlement
   régulier, régulière 74
   – régulièrement
. la religion 117
   – religieux, religieuse
   se rendre compte 85
   renverser 105
une réparation 73
   se reposer 16
   réserver 19
   résoudre 90
   – résoudre
   un problème
   responsable, – 101
   ressembler 84
   ressentir 96
le reste 68
le retour 16
la retraite 43
une réunion 67
   réussir 50
   – la réussite
   rêver 96
   – un rêve
   – rêveur, rêveuse
la révolution 81
   rigoler 34
   risquer 88
le riz 67
une robe 105

le rôle 34
un roman 30
rose, – 125
– une rose
rouler 86
le rythme 34

S

saigner 62
un salon 88
le sang 64
satisfaire 100
sauter 61
sauvage, – 21
un savant 67
le savon 125
une scène 39
sec, sèche 85
– sécher 34
secret, secrète 17
un séjour 28
sembler 16
une série 53
sérieux, sérieuse 88
un service 18
servir 88
sévère, – 95
signaler 55
une signature 55
– signer
un signe 25
le silence 84
soigneusement 51
une soirée 61
social, sociale 54

la soif 85
– avoir soif
une solution 29
sonner 71
un son
une sorte 41
un sou 85
soudain 54
splendide, – 96
une station 115
un steak 51
– un steak de bœuf
un stylo 73
le succès 16
suffisant, suffisante 43
le suicide 63
– se suicider 85
superbe, – 41
supérieur,
supérieure 47
un supplément 53
– supplémentaire, –
supporter 47
une surface 110
surprendre 45
un système 61

T

se taire 116
tant 16
taper 101
un tapis 68
une tasse 67
la télématique 115
la température 71
une tempête 67

le tennis 21
terminer 29
une terrasse 16
un test 84
un thème 35
un thermomètre 19
le thon 34
tirer 36
un tissu 125
le titre 36
la toilette 88
– les toilettes
une tomate 95
le tonnerre 84
total, totale 13
– le total
un tour 8, 9
– une tour 16
un touriste 30
– le tourisme
traduire 41
tragique, – 41
le trajet 68
transformer 53
transporter 33
– le transport 24
un travailleur 27
à travers 53
traverser 16
triste, – 61
un truc 83
tuer 33

U

une université 61
l' usage 71

– le bon usage
– en usage
utile, – 12

V

vague, – 96
valable 52
la valeur 19
une valise 88
un vase 59
le veau 125
la veille 43
un vélo 8, 9
véritable, – 125
la vérité 88
un veston 88
un vêtement 24
la victoire 33
la vidéo 114
– un vidéodisque
– une vidéocassette
vieillir 96
la vieillesse 88
violent, violente 28
le visage 59
une visite 16
une vitrine 62
– une vitre 68
vivant, vivante 64
un vol 67
la volonté 86
voter 112

Z

une zone 28

dessins de
G. Amalric : 32, 46, 75/D. Blanchot : 24, 29, 33, 45, 90, 98, 105, 123/L. Breton et J.L.
Chavanat : 22/Documentation Sélection du Reader's Digest : 59/M. Granger, *Les Mots
du Bleu*, acrylique sur toile, © M. Granger : 113 (6)/W. Marshall : 20, 23, 43, 76, 77, 84,
100/C. Millet : 68,69/Plantu : 25, 60/M. de Séréville, dans *Ce que disent les mains*,
Stock + plus : 94 (1)/P. Woolfenden : couverture, 8-9, *Conseils pour apprendre et Vers
l'autonomie*.

photographies de
Aérospatiale : 13 (2c)/Y. Arthus-Bertrand, Explorer : 127 (6)/D.Auvray : 127 (3)/Esaias
Baitel, Rush : 13 (2a), 66 (1)/Baret, Rush : 13 (4b)/F. Boissière : 13 (2b, 4a), 127 (2)/
J. Bottin : 110 (2,3), 111 (3)/Boutin, Explorer : 12 (1b)/Burri, Magnum : 12 (1c)/M. Franck,
Magnum : 13 (4c)/Desjeux : 111 (2)/Anna Gibbons : 16/G. Le Querrec, Magnum : 110
(1)/D. Lointier : 12 (1a, 3a, b, c), 80/Méry, Vloo : 111 (1)/C. Michel, Explorer : 82/
C. Morel, Explorer : 127 (1)/Oculi, Vloo : 111 (4)/Office national suisse du tourisme -
Zurich : 111 (5)/G. Rodger, Magnum : 127 (5)/E. Sailler, Explorer : 127 (4)/Schurr,
Rush : 66 (2)/Taurines, Explorer : 87.

maquettes de
G. Amalric, A. Depresle, D. Lointier – couverture : G. Amalric.

Imprimé en France par BRODARD GRAPHIQUE – Coulommiers-Paris HA/3068/2.
Dépôt légal n° 851-7-1985 – Collection n° 14 – Édition n° 03.

15/4650/6